Jürgen Hauser

bAV erfolgreich verkaufen

So überwinden Sie alle Hürden der Entgeltumwandlung

3., aktualisierte und erweiterte Auflage

GABLER

Bibliografische Information Der Deutschen Nationalbibliothek
Die Deutsche Nationalbibliothek verzeichnet diese Publikation in der Deutschen Nationalbibliografie; detaillierte bibliografische Daten sind im Internet über <http://dnb.d-nb.de> abrufbar.

1. Auflage August 2005
2., aktualisierte und erweiterte Auflage März 2006
3., aktualisierte und erweiterte Auflage April 2007

Lektorat: Guido Notthoff

Der Gabler Verlag ist ein Unternehmen von Springer Science+Business Media.
www.gabler.de

Umschlaggestaltung: Nina Faber de.sign, Wiesbaden
Druck und buchbinderische Verarbeitung: Wilhelm & Adam, Heusenstamm
Gedruckt auf säurefreiem und chlorfrei gebleichtem Papier
Printed in Germany

ISBN 978-3-8349-0544-4

Vorwort

Lieber Leser,

die Vorsorgelandschaft in Deutschland ändert sich dramatisch. Die umlagefinanzierten gesetzlichen Systeme müssen sich der demografischen Herausforderung stellen. Leistungskürzungen in der ersten Säule, der Gesetzlichen Rentenversicherung, sind unumgänglich und seit dem Alterseinkünftegesetz sind alle, wirklich alle Erwerbstätigen betroffen.

Um das Niveau der Alterssicherung des Einzelnen zu sichern, muss der kapitalgedeckten Altersvorsorge in Zukunft ein deutlich größeres Gewicht zukommen.

Problematisch erscheint in diesem Zusammenhang, dass in der Bevölkerung ein hohes Maß an Unwissenheit bezüglich des eigenen zu erwartenden Rentenniveaus, aber auch der steuerlichen Rahmenbedingungen herrscht. Allerdings ist dies aufgrund der umfassenden Änderungen der letzten Jahre leicht nachzuvollziehen. Wurde doch durch das Altersvermögensgesetz und das Alterseinkünftegesetz die Produkt- und Steuerlandschaft nicht nur der privaten und der betrieblichen, sondern auch der gesetzlichen Vorsorge sehr komplex und für den Laien nicht zu durchschauen neu gestaltet.

Der Altersvorsorgemarkt ist nicht nur ein riesiger Wachstumsmarkt, der durch die zukünftigen Leistungskürzungen der gesetzlichen Rentenversicherung weitere Impulse erhält, er ist auch ein Käufermarkt. Und gerade in Käufermärkten werden an den Verkäufer hohe Ansprüche gestellt, um zum einen den Kunden zu überzeugen und sich zweitens aber auch von anderen Vermittlern positiv abzuheben.

Jürgen Hauser hat ein in höchstem Maße praxisorientiertes Buch für die Vermittlung von betrieblicher Altersversorgung geschrieben. Entlang des Verkaufsprozesses erhält der Leser Hinweise und Anregungen für den

Verkauf. Und wenn der deutsche Kritiker Joachim Kaiser im Jahre 1928 sagte, dass alles Gelingen sein Geheimnis hat und alles Misslingen seine Gründe, so weiht uns Jürgen Hauser mit diesem Buch in viele seiner Erfolgsgeheimnisse ein.

Für sehr wichtig und beachtenswert halte ich die grundlegenden Gedankengänge und Anregungen des Autors. Haben wir heute häufig den Eindruck, dass nichts anderes zählt als der kurzfristige Ertrag, so belehrt uns Jürgen Hauser in seinem Buch eines Besseren. Er stellt überzeugend heraus, dass Grundsätze der Menschlichkeit, Ehrlichkeit und absoluter Kundenorientierung für den vertrieblichen Erfolg maßgebend, ja entscheidend sind.

Ich möchte Herrn Hauser hiermit zu diesem sehr gelungenen Buch beglückwünschen. Den interessierten Leser erwartet nicht nur ein informatives Fachbuch, sondern auch eine kurzweilige Lektüre.

Josef Kuligovszky

Allianz Versicherungs-AG
Leiter Financial Services
Vertriebsgebiet Südwest
und
Vorstand der Allianz Pensionsfonds AG

Langjähriger ehemaliger Leiter der
Fachvereinigung Direktversicherung und
damit Vorstand der Arbeitsgemeinschaft für
betriebliche Altersvorsorge e.V.

Seit 1986 Mitglied des sozialpolitischen
Ausschusses des Gesamtverbandes der
Deutschen Versicherungswirtschaft e.V.

Die Zukunft war früher auch besser

Karl Valentin[43]

Quelle: Greser & Lenz, Der Aufschwung ist da, Kunstmann Verlag, 2004

„Heute Nacht hatte ich einen Traum: Ich sah Kinder fröhlich in der Pause auf dem Schulhof spielen. Im Hintergrund lauerten Dutzende alter Menschen, die scheinbar auf etwas warteten. Schließlich läutete die Schulglocke – die Pause war zu Ende – und die Kinder liefen wieder ins Schulgebäude. Sofort setzte sich die Menge der Rentner hastig in Bewegung. Sie liefen – jeder so schnell er konnte – auf die auf dem Schulhof verteilten Abfalleimer zu, drängelten um diese herum, schubsten sich und durchstöberten die Abfälle nach angebissenen Schulbroten, die sie hastig einsteckten und liefen schließlich auseinander. Schweißgebadet erwachte ich. Am gleichen Tag noch rief ich meinen Berater zur betrieblichen Altersversorgung an und vereinbarte einen Termin."

Jürgen Hauser

Inhalt

Einleitung

*„Alles in allem würde ich Ihnen gerne eine positive Botschaft mit auf den Weg geben. Ich habe aber keine. Würden Sie eventuell auch **zwei negative** nehmen?“*

*Woody Allen, amerikanischer Filmemacher (*1935)*

Die Rente ist sicher…nicht ausreichend, da ***erstens*** die Alterspyramide Kopf steht, weil wir zu wenig Kinder bekamen. Wer uns im Alter die Rente bezahlen soll, ist heute bereits auf der Welt. Aber weil Millionen Kinder, die späteren Beitragszahler, nie geboren wurden, wird es uns an der notwendigen Altersversorgung mangeln. ***Zweitens:*** Ein heute in Deutschland geborenes Mädchen wird statistisch 100 Jahre alt werden. Schön, dass wir Deutschen immer älter werden. Nur: Wovon wollen wir vom Eintritt in den Ruhestand bis zu unserem Tode, in diesem Fall gut 30 Jahre lang, leben? Für das Alter vorzusorgen war also noch nie so existenziell notwendig wie heute. Und der lukrativste Weg, weil staatlich hervorragend subventioniert, ist die betriebliche Altersversorgung über Entgeltumwandlung. Und da erstaunt es doch sehr, dass seit der Einführung des „Gesetzes zur Verbesserung der betrieblichen Altersversorgung“ im Jahr 2002 bislang nur rund fünf Prozent der bundesdeutschen Arbeitnehmer von Ihrem Recht auf Gehaltsumwandlung umfassend Gebrauch machen.

„Siehst du, hier musst du so schnell rennen, wie du überhaupt kannst, um an derselben Stelle zu bleiben. Wenn du aber woanders hin willst, dann musst du mindestens doppelt so schnell rennen."

Lewis Carroll, englischer Mathematiker und Schriftsteller (1832 – 1989)

Das Zitat beschreibt exakt die Situation, in der Sie und ich uns befinden: Wenn Sie sich auf den Verkauf der bAV spezialisiert haben, müssen Sie einiges tun, um zum einen fachlich auf dem Laufenden zu bleiben und zum anderen bei der Akquise erfolgreich zu sein. Das gelingt in unserem anspruchsvollen Beruf nicht jedem. Diejenigen, die scheitern sind häufig „Höhlenbewohner“: Sie verlassen morgens ihre Höhle und steigen in eine Höhle auf Rädern. In dieser Höhle fahren sie dann in wiederum eine andere, sehr große Höhle, wo sie den Arbeitstag verbringen. Abends spielt sich das Ganze dann in umgekehrter Reihenfolge ab. Dieses Verhalten scheint ein Relikt aus der Steinzeit zu sein: Da waren wir dringend auf unsere Höhle angewiesen – aus Angst vor dem Grizzlybären, der da draußen nach Nahrung, also nach uns, suchte. Auch unter Beratern zur betrieblichen Altersversorgung findet man noch viele „Höhlenbewohner", die auf die Frage, wie denn das optimale Wetter wäre, um die Höhle zu verlassen und in den Außendienst zu fahren, antworten: *„18°C und trocken."* Da es in Deutschland allerdings selten gleichzeitig 18°C warm und trocken ist, bewegen sich diese Kollegen selten aus der jeweiligen Höhle heraus und wundern sich dann auch noch, wenn die Geschäfte schlecht laufen. Es scheint sich noch nicht herumgesprochen zu haben: Den Grizzly gibt es „da draußen“ nicht mehr – traurige Geschichten von Verkäufern aber leider dennoch viele. Der große Dramatiker Arthur Miller erzählt uns in seinem Buch „Tod eines Handlungsreisenden"[1] eine solche Geschichte:

„Niemand erhebe einen Vorwurf gegen diesen Mann. Versteht ihr nicht, dass Willy ein Handlungsreisender war? Und ein Handlungsreisender hat nie festen Boden unter den Füßen. Er fügt kein Brett in Nut und Feder, spricht kein Recht und verschreibt keine Arznei. Er ist allein da draußen im Nichts, und sein Lächeln und seine blank geputzten Schuhe sind seine einzigen Waffen. Und wenn sein Lächeln nicht mehr erwidert wird, geht die Welt unter. Und wenn du dann noch ein paar Flecken auf der Krawatte hast, bist du erledigt. Niemand mache diesem Mann einen Vorwurf! Ein Reisender braucht Träume. Er hat ja sonst nichts als seinen Bezirk."

Diese Worte spricht Charley am Grab von Willy Loman, dem Vertreter, der sich 63-jährig das Leben genommen hat, nachdem er von seiner Firma gefeuert wurde. Keiner seiner Kunden erwies ihm die letzte Ehre. Willys Arbeitgeber, dessen Produkte Loman 36 Jahre lang mit mäßigem Erfolg verkauft hat, erschien nicht – weitere Freunde außer Charley hatte Willy Loman nicht. Sein ganzes Leben lang bemühte sich Willy Loman, Beziehungen aufzubauen und Erfolg zu haben – vergeblich. Deshalb war Loman ein Mensch, der bedauert wurde. Und wie steht es mit Ihnen? Sind Sie der geborene Berater zur betrieblichen Altersversorgung, dem nichts mehr Spaß macht als Kunden zu akquirieren und diese zu beraten? Oder haben Sie sich in der Figur des Willy Loman wieder erkannt? Sie haben dieses nicht eben billige Buch gekauft, um Ihren Vertriebserfolg in der betrieblichen Altersversorgung zu optimieren. Sie wollen erfolgreich sein! Was aber sind die Voraussetzungen und die notwendigen Einstellungen für Erfolg? Nun, „Erfolg“ basiert auf der Einhaltung folgender Grundregeln:

- **E**rkennen der Ziele
- **R**ichtige Selbsteinschätzung
- **F**olgerichtiges Denken und Handeln
- **O**ffenheit vor sich selbst und anderen
- **L**iebe zum Mitmenschen
- **G**roßmut und Güte

Über diese Inhalte werden Sie viel in diesem Buch lesen. Diese sind u. a. Voraussetzungen, um betriebliche Altersversorgung erfolgreich zu implementieren. Ich werde Ihnen in den folgenden Kapiteln berichten welche Erfahrungen ich in den letzten vier Jahren im bAV-Vertrieb gesammelt habe, und wie ich die Vertriebsprozesse Schritt für Schritt kontinuierlich optimiert habe. Doch zunächst möchte ich Ihnen berichten, warum ich dieses Buch geschrieben habe: Bis zum Jahr 2002 leitete ich zehn Jahre lang zwei Filialdirektionen namhafter Versicherungsgesellschaften. Im Zuge von Fusionen der Versicherer und Schließungen von Filialdirektionen kündigte ich schließlich im Alter von 40 Jahren meine gut bezahlte Stellung, warf meine Visitenkarten mit dem schönen Titel „Filialdirektor" in den Mülleimer und machte mich als Vermittler selbstständig. Warum? Nun, ich wollte agieren statt reagieren zu müssen, falls auch meine Geschäftsstelle zu einem späteren Zeitpunkt geschlossen werden würde und ich eventuell keine adäquate Position mehr finden würde. Kurz zuvor hatte ich in der Zeitschrift AssCompact die Überschrift gelesen:

„Betriebliche Altersversorgung: Wer soll das alles verkaufen?"

Der Artikel begeisterte mich! Obwohl ich damals kaum Fachwissen zur bAV hatte, schien da doch über Nacht ein riesiger Markt geschaffen worden zu sein, der mir bei der richtigen Vorgehensweise maximalen Erfolg bescheren sollte.

Winston Churchill sagte *„Lache nie über die Dummheit der anderen. Sie ist Deine größte Chance!"* Der zugegebenermaßen etwas aggressiv klingende Satz des großen Staatsmannes bedeutet schlicht Folgendes:

Je komplizierter ein Produkt ist, desto weniger Verkäufer werden dieses anbieten, da die meisten Verkäufer einerseits den Aufwand scheuen, sich mit der komplexen Materie zu beschäftigen und andererseits nicht wissen, wie sie den Sachverhalt dem Kunden verständlich machen können.

Mein ältester Freund, Dr. habil. Uwe Schlattner, war schon zu Schulzeiten in nahezu allen Fächern der Beste. Heute ist mein kluger Freund Privatdozent für Biologie an der renommierten Eidgenössisch Technischen Hochschule in Zürich. Sein Wunsch ist ein eigener Lehrstuhl an einer Universität – am liebsten in Europa. Freie Lehrstühle sind aber dünn gesät. Wenn Uwe Schlattner sich für einen solchen bewirbt, hat er immer rund 200 (!) Mitbewerber, die fachlich ähnlich versiert sind wie er. Seine Situation ist also vergleichbar mit der eines Top-Athleten, der bei den Olympischen Spielen an den Start geht: Trotz bester Voraussetzungen ist die Konkurrenz ähnlich gut trainiert und die Wahrscheinlichkeit eine Goldmedaille zu gewinnen somit verschwindend gering. Wenn wir Finanzdienstleister uns aber ausschließlich auf den Vertrieb der bAV konzentrieren, haben wir dieses enorme Konkurrenzproblem nicht. Warum? Der obige Merksatz beschreibt warum Sie eine Konkurrenzsituation wie bei Olympia nicht fürchten müssen! Nutzen Sie gerade deswegen die große Chance sich von der Masse der Finanzdienstleister abzuheben und spezialisieren Sie sich auf die betriebliche Altersversorgung!

„Es gibt Dinge, die sind bekannt und es gibt Dinge, die sind unbekannt. Dazwischen gibt es Türen."

William Blake, englischer Dichter und Maler (1757 – 1827)

Genau aus diesem Grunde sprang ich im Jahre 2002 auf den sich gerade langsam in Fahrt setzenden Zug, der da heißt „staatlich geförderte Entgeltumwandlung", auf und eignete mir das notwendige Fachwissen mittels eines zweiwöchigen Seminares und der Lektüre entsprechender Literatur an. Aber ich war natürlich gefordert ständig up to date zu bleiben und mein Fachwissen auch kontinuierlich auszubauen. Der Besuch einiger Seminare, die Lektüre von Fachzeitschriften zum Thema bAV und die Mitgliedschaft in der „Arbeitsgemeinschaft für betriebliche Altersversorgung" (aba) vergrößerten mein Fachwissen im Laufe der Jahre. Diese Hürden müssen Sie „olympisch" nehmen, wollen Sie zum bAV-Experten werden! Ich entwarf einen Plan, wie ich vorgehen wollte. Und dieses Konzept, das ich erfolgreich verfolgte, werde ich Ihnen nun in diesem Buch vorstellen. Das Ergebnis meiner Arbeit der letzten drei Jahre sieht in Zahlen wie folgt aus: Ich schloss mittels Kaltakquise rund 80 Gruppenverträge mit Arbeitgebern, in denen ich ca. 1.300 Arbeitnehmer versorgte und konnte so gut 40 Mio. € an Bewertungssumme „Leben" vermitteln.

Hierbei halfen mir zwei Umstände ganz entscheidend:

1. Die Situation der gesetzlichen Rentenversicherung ist bekanntlich katastrophal. Wenn Sie sich näher mit der Struktur der Alterspyramide beschäftigen, die sich umdreht, weil die Deutschen zu wenige Kinder bekommen und immer älter werden, ist es eine soziale Notwendigkeit (!), die Deutschen im Alter besser zu versorgen und Sie vor dem Abrutschen in die Altersarmut zu schützen. In dem Film *„Three Kings"* von David O. Russels findet sich der folgende Dialog, der treffend wiedergibt was ich meine:

Archie Gates: *„Was ist das wichtigste im Leben?"*

Gates: *„Notwendigkeit."*

Barlow: *„Wie meinst Du das?"*

Gates: *„Ich meine es so, dass die Menschen das tun, was am wichtigsten ist, um ihre Not abzuwenden. Alles andere kann warten."*[2]

Wenden also auch Sie die finanzielle Not Ihrer Kunden im Alter ab!

Im VersicherungsJournal vom 25. Juni 2004 wurde unter der Überschrift „Hinderungsgründe für die Betriebsrente“ das Ergebnis einer Umfrage vorgestellt, durchgeführt vom F.A.Z.-Institut und Delta Lloyd. Warum 54 Prozent der Befragten noch keinen Vertrag zur bAV* besitzen, beantworteten die „Verweigerer“ wie folgt (Mehrfachnennungen waren möglich):

Die wichtigsten Gründe für Arbeitnehmer gegen die Betriebsrente sind in Abbildung 1 aufgeführt.

Grund	Befragte ohne bAV (in %)
Angebot des Arbeitgebers nicht oder kaum bekannt	54
zu geringe Auszahlung in Relation zum Beitrag	53
Altersversorgung als ausreichend eingeschätzt	51
Kein Geld für zusätzliche Versorgung	49
Privatvorsorge ohne Chef-Beteiligung attraktiver	38
Anlaufpunkt für Info und Angebote nicht bekannt	30
Warten auf bessere Wirtschaftslage	30
Abhängigkeit, eingeschränkte Flexibilität	29
Furcht vor aktiver Ansprache des Arbeitgebers	27
Noch nie mit bAV beschäftigt	20

Quelle: VersicherungsJournal vom 25.06.2004

Abbildung 1: Hinderungsgründe für die Betriebsrente

Der einzig vernünftige Schluss, den wir aus den Ergebnissen dieser Umfrage ableiten können ist folgender: Die Befragten haben bezüglich der Situation der gesetzlichen Rentenversicherung und der Vorteile der bAV

* Inklusive der arbeitgeberfinanzierten bAV.

keinerlei Ahnung – und nur 20 Prozent bestätigen dies. Das bedeutet schlicht und einfach:

Hier ist enormes Aufklärungspotenzial und somit ein riesiger Markt vorhanden!

Wollen Sie erfolgreich betriebliche Versorgung verkaufen, müssen Sie *außergewöhnliche* Anstrengungen betreiben – und zwar in allen Bereichen, die dazugehören. Und diese sind in diesem Buch in die folgenden Kapitel eingeteilt:

In Kapitel 1 „Die Beziehung zu Ihrem Kunden" lesen Sie, warum Willy Loman nicht hätte scheitern müssen: Knüpfen Sie in Ihrem Leben tagtäglich Beziehungen zu anderen Menschen, zu Kunden, Bekannten und Fremden, als ob Ihr Lebensglück und Ihre wirtschaftliche Existenz davon abhinge – denn genau das ist der Fall!

Denn wenn es Ihnen nicht gelingt, Beziehungen zu bislang fremden Menschen aufzubauen, werden Sie kein Geschäft generieren.

Kapitel 2: Der Lyriker *Robert Gernhardt* sagt: *„Ich hatte eine sehr schwere Kindheit. Ich kam praktisch ohne Zähne auf die Welt und war die ersten Jahre so gut wie infantil."* Nun, so wie *Gernhardt* ging es uns wohl allen. Die Frage ist nur, was wir seitdem aus uns gemacht haben um bei unseren Kunden einen hervorragenden Ruf zu genießen? Deswegen behandelt Kapitel 2 Ihr Image beim Kunden. Hier gebe ich Ihnen zwar Beispiele zum Aufbau eines positiven Image, jedoch ist für Sie wichtig, Ihre ganz persönliche Note zu finden.

Im dritten Kapitel erfahren Sie, wie wichtig die Wahl einer Zielgruppe für Sie ist. Denn wenn Sie zielgruppenspezifisch vorgehen, werden Sie sich im bAV-Vertrieb erheblich leichter tun!

Im vierten Kapitel kommen wir dann zum wichtigen Thema „Akquise": Wie meine Philosophie hierzu lautet, erzählt Ihnen die folgende Geschichte:

In der Sahara sitzen zwei ausgehungerte Geier auf dem Ast eines morschen Baumes und schauen wortlos in die Wüste. Nach einer Weile sagt der eine Geier: *„Wartest du etwa darauf, dass jemand stirbt? Lass uns* *doch lieber jemanden umbringen!"* Übersetzt auf unsere Tätigkeit heißt das, dass wir aktiv auf unsere Kunden zugehen müssen, um die Geschäfte zu generieren, die wir benötigen, um gut leben zu können. Denn die Kernkompetenzen eines jeden erfolgreichen Außendienstmitarbeiters sind doch die, dass er Menschen generell zunächst einmal mag, kontaktstark ist, sich auf andere Menschen einstellen kann, über Humor verfügt, vielleicht sogar über Charisma und Menschen für sich gewinnen kann.

Kapitel 5 beinhaltet das wichtige Thema der Terminierung. Ich sage es ganz offen: Ich fühle mich wie ein Bluter in der Messerfabrik, wenn ich wildfremde Menschen anrufe. Es gibt bei meinem schönen Beruf nichts was mir weniger Spaß macht. Aber Sie und ich wissen: keine Termine, kein Geschäft!

Im sechsten Kapitel erfahren Sie, wie Sie Kontakt mit dem potenziellen Kunden, dem Arbeitgeber, halten können, wenn nach dem ersten Telefonat – und das ist die Regel – noch kein Termin vereinbart werden konnte.

Wie Sie dem Arbeitgeber mit dem Ziel des Abschlusses des Vertrages in dreißig Minuten die Informationen zur bAV geben, die er benötigt, lesen Sie in Kapitel sieben.

Die Belegschaft in einer Präsentation nicht nur zu informieren, sondern zu begeistern, ist Inhalt des Kapitels Nummer acht.

In Kapitel neun lesen Sie, wie ich es schaffe, in den Einzelberatungen Abschlussquoten von 95 Prozent zu erzielen.

Im zehnten Kapitel widmen wir uns den Themen, wie Sie Ihre Gruppenverträge zukünftig mit Beitritten befüllen, wie Sie die Gruppenverträge verwalten und den weiteren Service sicherstellen.

In Kapitel elf lesen Sie, wie Sie im Laufe der Zeit die Beitrittsquote der Arbeitnehmer optimieren und ohne Akquise neue Gruppenverträge schließen werden.

Im Anhang finden Sie Informationsquellen und Internetadressen, die Ihnen helfen können, Ihr Vertriebskonzept weiter zu professionalisieren.

Die Chinesen sagen: *„Wenn du loslässt, hast du zwei Hände frei."* Und genau darum geht es in diesem Buch: zielgerichtet den Verkauf von betrieblicher Altersversorgung optimieren – und alle andere Produkte, wie die Kfz-Versicherung, die Versicherung von Glaskeramikkochflächen etc., wegzulassen!

Ein Arbeitnehmer hat die Vorteile der Fokussierung auf die Entgeltumwandlung für uns in einem Beratungsgespräch einmal auf den Punkt gebracht: der kluge und sympathische junge Mann sagte: *„Herr Hauser, Sie müssen keine Klinken putzen."*, da ich an diesem Tag wie üblich zwischen 10 und 14 Einzelberatungen in der Firma durchführte. Ich entgegnete ihm lächelnd: *"Nein, bei mir wird die Klinke geputzt!"*

Mein Networkingpartner, Herr Dirk Eisfeld, studierter Informatiker und heute Finanzdienstleister, hat ein wunderbares Softwaretool zur Sozialversicherungsersparnis entwickelt. Hiermit kann dem Arbeitgeber aufgezeigt werden, welche Ersparnis an Sozialversicherungsbeiträgen er generieren kann, wenn eine bestimmte Anzahl seiner Mitarbeiter eine bAV abschließt. Die Handhabung ist unkompliziert. Und mit wenigen Eingaben kommen Sie zum gewünschten Ergebnis.

Liebe Leserin, lieber Leser, ich wünsche Ihnen, dass Sie maximalen Nutzen aus diesem Buch ziehen gemäß des in unserer Branche so häufig verwendeten und leider so wahren Satzes: „Wer schreibt, der bleibt!".

Übrigens: Wenn ich Sie künftig der Einfachheit halber mit „Lieber Leser“ direkt anspreche, sollen sich bitte ausdrücklich auch alle Leserinnen angesprochen fühlen!

1. Die Beziehung zu Ihrem Kunden

„Drei Dinge sind im Leben eines Menschen wichtig.
Erstens: Menschlichkeit.
Zweitens: Menschlichkeit.
Drittens: Menschlichkeit."

Henry James, amerikanischer Schriftsteller (1843 – 1916)

Vielleicht wundern Sie sich nun, dass ein Fachbuch zum Thema „Verkauf von betrieblicher Altersversorgung" mit einem Kapitel beginnt, das „Mein Kunde und ich" zum Inhalt hat. Nun, in den vergangenen vier Jahren, in denen ich mich auf die Beratung zur betrieblichen Altersversorgung spezialisiert habe, machte ich die Erfahrung, dass ein erfolgreiches Agieren in diesem Markt nur möglich ist, wenn Sie die Beziehung zu Ihrem Kunden – dem Arbeitgeber wie dem Arbeitnehmer – über alles andere stellen und die Wertigkeit verleihen, die notwendig ist, um schließlich erfolgreich Gruppenverträge – auch und gerade in großen Unternehmen – zu installieren. Denn Menschlichkeit wird leider meist erst dann zum Thema, wenn sie entbehrt wird. Jeder braucht sie – und insbesondere wir bAV-Berater sind häufig darüber enttäuscht, ja ärgern uns, wenn uns vom Kunden nicht die gewünschte Empathie und trotz unserer größten Bemühungen für absolut kundenorientierte Lösungen nicht das Vertrauen entgegengebracht wird, das wir uns wünschen. Da die Probleme auf unserem Planeten ja fast ausschließlich von Menschen verursacht werden und trotz des vorhandenen, wenn auch sehr ungleich verteilten, Reichtums ein zunehmender Mangel an Menschlichkeit besteht, ist es notwendig und sinnvoll, sich mit diesem Thema näher zu befassen. Im Lexikon[3] steht zum Thema Menschlichkeit:

„Menschlichkeit wird als eine positive Einstellung anderen Menschen gegenüber verstanden. Sie ist vor allem gekennzeichnet durch Verständnis, Einfühlungsvermögen, Rücksicht und Hilfsbereitschaft verbunden mit

einem tiefen Respekt und der Verpflichtung gegenüber der Würde des Mitmenschen."

Jede Menge Anhaltspunkte also, um mit der Verwirklichung des genannten Leitspruches dieses Kapitels zu beginnen! Stellen wir uns also der Herausforderung in jeder menschlichen Begegnung aufs Neue: mit unseren Nächsten so umzugehen, wie wir es selbst schätzen würden. Denn: Alles im Leben kommt zurück – alles Gute, aber auch alles Schlechte. Das heißt, wenn Sie Ihren Kunden ab sofort so behandeln, wie Sie auch selbst behandelt werden möchten, wird Ihnen Ihr Beruf deutlich mehr Freude machen und sich dies in barer Münze für Sie auszahlen! Was ich meine ist Folgendes: Sie müssen Geben, Geben, Geben! Ihr Kunde wird sich schließlich revanchieren.

Ich möchte Ihnen eine Geschichte erzählen, um deutlich zu machen, was ich meine:

Willst du einen Freund gewinnen, sei selber einer

„Wohin willst du?", fragte der Vater. Benjamin hielt die Türklinke fest. *„Raus!"*, sagte er. *„Wohin raus?"*, fragte der Vater. *„Nur so"*, sagte Benjamin. *„Um es klar auszusprechen"* sagte der Vater, *„ich will nicht, dass du mit diesem Daniel herumziehst!" „Warum?"*, fragte Benjamin. *„Weil er nicht gut für dich ist"*, sagte der Vater. Benjamin sah den Vater an. *„Du weißt doch selbst, dass dieser Daniel ein ... sagen wir, ein geistig zurückgebliebenes Kind ist."*, sagte der Vater. *„Der Daniel ist in Ordnung."*, sagte Benjamin. *„Möglich."*, sagte der Vater. *„Aber was kannst du schon von ihm lernen?" „Ich will doch nichts von ihm lernen"*, sagte Benjamin. *„Man sollte von jedem, mit dem man umgeht, etwas lernen können"*, sagte der Vater. Benjamin ließ die Türklinke los. *„Ich lerne von ihm, Schiffchen aus Papier zu falten."*, sagte er. *„Das konntest du mit 4 Jahren schon"*, sagte der Vater. *„Ich hatte es wieder vergessen"*, sagte Benjamin. *„Und sonst?"* fragte der Vater. *„Was macht ihr sonst?" „Wir laufen 'rum"*, sagte

Benjamin. *„Sehen uns alles an und so.“ „Kannst du das nicht auch mit anderen Kindern zusammen tun?“ „Doch.“*, sagte Benjamin. *„Aber Daniel sieht mehr.“*, sagte er dann. *„Was?“* fragte der Vater. *„Was sieht denn der Daniel?“ „So Zeugs“*, sagte Benjamin. *„Blätter und so. Steine. Ganz tolle. Und er weiß, wo Katzen sind. Und sie kommen, wenn er ruft.“ „Hm“*, sagte der Vater, *„pass 'mal auf: Es ist im Leben wichtig, dass man sich immer nach oben orientiert.“ „Was heißt das?“*, fragte Benjamin, *„Sich nach oben orientieren?“ „Das heißt, dass man sich Freunde suchen soll, zu denen man aufblicken kann. Freunde, von denen man etwas lernen kann. Weil sie vielleicht ein bisschen klüger sind als man selbst.“* Benjamin blieb lange still. *„Aber“*, sagte er schließlich, *„wenn du meinst, dass der Daniel dümmer ist als ich, dann ist es doch gut für ihn, dass er mich hat, nicht wahr?*[4]*“*

1.1 Warum Menschen Beziehungen brauchen

„Soziale Bindungen machen widerstandsfähiger gegen Krankheiten.“

Unbekannt

„Psychische Sicherheit bereichert das Leben, während psychische Unsicherheit einschränkt“, schreiben die Psychologen *Karin* und *Klaus Grossmann*[5] und führen aus, was sie unter diesem Begriff verstehen: Psychische Sicherheit erkennt man daran, *„dass die Person kein oder nur wenig „abweichendes Verhalten“* zeigt, *„sich zusammen mit nahe stehenden Menschen um die Bewältigung kommender Anforderungen bemüht, sich nicht entmutigen lässt, nicht verzagt oder resigniert und keine Widerstände ausblendet“*. Menschen, die nicht über diese Sicherheit verfügen, haben es in ihrem Leben schwerer, vor allem in ihren Beziehungen zu anderen. Diese Menschen werden sich in unserem schwierigen Beruf sicherlich so schwer tun, dass sie diesen bald wieder aufgeben werden. Das Forscherpaar *Grossmann* konstatiert: *„Psychische Sicherheit entsteht aus menschlicher Zuneigung.“* Bindungen zu anderen entscheiden darüber, wie ein Mensch sich fühlt, wie er handelt, was er denkt und wie gesund er

ist. Welche Qualität diese Bindungen haben, ob sie Sicherheit vermitteln oder eher Unsicherheit bewirken, das bahnt sich schon sehr früh an und beeinflusst das gesamte weitere Leben. Der enge Kontakt zwischen dem Säugling und seiner wichtigsten Bezugsperson legt den Grundstein für psychische Sicherheit oder Unsicherheit.

Der englische Psychiater und Psychoanalytiker *John Bowlby*[5] wies bereits in den 40er Jahren des letzten Jahrhunderts als Erster auf die enorme Bedeutung der frühen Bindungsqualität für eine gesunde psychische Entwicklung hin. *Bowlby*[5] untersuchte seelisch kranke Heimkinder, die ihre Eltern verloren hatten und kam zu dem Ergebnis, dass – wen mag es wundern? – die Trennung von den Eltern die Ursache für das seelische Leid war.

Nach einer Umfrage des Allensbach-Institutes wollen 47 Prozent der bundesdeutschen Bevölkerung geachtet und beliebt sein. Als ich dies las, habe ich mich gefragt, was wohl für die anderen 53 Prozent der Bundesdeutschen die Quelle der Lebensfreude sein mag. Fest steht: Wir brauchen Beziehungen wie die Luft zum Atmen für unser Selbstwertgefühl und zur Festigung unserer Identität. Der Stressforscher *Paul Rosch*[5] geht noch weiter: *„Gute Gesundheit hängt von herzlichen Beziehungen und guter Kommunikation ab."*

Viele Studien belegen mittlerweile: Menschen, die in ein tragfähiges soziales Netz eingewoben sind, leben länger und vor allem: gesünder.

Was ist Ihnen eigentlich im Leben das Wichtigste? Die Familie, Geld, Beruf, Hobbys, Ihre Unabhängigkeit? Ein älterer Pfarrer, der in einem Sterbehospiz arbeitete, erzählte neulich anlässlich eines Vortrages: *„Ich habe mit einigen hundert Menschen in ihren letzten Stunden gesprochen, Menschen aus allen Gesellschaftsschichten. Das letzte Thema für jeden von ihnen war die Beziehung zu den Menschen, die ihnen im Leben wichtig waren. Sicher wäre viel gewonnen"*, meinte der Pfarrer, *„wenn die meisten Menschen früher erkennen würden, was zum Schluss und oft, wenn es zu spät ist, alle erkennen: Unsere Beziehung zu anderen sind der Hauptschlüssel zu einem Leben, das glückt."*[6]

Deswegen gilt das alte deutsche Sprichwort nach wie vor:

*„Wenn Sie ein Jahr Glück wollen, säen Sie ein Korn,
Wenn Sie zehn Jahre lang Glück wollen, pflanzen Sie einen Baum,
Wenn Sie ein Leben lang Glück wollen, säen Sie Kontakte zu Menschen."*

Fragen Sie sich also: Was kann ich heute, morgen und in Zukunft tun, um meinen Beziehungen die Beachtung zu schenken, die sie verdienen? Wir als Berater zur betrieblichen Altersversorgung, die wir jeden Tag auf unsere Kunden zugehen müssen und von deren positiver Reaktion buchstäblich wirtschaftlich abhängig sind, wissen besser als jeder Arzt, Ingenieur, Handwerker, Steuerberater und Rechtsanwalt, dass im Grunde genommen das ganze Leben Verkaufen ist. In diesem Sinne ist unsere Welt ein riesiger Marktplatz, auf dem immerzu gekauft und verkauft wird. Denn jede unserer Handlungen, also ein Gespräch, sich Anblicken, der Händedruck, ist eine Ware, die wir zum Tausch anbieten. Und je besser wir in diesem Zusammenhang agieren, desto eher kommt etwas Positives zurück. Die Wechselwirkung dieser Tauschgeschäfte im Leben beschreibt also die Qualität unserer Beziehungen. Und das Thema dieses Kapitels lautet schließlich:

Mehr Umsatz in der betrieblichen Altersversorgung generieren durch bessere Qualität und höhere Quantität unserer Beziehungen!

Schließlich geht es um den für Sie wichtigsten Satz: Ihren Umsatz! Und wenn Sie Ihren Umsatz in der betrieblichen Altersversorgung optimieren möchten, müssen Sie die nun folgenden Gebote der Beziehungspflege beachten.

1.2 Die 10 Gebote der Beziehungspflege

1. Seien Sie keine Nervensäge. Der amerikanische Komiker *Woody Allen* sagt: *„Es gibt furchtbarere Dinge im Leben als den Tod. Wenn Sie jemals einen Abend mit einem Versicherungsvertreter verbracht haben, wissen Sie, wovon ich rede.*" Unser Beruf rangiert in der Beliebtheits-

skala der angesehenen Tätigkeiten wohl immer noch nicht ganz oben, also halten Sie sich an das Gebot Nummer 1. Allerdings ist die bundesdeutsche Bevölkerung aufgrund der dramatischen Verschiebung unserer Alterspyramide dringender denn je auf unsere Beratung zur betrieblichen Altersversorgung angewiesen. Hierfür sind aber Fingerspitzengefühl und Empathie gefragt!

2. Seien Sie erreichbar. Was soll unser Kunde von uns denken, wenn er nach dem Abschluss noch Fragen hat und unser Telefon nicht besetzt oder der Anrufbeantworter nicht eingeschaltet ist und er vergeblich versucht, uns zu erreichen? Ein mulmiges Gefühl wird sich einstellen, vielleicht sogar der Verdacht, eine falsche Entscheidung getroffen zu haben. Mit Recht!

3. Seien Sie zuverlässig. Wenn meine Kunden mich um etwas bitten, sage ich häufig: *„Mein zweiter Vorname lautet ‚Zuverlässigkeit'!"* Ich halte stets das, was ich verspreche, wobei ich mir aber immer genau überlege, welche Versprechungen ich auch geben möchte.

4. Wenn Sie etwas über Ihre Kunden nicht wissen, fragen Sie! Wenn Sie generell bessere Beziehungen zu Ihren Kunden aufbauen möchten, ist es unbedingt wichtig, möglichst viel über diese zu erfahren. Welche Vita, Vorlieben, Abneigungen, Hobbys haben Sie? Versuchen Sie diese Dinge im persönlichen Gespräch herauszufinden und notieren Sie sich diese Informationen.

5. Zeigen Sie sich für erwiesene Gefälligkeiten immer erkenntlich. Vor kurzem versprach mir einer meiner Kunden, für den ich Seminare im Bereich der betrieblichen Altersversorgung abhalte, einen Kontakt zu dem Vorstandsvorsitzenden eines Konzerns, den er gut kennt, zu knüpfen, um mir die Möglichkeit zu verschaffen, mit der betrieblichen Altersversorgung ins Geschäft zu kommen. Nach dem mündlich ausgesprochenen Versprechen meines Geschäftspartners, dessen (zugegebenermaßen umstrittenes) Hobby die Großwildjagd in Afrika ist, schickte ich ihm eine Kiste Wein mit einigen Zeilen und schrieb: *„P.S.: Anbei eine Kiste ‚Hubertus' für den Großwildjäger vom „bAV-Großwildjäger" als Dank für Ihre Hilfe!"* Bis dato kam noch kein

Termin zustande, doch sehe ich diesem optimistisch entgegen, da ich die allerbesten Erfahrungen gemacht habe, wenn ich in Vorleistung gehe.

6. Unterstellen Sie nicht, dass hinter der Position mit imposantem Titel auch tatsächlich die Macht steht. So machte ich anfänglich im Verkauf von betrieblicher Altersversorgung den Fehler, generell die Geschäftsführer oder Vorstände großer Unternehmen anzuschreiben. Es stellte sich sehr schnell heraus, dass sich diese mit meinem Thema gar nicht befassten. Als ich dies gelernt hatte, ging ich dazu über, zunächst in der Telefonzentrale der Firma anzurufen, um mich zu erkundigen, wer für das Thema bAV im Hause zuständig ist.

7. Dienen Sie Ihren Kunden, ohne zu rechnen. Klingt Ihnen das zu altmodisch? Wollen Sie kein Diener sein? Ich meine aber tatsächlich „Dienen", denn schließlich sind wir ja ohne Wenn und Aber „Dienst-Leister". Wenn wir stets darauf achten, dass wir unseren Kunden mehr geben als wir nehmen und so das jeweilige Beziehungskonto immer im „Haben" führen, können wir im Notfall – wenn wir seine Hilfe benötigen – unseren Kunden auch einmal bitten, von diesem Konto etwas abheben zu dürfen. Ein Beispiel: Im letzten Jahr führte ich in einem großen deutschen Verlag die arbeitnehmerfinanzierte betriebliche Altersversorgung ein. Aus vielen Gesprächen mit dem Ressortleiter Entgeltabrechnung, mit dem ich über Monate hinweg eng zusammenarbeitete und jeden erdenklichen Service bot, wusste ich, dass er mit meiner Arbeit sehr zufrieden war. Vor wenigen Wochen las ich in einer Fachzeitschrift, dass zu diesem Verlag vier weitere Unternehmen gehören, was ich bislang nicht wusste. Und so bat ich meinen Geschäftspartner, seine Kollegen in diesen Firmen anzurufen um mir die Türen zu öffnen. Sicher, ich hätte auch selbst zum Telefonhörer greifen können, jedoch vervielfachten sich auf diese Weise meine Erfolgsaussichten auf weitere Geschäfte. Wichtig war: Mein Beziehungskonto war nach meiner Bitte, die er gerne erfüllte, immer noch im Plus!

8. Schenken Sie aufrichtige Zuwendung. Je mehr Wohlstand uns umgibt, desto schwieriger ist es, passende Geschenke für andere zu finden. Alles, was wir uns ausdenken, liegt schon in Hülle und Fülle überall in

Schubladen, Kleiderschränken, Kinderzimmern und Küchenschränken. Deshalb ist das schönste Geschenk, das wir unserem Kunden machen können, unsere aufrichtige Zuwendung. Interessieren Sie sich für die Probleme, Sorgen und Nöte Ihres Kunden! Wir bAV-Berater wissen doch ohnehin nur zu gut, dass unser Kunde uns nahezu alles gerne erzählt, weil Zuhören heute leider eine verkümmerte Eigenschaft geworden zu sein scheint.

9. Schenken Sie Zeit. Wann haben Sie zum letzten Mal einen handgeschriebenen Brief erhalten? Haben Sie sich darüber gefreut? Nehmen Sie sich deswegen Zeit, um beispielsweise für Ihren Kunden aufgrund Ihres Kontaktnetzes eine für ihn wichtige Verbindung herzustellen.

10. Nehmen Sie die Interessen anderer wahr. Bei meiner letzten Urlaubsreise lernte ich ein ausgesprochen sympathisches Ehepaar kennen, deren Geschäft es ist, Computertaschen für jedweden Bedarf herzustellen und jährlich in siebenstelliger Stückzahl zu verkaufen. Da ich generell gerne in Vorleistung gehe, bevor ich ein Geschäft tätige – denn dies macht mir Spaß und so wird es im Übrigen auch wesentlich einfacher! – habe ich einige meiner Netzwerkpartner gebeten mir zu helfen und meinen neuen Freunden so den Weg zu einem Entscheider hinsichtlich der Beschaffung von Laptoptaschen für den Außendienst eines großen Versicherungskonzerns geebnet, mit denen sie ins Geschäft kommen können.

Wenn Sie sich künftig konsequent an diese 10 Gebote zur Beziehungspflege halten, werden Sie schnell feststellen, dass die Qualität Ihrer Beziehungen sukzessive besser wird.

Jeder Mensch hat im Leben Wünsche, Ziele, vielleicht sogar Visionen. Diese gilt es für Sie herauszufinden, denn dies sind seine Hauptmotivatoren im Leben, die natürlich auch für einen Geschäftsabschluss relevant sind. Stellen Sie sich das Leben Ihres Kunden deshalb als eine Reise vor: Ihr Kunde benötigt für diese „Reise“ eine Landkarte.

Nun gilt es herauszufinden welcher „Landkarte“ sich Ihr Kunde im Leben bedient um diesen besser verstehen zu können. Wenn Sie die Landkarte in diesem Zusammenhang kennen, beantwortet diese Ihnen die folgenden für Sie wichtigen Fragen zur „Geografie“:

1. Wo befindet sich der Kunde auf seinem Weg?
2. Wohin möchte Ihr Kunde?
3. Welchen Weg zum Ziel wählt er?

Wenn Sie die Antworten auf diese Fragen finden können, wird es Ihnen leichter fallen, Ihren Kunden aufgrund seiner *eigenen* Bedürfnisse, Wünsche und Motive im Leben zu begleiten. Denn nur die sind für seine Entscheidungsfindung relevant. Denken Sie deshalb immer daran, dass jeder Mensch die Welt subjektiv wahrnimmt und nur mit seinen Augen sieht. Jeder Mensch hat deshalb *drei* Seiten:

- Eine, die *Sie* sehen.
- Eine, die der *andere* sieht.
- Und eine Seite, die Sie *beide* nicht sehen.

Folgendes Beispiel verdeutlicht dies:

Beispiel

> Angenommen drei Personen sitzen an einem quadratischen Tisch, jeder davon an einer Seite. Sie selbst setzen sich an die eine leere Seite des Tisches. Nun stellen Sie in die Mitte des Tisches eine Kaffeetasse und legen links daneben einen Euro auf den Tisch. Jetzt fragen Sie Ihr Gegenüber: „Was sehen Sie auf dem Tisch?“ Er antwortet: „Eine Kaffeetasse und rechts daneben einen Euro.“ Dann fragen Sie die Person zu Ihrer Rechten: „Was sehen Sie?“ Er wird antworten: „Eine Kaffeetasse.“ Und schließlich fragen Sie die Person zu Ihrer linken Seite was diese sieht: „Ich sehe einen Euro vor einer Kaffeetasse liegen.“

Alle drei Personen haben aus *Ihrer* Sicht Unrecht – und aus deren Sicht Recht! Im Verkauf kommt es also jeweils darauf an, die Sichtweise des Kunden zu begreifen.

1.3 Die Bedeutung der Menschenkenntnis

Ein Großteil der zwischenmenschlichen Kontakte ist von einer gewissen Unverbindlichkeit geprägt. Vielen Menschen ist es ziemlich gleichgültig, was für ein Mensch das jeweilige Gegenüber tatsächlich ist. Im Alltag nimmt man häufig nur noch *den* Ausschnitt einer Person zur Kenntnis, der gerade interessiert oder funktional ist – die Tiefen ihrer Charakterstruktur oder die Geheimnisse ihrer Biografie interessieren meistens wenig. Dadurch verlieren wir jedoch allmählich eine Fähigkeit, die doch alle Menschen gerne hätten, vor allen Dingen wir Verkäufer: Menschenkenntnis. Wir haben verlernt, genau hinzuschauen. Unter den Bedingungen der neuen Oberflächlichkeit ist der Instinkt verkümmert, der uns befähigt, einen Menschen richtig „zu lesen". Wir sitzen dem Image auf, das die anderen projizieren und häufig wollen wir nur das an und in ihnen sehen, was uns in das Konzept passt. So unterlaufen uns häufig Fehler und Missverständnisse. Wir täuschen uns in anderen und werden so häufig selbst enttäuscht. Die Folge: Wir rechnen mit Geschäftsabschlüssen und sind enttäuscht, wenn diese ausbleiben, weil wir die Situation falsch eingeschätzt und falsch bewertet haben. Wir verketten Motive und Absichten, wir unter- und überschätzen die Eigenschaften und Fähigkeiten anderer. Aber Menschenkenntnis ist für die Qualität der sozialen Beziehungen sehr wichtig, denn sie ermöglicht es, uns auf die Bedürfnisse unseres Gegenübers einzustellen[7]. Die Wünsche, Vorstellungen und Hoffnungen des anderen, besonders unseres Kunden, wollen verstanden werden und dazu gehört eine gute Einschätzung der Persönlichkeit. Ein erster Eindruck besteht aus der Summe dessen, was wir von einem Menschen wahrnehmen. Deswegen ist es unabdingbar, sich mit den verschiedenen Verhaltensmustern auseinander zu setzen, die Menschen erst zu Individuen werden lassen. Denn dies ist die Voraussetzung dafür, dass wir unsere wirtschaftliche Zukunft auch so gestalten können, wie wir uns diese wünschen.

Das DISC-Modell: Vertriebserfolg durch Instrumente aus der Verhaltenspsychologie

Motivationstheorien zeigen, dass alle Menschen – auch Kunden – einen Grund für ihr Handeln haben. Eine (Kauf-)Entscheidung, auch über den Abschluss einer bAV, basiert immer auf einem Motiv und darauf, dass der Käufer mit dieser Entscheidung eines seiner Bedürfnisse erfüllen kann. Leider haben nicht alle Menschen die gleichen Bedürfnisse, was den Vertrieb sehr erleichtern würde. Die Wünsche und Bedürfnisse von Menschen, seien es Freunde, Partner und Kunden können völlig unterschiedlich sein. Erfolgreiche Verkäufer haben häufig ein intuitives Gespür dafür, was ihre Kunden „brauchen". Den meisten Menschen wurde das Gedankenlesen jedoch nicht in die Wiege gelegt. Sie können aber Instrumente aus der Psychologie verwenden, die es Ihnen ermöglichen, anhand vereinfachter Modelle zu verstehen, wie Ihr Gegenüber „tickt".

Ein sehr populäres Konzept ist das DISC-Modell, das in den 40er Jahren von dem amerikanischen Psychologen William Moulton Marston (1893-1947) entwickelt wurde. Es wird heute in fast allen großen Konzernen in der Personalpolitik eingesetzt, wenn es um die Bewerberauswahl geht. Das Konzept legt 4 Verhaltenstypen zu Grunde:

1. den dominanten „D"ler (von Englisch „Dominance" = Dominanz),
2. den kommunikativen „I"ler (engl. „Influence" = Einfluss),
3. den fürsorglichen „S"ler (engl. „Steadyness" = Beständigkeit),
4. den regeltreuen „C"ler (engl. „Compliance" = Gewissenhaftigkeit).

Die meisten Menschen haben Elemente aus allen 4 Bereichen in ihrem Verhaltensmuster, in der Regel überwiegt jedoch ein Typus. So bezeichnet man einen Menschen, der viele Elemente von „D" aufweist und wenig C, I und S nach dem Modell als „D"ler.

- Menschen mit hohem „D" sind selbstbewusst, konkurrenzbetont und bestimmt, bis hin zu aggressiv und egozentrisch. Sie sind nicht zögerlich, unsicher oder entgegenkommend.

- Ausgeprägte „I"ler sind sehr gesprächig, positiv, oft überschwenglich und sehr charmant. Sie sind nicht zurückhaltend, misstrauisch oder reserviert.
- Eine überwiegende „S" Komponente haben Menschen, die gütig, mitfühlend und oft leicht zu führen sind. Sie sind keinesfalls impulsiv, energisch oder fordernd.
- Ein „ C"ler ist gründlich, perfektionistisch, sehr diszipliniert und strukturiert.

Was nützt Ihnen diese Erkenntnis im Vertrieb? Sie kann in doppelter Hinsicht hilfreich sein. Erstens beschreiben die Typen nicht nur Verhaltensmuster, sondern auch womit sich ein „D"ler umgibt, wie sein Büro aussieht und an welchen Äußerlichkeiten man ihn häufig erkennen kann. Zweitens können Sie aus der Erkenntnis, welcher Verhaltenstyp Ihr Gegenüber ist, klare Richtlinien für das eigene – möglichst erfolgsversprechende – Handeln ziehen.

Woran erkennt man die einzelnen Typen nun und was muss man berücksichtigen, um ihre Bedürfnisse zu erfüllen, also erfolgreich zu sein?

- Der „D" ler:
  - Was ihn treibt: Machtstreben
  - Wovor er Angst hat: Versagen und Machtverlust.
  - Sein Händedruck: Knochenbrechend! Er demonstriert körperliche Stärke.
  - Sein Büro: Wenn er keine gute Sekretärin hat, die ihm nachräumt, ist sein Zimmer voll von Akten und Dokumenten. Auf Schreibtisch, Stühlen und Boden nimmt er den gesamten Platz in Anspruch.
  - Bilder: Er zeigt, wie mächtig und erfolgreich er ist. An den Wänden hängen entweder echte Jagdtrophäen oder die modernen Gegenstücke – Preise, Auszeichnungen, Pokale.
  - Pünktlichkeit: Der „D"ler kommt meistens deutlich zu spät zu Besprechungen und Treffen. Er respektiert weder die Zeit anderer, noch geht er davon aus, dass ohne sein Eintreffen etwas Wichtiges hätte besprochen werden können. Stößt er 30 Minuten zu spät zu einer Be-

sprechung, so erwartet er eine Zusammenfassung oder dass noch einmal ganz von vorn begonnen wird.

- Kleidung: Äußerlichkeiten sind für ihn unwichtig. Zwar ist er oft teuer gekleidet, da man ihn in oberen Führungspositionen findet, aber meist sehr nachlässig sein Äußeres betreffend. Das Hemd kann aus der Hose hängen, ist zerknittert und sieht vielleicht aus, als habe er darin geschlafen. Wenn er keine sorgende Ehefrau oder Mutter (idealerweise eine „S"lerin) um sich hat, die seine Kleidung richtet, erkennt man ihn oft an Farben und Mustern, die nicht zueinander passen.
- Sprache: sehr direkt und scharfzüngig, keineswegs diplomatisch.
- Erfolgsfaktoren im Umgang mit „D"lern: „D"ler sind ungeduldig und räumen ihrem Gegenüber nur kurze Zeitfenster der Aufmerksamkeit ein. Stellen Sie in wenigen Sätzen dar, welchen Beitrag Sie zur Steigerung seiner Macht liefern können. Nur dann hört er weiter zu. Also: Kein Small Talk, das Wichtigste muss in den ersten 3 Minuten auf den Punkt gebracht werden.

▶ Der „I" ler:

- Was ihn treibt: Liebe und Anerkennung
- Wovor er Angst hat: Zurückweisung
- Sein Händedruck: Freundschaftlich umarmend, oft mit beiden Händen oder Begrüßungsküsschen.
- Sein Büro: Designer-Möbel und -Leuchten, wenn er es sich leisten kann. Er achtet sehr auf Äußeres.
- Bilder: Seine Bilder zeugen von seiner Beliebtheit und seinem Netzwerk wichtiger Persönlichkeiten. *„Ich und Bill Gates vor der Microsoft Zentrale", „Ich beim* Empfang des Bundespräsidenten"....
- Pünktlichkeit: Er zelebriert fünfminütige Verspätungen, damit er beim Meeting auch von allen wahrgenommen wird *(„Jetzt bin ich da, habt ihr mich auch alle gesehen?")* und vielleicht noch eine Entschuldigung anbringen kann: *„Ich habe gerade noch den Vorstand von Siemens am Telefon gehabt!"*
- Kleidung: Sehr geschmackvoll, modisch und ganz wichtig: Labels. Er umgibt sich mit Luxusmarken, sein Anzug ist von Boss, er

schreibt selbstverständlich mit einem Montblanc, trägt eine teure Armbanduhr und spielt ganz nebenbei mit seinem Porscheschlüssel.

- Sprache: Der „I“ler redet viel und gern.
- Erfolgsfaktoren im Umgang mit „I“lern: „I“ler brauchen soziale Beziehungen und Zuhörer. Leiten Sie ein Gespräch immer mit Small Talk und Fragen ein: „Ach, Sie waren gerade in Südafrika im Urlaub? Toll! Und was haben Sie dort alles erlebt?“ Mit Lob und Anerkennung – wobei ehrliche besser ist als geheuchelte! – gewinnen Sie die Sympathie und meistens auch den Auftrag des „I“lers.

▶ Der „S“ ler:

- Was ihn treibt: Sicherheit, Stabilität
- Wovor er Angst hat: Veränderung
- Sein Händedruck: Der „S“ler ist sehr um das Wohl anderer bemüht. Er möchte, dass sich sein Gesprächspartner wohl fühlt. So passt er seinen Händedruck an sein Gegenüber an.
- Sein Büro: ist ausgesprochen wohnlich. Der „S“ler schafft eine Wohlfühlatmosphäre mit Pflanzen und vielem Schickschnack. Besucher finden meist eine Schale mit Süßigkeiten oder Keksen vor.
- Bilder: Familie, Haus und Hof, Hund und Katze.
- Pünktlichkeit: Der „S“ler erscheint immer 15 Minuten vor Beginn der Besprechung und prüft, ob der Projektor funktioniert und der Kaffee schon bereit steht.
- Kleidung: Korrekt, aber oft alternativ angehaucht. „S“ler mögen keine modischen, kurzlebigen Trends. Sie kaufen Dinge, die lange halten und tragen daher auch ihre Kleidung meist über Jahre auf.
- Sprache: Der „S“ler ist ein ausgesprochen guter Zuhörer. Er ist an den Sorgen, Nöten und Geschichten anderer aufrichtig interessiert.
- Erfolgsfaktoren im Umgang mit „S“lern: „S“ler hassen Unsicherheit und Veränderung. Wenn bereits ein Vertrauensverhältnis besteht, lassen Sie sich etwas umsorgen und bemuttern. Im Angebotsfall untermauern Sie die Sicherheit Ihres Konzeptes und nehmen Sie Ihrem Gesprächspartner jegliche Sorge einer negativen Veränderung oder gar Risikos.

- Der „C“ ler:

  - Was ihn treibt: Konformität, Übereinstimmung mit Regeln und Normen
  - Wovor er Angst hat: Chaos und Fehler
  - Sein Händedruck: Wachsweich, wie ein toter Fisch.
  - Sein Büro: Sieht unbewohnt aus. Alles ist penibel ordentlich aufgeräumt, nichts liegt herum.
  - Bilder: Eher keine. Falls doch, dann eventuell ISO 9000 Zertifikate, symmetrisch angeordnet.
  - Pünktlichkeit: Auf die Minute. Verspätungen sind ein massiver Verstoß gegen sein Wertesystem, die er auch bei anderen nicht toleriert.
  - Kleidung: Der typische Modemuffel. Bei Anlässen, die formelle Kleidung erfordern, erinnert sein Outfit an den modischen Charme alter Ostblock-Anzüge.
  - Sprache: Der „C“ler ist wortkarg. Er redet nur, wenn unbedingt nötig und untermauert seinen Standpunkt mit analytischen, fundierten Argumenten.
  - Erfolgsfaktoren im Umgang mit „C“lern: „C“ler wollen Zahlen und Fakten als Entscheidungsgrundlage. Bereiten Sie sich gut auf das Gespräch vor, strukturieren Sie Ihre Aussagen und liefern Sie klare, objektive und überzeugende Argumente.

So faszinierend und wissenschaftlich fundiert das DISC-Modell ist, warne ich Sie jedoch ausdrücklich davor, Ihre Mitmenschen von jetzt an nur noch in Schubladen zu stecken. Jeder Mensch hat etwas von allen 4 Standardtypen und ist in seinem Charakter einzigartig. Die Typologisierung ist lediglich eine vereinfachte Annäherung. Allerdings stelle ich immer wieder fest, dass sie manchmal so zutreffend ist, dass ich denke, den Archetyp eines „D“lers oder „I“lers gerade vor mir zu haben.

Im Folgenden sind einige Punkte aufgeführt, die Ihnen außerdem helfen können, Menschen – auch und gerade potenzielle Kunden – noch besser einschätzen zu können und dadurch die Qualität und Quantität Ihrer Geschäftsabschlüsse zu verbessern:

Der Händedruck

Mit einem festen Händedruck bei der Begrüßung, verbunden mit einem offenen, jovialen Blickkontakt, macht man Eindruck bei seinem Gegenüber. Dies ist erstmals von der Universität von Alabama bestätigt worden[8]. Danach gibt es eine Art Standard-Händedruck. Dabei wird die Hand vollständig umfasst und relativ kräftig und ausdauernd gedrückt, während die Augen Blickkontakt suchen. Wer sein Gegenüber so begrüßt, hat bei diesem schon einen kleinen Stein im Brett: Studenten mit festem Händedruck hinterließen bei den Bewertern der Studie einen guten Eindruck. Sie wurden als extrovertiert, gewissenhaft, verträglich, emotional, positiv gestimmt, offen und zugewandt eingestuft.

Interessanterweise lagen die Bewerter mit diesem Eindruck gar nicht mal so falsch, wie die Auswertung der Persönlichkeitstests zutage brachte. In der Tat erwiesen sich die Versuchsteilnehmer mit festem Händedruck im Schnitt als etwas extrovertierter, emotionaler und weniger schüchtern als Kommilitonen, die einen eher „wabbeligen" Willkommengruß pflegten. „Es wäre etwas übertrieben, zu behaupten, dass der Händedruck eines Menschen ein Fenster zu seiner Seele sei", schreiben die Forscher, „aber einen durchaus brauchbaren ersten Hinweis auf die Persönlichkeit liefert er schon."

Die Stimme

Die Stimme gibt uns ebenso Auskunft über eine Person:

- Spricht jemand *leise*, werden uns innere Ruhe, Ausgeglichenheit und Unbefangenheit signalisiert.
- Redet jemand allerdings *sehr leise*, liegen Unsicherheit, Angst und Selbstzweifel nahe.
- Die *laute* Stimme verspricht Vitalität, Entschlossenheit, Tatendrang und Einsatzbereitschaft. Wird sie aber sehr laut, kann dies aber auch einen autoritären Charakter zum Ausdruck bringen.

- Ist die Aussprache *klar* und *deutlich*, sind auch die Gedanken so geformt. Disziplin, Verantwortungsbewusstsein und Erfolgsorientierung lassen sich davon ableiten.
- Bei einer *undeutlichen* Aussprache kann das auf Unsicherheit und Selbstzweifel sowie auf unklare Zielvorstellungen und Entscheidungsschwäche hinweisen.

Das Gesicht

Falten sind Produkte unserer Mimik, die unser Denken und Handeln permanent begleitet.

- Eine *senkrechte Stirnfalte* wird auch als Konzentrationsfalte bezeichnet und weist auf einen sachlich-rationalen Typ hin.
- *Waagrechte Stirnfalten* signalisieren Ernsthaftigkeit und Respekt vor anderen.
- *Senkrechte und waagrechte Stirnfalten* deuten auf gewisse Schwierigkeiten mit der Umwelt hin.
- Menschen *ohne Stirnfalten* sind in der Regel glücklich und erfolgreich, haben selten Probleme mit ihrer Umwelt und begegnen Neuem mit Offenheit.

Hinsichtlich der Augen ist festzustellen:

- *Eng zusammen stehenden* Augen sind klare Zielvorstellungen zuzuordnen.
- *Auseinander stehende Augen* deuten hingegen auf eine nüchterne, realistische *Denkweise hin.*
- *Sind die Augen* offen, ist von Aufgeschlossenheit, natürlicher Autorität und Verantwortungsbewusstsein mit einer optimistischen Grundeinstellung auszugehen.
- *Verhängte Augen* lassen Zuverlässigkeit, aber auch Passivität erwarten.

Wer entscheidet über den Geschäftsabschluss?

Schließlich interessiert uns ganz besonders, wer von unseren gegebenenfalls diversen Verhandlungspartnern in einer Firma schließlich die Entscheidung trifft mit uns einen Gruppenvertrag zur betrieblichen Altersvorsorgung abschließen zu wollen oder nicht. Wenn wir schließlich herausgefunden haben, wer dies ist, interessiert uns natürlich nach welchen Kriterien dieser entscheidet. Im Wesentlichen kann man hier zwischen drei Charakteren unterscheiden:

- Der „*Einzelkämpfer*" verlässt sich auf sich selbst und löst alles gerne alleine.
- Der „*Teamworker*" dagegen ist auf ein Arbeitsumfeld angewiesen, in dem die Aufgaben geteilt werden.
- Der „*Demokrat*" ist ein Mensch, dessen Ansichten sich auch einmal einem Mehrheitsbeschluss unterordnen können.

Entscheidungsgrundsätze des Kunden

Besonders wichtig ist es für uns herauszufinden, nach welchen Grundsätzen unser Kunde die Entscheidung, abzuschließen oder eben nicht abzuschließen, trifft:

- Der „*Stratege*" ist an klaren Zielen interessiert und setzt alle ihm zur Verfügung stehenden Mittel für die Umsetzung ein: Er befragt seinen Steuerberater, Rechtsanwalt, vielleicht sogar Kollegen oder holt sich Informationen beim Arbeitgeberverband ein.
- Der „*Problembewusste*" beschäftigt sich mit verschiedenen Lösungswegen, die er genau gegeneinander abwägt oder miteinander verknüpft. Er wirkt aufmerksam, besonnen und vorsichtig, ja sogar distanziert.
- Der „*aktive Mensch*" kann sein Bedürfnis nach Selbstverwirklichung und Anerkennung aus eigener Kraft stillen, das heißt er ist relativ unabhängig von Zustimmung und Lob Dritter. Er hält an seinen Entscheidungen fest und reagiert auf Kritik meist mit Gegenkritik.

- Der *„passive Mensch"* hingegen orientiert sich an der Masse und arbeitet gerne in einem Team, da die Meinung anderer für ihn eine große Rolle spielt.[8]

Wollen wir geschäftlichen Erfolg haben, ist das einzige Fazit, das sich nun ziehen lässt, eben dies, dass wir es bei jeder einzelnen Kundenbegegnung immer und immer wieder mit einem völlig „neuen" Menschen zu tun haben, auf den wir uns einstellen müssen. Und doch wollen all diese Menschen als unsere Kunden immer wieder dasselbe, wie in dem fiktiven Brief an uns geschrieben steht:

„Lieber Berater zur betrieblichen Altersversorgung,

wenn ich zu Ihnen komme, erwarte ich einen freundlichen, aufgeschlossenen Menschen, der sich freut, mich zu sehen. Mich interessiert es nicht, ob Sie gerade Kummer mit Ihrem Chef oder Kollegen hatten oder ob Sie gestern Abend private Probleme wälzen mussten. Ich habe ein Recht darauf, wie ein gleichberechtigter Partner behandelt zu werden.

Denn: Ich bin Ihr Kunde!

Ich bin überhaupt nicht bösartig und will Sie auch ganz bestimmt nicht ärgern. Ich will von Ihnen nur Informationen und Ratschläge, was das Beste für mich ist. Ich achte Sie als Mensch und möchte als solcher von Ihnen behandelt werden. Ich freue mich, wenn Sie mich anlächeln, auch wenn Sie gerade in diesem Augenblick viel zu tun haben. Es tut gut, einem Menschen zu begegnen, dem die Arbeit Spaß macht. Ich gebe Ihnen dafür sehr viel von mir: Vertrauen, Geld und Zeit.

Denn: Ich bin Ihr Kunde!

Ich liebe es, wenn man mir die Wahrheit sagt. Ich genieße es, wenn Sie mich mit meinem Namen ansprechen und empfand es als sehr angenehm, dass Sie sich mir vorgestellt haben. Sie sind mir außerordentlich sympathisch, wenn Sie mir nichts vorgaukeln, sondern konkret die Sache beim Namen nennen.

Denn: Ich bin Ihr Kunde!

Ich komme immer wieder zu Ihnen, wenn Sie mir bei meinen Entscheidungen helfen. Machen Sie sich über mich nicht lustig, aber merken sie sich meine kleinen Macken. Sie dürfen mich gern nach meiner Telefonnummer und meiner Adresse fragen, denn das zeigt mir, dass Sie eventuell von sich aus mit mir Kontakt aufnehmen wollen. Ich bin gespannt auf Ihren Anruf. Ehrlich.

Denn: Ich bin Ihr Kunde!

Es macht Spaß, mit einem Menschen zu reden, der mich beachtet und achtet. Es macht Spaß, mit einem Menschen zu reden, der Menschen mag. Es macht Spaß, mit Ihnen zusammen zu sein.

Deshalb bin ich Ihr Kunde!“

Es bleibt uns also nichts anderes übrig, als uns auf unseren Kunden einzustellen! Nun, wie tun wir dies am besten? Folgende Direktmaßnahmen zur Beziehungspflege bieten sich an:

1.4 Direktmaßnahmen zur Beziehungspflege

„Nur vom Nutzen wird die Welt regiert!“

Friedrich Schiller, deutscher Dichter und Denker (1759-1805)

Es gibt eine Vielzahl von Möglichkeiten Ihren Kunden auf sich und Ihre Aktivitäten aufmerksam zu machen. Wichtig bei den nun folgenden „Direktmaßnahmen zur Beziehungspflege“ ist es, jeweils einen konkreten Kundennutzen zu bieten. Ihr Vorteil ist dann, dass Sie so immer in Verbindung bleiben und die Konkurrenz es schwer haben wird, bei Ihrem Kunden Fuß zu fassen. Folgendes bietet sich an:

- Informieren Sie Ihre Kunden über alle Neuigkeiten, die Ihre jeweiligen Kontaktpersonen interessieren könnten.
- Verschicken Sie Einladungen zu Veranstaltungen, Seminaren, Ausstellungen, Messen, Konzerten.

- Gründen Sie Kundenklubs.
- Entwickeln Sie Mailingaktionen zu aktuellen Themen.
- Organisieren Sie Hausmessen.
- Laden Sie zum Tag der offenen Tür ein.
- Geben Sie einen Newsletter heraus, vielleicht per E-Mail.
- Denken sie an Geburtstage. Gratulieren Sie handschriftlich.
- Achten Sie bei Lokalereignissen darauf, ob jemand aus Ihrem Netzwerk dabei ist. Wird beispielsweise Ihr Kunde zum Gemeinderat gewählt, gratulieren Sie.
- Achten Sie immer darauf, wenn sich in der Umgebung Ihres Kunden etwas verändert. Versuchen Sie als erster darauf zu reagieren.
- Verschicken Sie Zeitungsartikel zu Themen, die Ihren Kunden interessieren.
- Nutzen Sie die Zeit, wenn Sie in einer Stadt einen Zwischenstopp machen oder ein Termin ausfällt zu einem Anruf beim Kunden, der dort wohnt. Vielleicht können Sie sich kurz treffen.
- Rufen Sie einen Kunden an, wenn es ihm schlecht geht.

Helfen Sie Ihrem Kunden!

„Säe Nutzen, ernte Gewinn!“

*Dr. Manfred Antoni (*1934)*

Insbesondere in der Anonymität der Großstadt ist der Mensch es heute gewohnt, seine Probleme alleine lösen zu müssen. Die Tatsache, dass Millionen von Menschen in Single-Haushalten leben, verstärkt die Einsamkeit vieler noch. Wie wohltuend ist es da, wenn einem in einer Situation, in der man Hilfe benötigt, jemand zur Seite steht.

Ich möchte Ihnen ein Beispiel aus meiner eigenen Berufserfahrung geben:

Beispiel

> Vor kurzem lernte ich eine Personalleiterin kennen, mit der ich künftig im Bereich der betrieblichen Altersversorgung zusammen arbeiten darf. Ich bemerkte, dass sie an ihrer rechten Hand eine orthopädische Manschette trug. Ich fragte Frau Müller: „Sie Ärmste, haben Sie eine Sehnenscheidenentzündung?“ „Nein, leider ist es ein Karpaltunnelsyndrom*!“ Ich dachte sofort daran, dass einer meiner Freunde mir einmal berichtete, dass er den für diese Erkrankung wohl besten Spezialisten kennen würde. Ich rief ich meinen Freund an und besorgte mir die Anschrift des Arztes. Die erhaltene Info gab ich umgehend an Frau Müller weiter: „Frau Müller, ich habe einen guten Freund, der den besten Facharzt für Ihre Erkrankung kennt. Ich habe Ihnen die Anschrift besorgt. Diese lautet ....Ich habe gerade in der Praxis angerufen und mich vergewissert, ob der Mediziner tatsächlich auf diese Art der Erkrankung spezialisiert sei. Dies ist der Fall.“ Meine Kundin war verblüfft und sehr dankbar!

Wenige Tage später las ich in der Zeitung einen Artikel zum Karpaltunnelsyndrom, den ich meiner Kundin zuschickte. Umgehend kam eine E-Mail von ihr zurück: *„Lieber Herr Hauser, herzlichen Dank für den übersandten Zeitungsartikel. Ich finde es sehr nett, dass Sie an mich gedacht haben!“*

Durch beide empathischen Hilfeleistungen habe ich eine tragfähige Beziehung zu meiner Geschäftspartnerin aufbauen können. Wenn es demnächst um die Präsentation und die Einzelberatungen hinsichtlich der betrieblichen Altersversorgung geht, bin ich mir ihrer Unterstützung sicher!

---

* Form der Arthritis im Handgelenk.

Sagen Sie „Danke“

Unterschätzen Sie bitte nicht die Wirkung von Dankesbriefen! Ich selbst freue mich – wie Sie sicher auch – über jedes nette Wort von meinen Kunden in unserem häufig nicht einfachen Beruf:

Einer reizenden Sekretärin, die mich während einiger Tage, an denen ich in der Firma Einzelberatungen durchführte, in ihrem Hause mit Kaffee, Mineralwasser und belegten Brötchen verwöhnte, schickte ich mit ein paar netten Worten des Dankes einen Kerzenleuchter aus Sterlingsilber. Kurz darauf erreichte mich die folgende E-Mail:

„Lieber Herr Hauser,

da flattert ein freundliches Schreiben samt einem wunderbaren Päckchen auf meinen Tisch und ich frage mich, ob schon wieder Ostern ist oder etwa Weihnachten, weil es so schön schneit und ich womöglich irgend etwas vor lauter Arbeit nicht mitbekommen habe….Darf ich Ihnen sagen, dass es gar keine Mühe war mit Ihnen, ich mich aber sehr freue über diesen wunderbaren Kerzenständer. Ich werde heute Abend ein Licht für den Patron aller Versicherungsagenten entzünden!

Herzliche Grüße

Ihre Brigitte Bauer“

In einem der größten deutschen Verlage verhandelte ich mehrfach mit den beiden maßgebenden Herren aus der Personalabteilung zum Thema der arbeitnehmerfinanzierten betrieblichen Altersversorgung. Beide Herren unterbreiteten meine Vorschläge schließlich dem mir unbekannten Geschäftsführer, die dieser glücklicherweise absegnete. Daraufhin schrieb ich dem Geschäftsführer des Verlages den folgenden Brief:

„Sehr geehrter Herr Geschäftsführer,

da Sie Herrn Müller und Herrn Meier zugestimmt haben, dass ich Ihren Mitarbeiterinnen und Mitarbeitern die betriebliche Altersversorgung über Entgeltumwandlung anbieten kann, halte ich mich zurzeit zu Einzelberatungen in Ihrem Hause auf.

Ich schreibe Ihnen heute, weil ich mich für Ihr Vertrauen sehr herzlich bei Ihnen bedanken möchte!

Damit Sie sich ein Bild machen können, wem Sie Ihr Vertrauen geschenkt haben, möchte ich Ihnen einige Unterlagen zu meiner Person beilegen*.

Gemäß meiner Maxime „Kundennutzen vor Eigennutzen“ versichere ich Ihnen, dass ich alles tun werde, damit sich Ihre Mitarbeiterinnen und Mitarbeiter optimal beraten fühlen.

Ich würde mich freuen, wenn ich mich demnächst einmal persönlich bei Ihnen vorstellen dürfte.

Mit den besten Grüßen

Ihr Jürgen Hauser“

Einige Tage später traf eine nette, persönliche Einladung zu einem Gespräch ein.

Schaffen Sie Gemeinsamkeiten

Ich bin mir nicht sicher, ob Sie wissen, welche enorme Wichtigkeit dieser Faktor für Ihren Verkaufserfolg – auch in der betrieblichen Altersversorgung – hat! Überlegen Sie bitte:

- Warum gibt es Konflikte zwischen verschiedenen Völkern?
- Warum werden heute vielfach immer noch gleichgeschlechtliche Paarbeziehungen verurteilt?
- Warum „fremdeln“ Babys?
- Warum gibt es Konflikte zwischen Angehörigen verschiedener Religionen?
- Warum hat man – außer in Rheinland-Pfalz – „Vorbehalte“ gegen das dortige Nationalgericht „Pfälzer Saumagen“?

* Diese Unterlagen waren eine Imagebroschüre, Referenzschreiben sowie eine Pressemappe. Diese Themen behandeln wir im zweiten Kapitel.

Die Antwort ist so einfach wie trivial:

- Das, was wir kennen, ist uns vertraut. Wir fühlen uns also sicher.
- Das Fremde hingegen ängstigt uns.

Das für uns gewinnbringende Fazit, das wir hier ziehen dürfen, lautet: Schaffen wir also so schnell wie möglich eine Gemeinsamkeit mit unserem Kunden, denn das schafft Vertrauen. Und Vertrauen ist schließlich die zwingend notwendige Voraussetzung für einen Geschäftsabschluss. Wenn Sie Ihre Antennen künftig immer in Richtung *„Gemeinsamkeiten feststellen"* ausgefahren haben, dann werden Sie gar nicht umhin können, solche festzustellen:

Beiläufig erzählte ich neulich meinem Vater (er ist pensionierter Diplom-Ingenieur), dass ich geschäftlich in der Stadt zu tun hatte, in der er vor fünfzig Jahren sein Maschinenbaustudium absolviert hatte. Er fragte mich, in welcher Firma ich dort gewesen sei und es stellte sich heraus, dass er für diese Firma – eine Akademie für Weiterbildung – während seiner Studienzeit Artikel geschrieben hatte. Beim nächsten Telefonat mit dem Geschäftsführer dieser Firma erzählte ich dies meinem Kunden und sagte zu ihm: *„Mein Vater war damals völlig begeistert von ihrer Firma: er sollte anfänglich vier Seiten Textprobe abliefern und nachdem er dies getan hatte, griff Ihr Vorgänger zum Telefonhörer, rief seine Sekretärin herein und bat sie, meinen Vater DM 200,- als Vorschuss auszuhändigen – damals kurz nach dem Krieg ein stattlicher Betrag!"* Mein Kunde rief euphorisch ins Telefon: *„Das ist ja toll! Dann sind wir ja quasi Kollegen!"*

Es gilt also, mit einem Höchstmaß an Empathie, Menschenkenntnis, Feinfühligkeit, immer ausgefahrenen Antennen und höchstem Interesse an der Person – nicht am Geschäftsabschluss! – danach zu forschen, wo Sie *menschlich* mit ihrem Kunden anknüpfen können. Die Entscheidung für den Geschäftsabschluss wird dann wesentlich wahrscheinlicher. Überlegen Sie also immer, welche Gemeinsamkeiten Sie haben könnten. Diese können u.a. in den folgenden Bereichen sein:

- besuchte Schule,
- Bundeswehr- bzw. Zivildienstzeit,
- besuchte Universität,

- Hobbys,
- Lieblingsrestaurant,
- bevorzugte Musikrichtung,
- letztes besuchtes Konzert oder Kunstausstellung o.ä.,
- Lieblingsliteratur,
- Kinder im gleichen Alter,
- Urlaubsziele,
- Lieblingsfilme,
- Verwandtschaft in der gleichen Stadt.

Vor kurzem besuchte ich mit einem Geschäftspartner den Personalvorstand einer großen Aktiengesellschaft in Süddeutschland. Das Gespräch kam nicht so recht in Gang, da der Vorstand einigermaßen reserviert war. Nach einer Weile stellte sich heraus, dass unser Gesprächspartner ursprünglich aus der Stadt Siegen stammte, die auch die Heimatstadt meines Geschäftspartners ist und in der dieser heute noch lebt. Sofort wurde die Atmosphäre privater. Der Vorstand und ich vereinbarten einen Folgetermin und im Anschluss an das Gespräch richtete ich folgende Bitte an meinen Partner: *„Herr Ackermann, bitte schicken Sie mir doch eine Siegener Zeitung zu, die ich dann Herr Betz zum nächsten Gespräch mitbringen werde."* Als ich wenige Tage später wieder zu Herrn Betz kam und die Heimatzeitung auf den Tisch legte, strahlte er: Das Eis war gebrochen!

Wie wichtig es für Sie ist, Gemeinsamkeiten mit Ihren Mitmenschen herzustellen, zeigt das nachfolgende Foto von Helmut Kohl und François Mitterand, die bekanntlich enge Freunde waren, obwohl sie noch nicht einmal die gleiche Sprache sprachen.

Quelle: Focus, Ausgabe 27/ 1995

Abbildung 2: Zwei Freunde

Sie sehen also, dass neben der Seelenverwandtschaft auch die Körperhaltung in jeder Nuance identisch ist.

1.5 Die Reziprozitätsregel

„Eine Quelle, die nur geben will, trocknet aus.
Eine Quelle, die aus dem Grund nur nehmen will,
wird zu einem sumpfigen Ort."

Unbekannt

Im Mathematikunterricht lernten wir, dass gemäß der Reziprozitätsregel beispielsweise die Zahl 1/9 sich reziprok zu 9/1 verhält, was ja nichts anderes bedeutet, als dass die Multiplikation beider Zahlen die Zahl 1 ergibt, sich also beide Zahlen gegeneinander aufheben. Und genau wie in dieser Reziprozitätsregel führen Sie mit jedem Ihrer Kunden ein Beziehungskonto, auf das beide Parteien jederzeit einzahlen wie auch abheben. Sie müssen künftig darauf achten, dass Ihr gemeinsames Beziehungskonto für Sie stets im Haben ist, das heißt, dass Sie jeweils mehr für Ihren Kunden tun als dieser umgekehrt für Sie. Denn die Reziprozitätsregel sorgt in der menschlichen Gesellschaft für ein ausgeglichenes Verhältnis von Geben und Nehmen und ist tief in uns verankert. Das bedeutet: Wenn Sie zuerst geben, wird Ihr Gegenüber sich automatisch revanchieren, denn gemäß der Reziprozitätsregel wollen sich die Menschen revanchieren, weil sie das unangenehme Gefühl los werden möchten, bei jemandem in der Schuld zu stehen. Dies gilt übrigens auch für ungebetene Gefälligkeiten. Ein Beispiel:

Auf einen Bettelbrief amerikanischer Kriegsversehrter reagierten 18 Prozent der Empfänger, indem sie Geld spendeten. Wurde hingegen ein ungebetenes Geschenk mitgeschickt, stieg die Erfolgsquote auf 35 Prozent.

Wenn Sie generell in jeder Kundenbeziehung immer mehr geben als sie genommen haben – dann werden Sie schnell feststellen, dass sich Ihr Lebensgefühl verbessert, da Sie per se bei Ihren Kunden beliebt sind. Und das ist genau das Ziel, das wir alle erreichen wollen, denn dadurch wird der Kunde schließlich fast von selbst kommen. Genau dies ist der Grund, warum ich in meinem Büro am Eingang des Besprechungsraums folgenden Textauszug hängen habe:

> *„Täusche nicht den, der dir vertraut hat. Das hieße, Dich selber täuschen."*
> *Henry de Montherlant, französischer Schriftsteller (1896-1972)*

Die schlimmsten Betrüger sind die, die den guten Glauben, das Vertrauen ihrer Mitmenschen, enttäuschen. Wer einen guten Freund hintergeht, einem Sportkameraden wertlose Ware verkauft, einen Kunden ausnutzt, zerstört nicht nur – in der Regel dauerhaft – eine Beziehung, sondern schadet damit auch sich selbst, denn er missbraucht das besondere Vertrauen, das durch die Beziehung erst geschaffen worden war. Genauso ist es, wenn ein Pfarrer, eine Lehrerin oder ein Arzt sich einen unbilligen Vorteil zu Lasten jener Menschen verschafft, die große Stücke auf ihn / sie halten. Solches Verhalten schadet dem menschlichen Zusammenleben zutiefst. Man kann den Opfern hier bestimmt keine Gutgläubigkeit vorwerfen, denn es wäre ja fatal, sollte Misstrauen das normale Gefühl zwischen uns Menschen sein. Nur wenn wir es als den Regelfall ansehen, dass es unsere Nächsten gut mit uns meinen, können wir uns im Leben vertrauensvoll einrichten und im sozialen Gefüge wohl fühlen. Wo hingegen stets Täuschung befürchtet werden muss, ist das Leben an den Gesetzen des Dschungels ausgerichtet. So wird man schließlich selbst ein Opfer der eigenen Unsitten.

Es bleibt also die für den Verkauf von betrieblicher Altersversorgung wichtige Erkenntnis, dass das menschliche Miteinander genau umgekehrt wie in der *„Dreigroschenoper"* von *Bertolt Brecht* funktioniert:

„Erst kommt die Moral, *dann* das Fressen!"

1.6 Es geht nicht um „Sieg" oder „Niederlage"

„Viel kann verlieren, wer gewinnt."

August Wilhelm von Schlegel, deutscher Literat (1767– 1845)

Viele Berater zur bAV sind wohl der Auffassung, dass sie den „Kampf" um den Kunden gewinnen müssen, da nur dieser „Sieg" zum Erfolg führt. Unsinn! Der legendäre König Pyrrhus gab einer bestimmten Art von Siegen den Namen: jenen, die unter so großen Opfern erkämpft werden, dass eine frühere Niederlage auch nicht schlimmer hätte sein können. Der größte Verlust tritt ja oft schon ein, wenn der Weg der gütlichen Einigung verlassen und die Entscheidung zum Kampf getroffen wird. Kein Verhandlungsfrieden kann so teuer kommen wie ein Krieg – selbst ein gewonnener. Gemeint sind nicht nur die Menschenleben, auch das Maß an Sorge, die Verschleuderung von Volksvermögen. Außerdem: Wer sich gewaltsam durchsetzt, bringt die Menschen zu sich auf Distanz und gegen sich auf. So werden Kräfte gestärkt, die bereit sind, den Triumph um jeden Preis zu „rächen". Allein das Denken in Kategorien wie Sieg und Niederlage, zeigt bereits eine Neigung zum Schwarz-Weiß-Malen. Die eigene Sache wird auf-, die gegnerische abgewertet. Das führt zu Überheblichkeit und verkennt die Stärke der Gegenkräfte.

Folgendes Beispiel verdeutlicht dies:

Beispiel

Als ich in einem großen Konzern ca. 200 Mitarbeiter zur Entgeltumwandlung in der Pensionskasse und Direktversicherung beraten hatte, wollte die Geschäftsführung mit mir noch einen Gruppenvertrag zu einer Unterstützungskasse mittels Entgeltumwandlung für die leitenden Angestellten einrichten. Nachdem ich den Antrag ausgefüllt hatte, erschien ich wie vereinbart zum Folgetermin zwecks Unterzeichnung in der Firma. Der Personalchef sagte mir, es täte ihm leid, aber es hätte sich mittlerweile herausgestellt, dass über einen (mir nicht bekannten)

Kollegen meiner Gesellschaft bereits ein Gruppenvertrag existieren würde. In diesem seien zwar lediglich wenige Arbeitnehmer versichert und diese Form der Unterstützungskassen-Versorgung sei auch arbeitgeberfinanziert für die Mitarbeiter, die freiwillig vorzeitig in Rente gingen, um eben durch das vorzeitige Ausscheiden Rentenansprüche auszugleichen. Meine Enttäuschung war groß, jedoch fuhr mein Gesprächspartner fort und sagte, dass er den gesamten Unterstützungskassen-Vertrag – alt wie neu – zusammenfassen und künftig durch mich betreuen lassen wolle. Und er händigte mir sogleich eine Willenserklärung der Firma hierzu aus. Ich ließ mir die Visitenkarte meines mir bis dahin unbekannten Kollegen geben, der seither diesen Durchführungsweg der betrieblichen Altersversorgung im Hause betreut hatte und rief ihn am darauf folgenden Tag an, stellte mich vor und berichtete ihm von dem Gespräch. Mein Kollege war – wen wundert es? – über alle Maßen enttäuscht, arbeitete er doch schon Jahre lang – auch nach Aussage der Firma – gut mit dieser zusammen. Er schlug vor, die Verträge, die er seither abgeschlossen hatte, behalten zu dürfen und auch künftig arbeitgeberfinanzierte Unterstützungskassen abschließen zu dürfen. Ich hingegen solle, so sein Vorschlag, die Entgeltumwandlung für die leitenden Angestellten abarbeiten. Dem widersprach zwar die Willenserklärung der Firma, die besagte, dass ich der einzige Ansprechpartner sein solle, jedoch rief ich am nächsten Tag dort an und man willigte ein, so wie von meinem Kollegen gewünscht zu verfahren. Warum habe ich so gehandelt?

Zum einen würde ich mich auch freuen, würde ich umgekehrt so behandelt werden und zum anderen gilt auch hier für mich die Maxime: „Leben und leben lassen.“ Ein positiver Effekt, der noch hinzukam, war der, dass ich ein großes Lob vom Personalchef erntete, der nicht damit gerechnet hatte, dass ich mich für einen mir bis dato unbekannten Kollegen einsetze.

Wenn im Konfliktfall jedoch beide Seiten darum kämpfen, ihre ureigene Position durchzusetzen, produziert dieses Verhalten unausweichlich immer einen Gewinner und einen Verlierer. Wer schließlich welche Rolle am Ende des Kampfes einnehmen wird, weiß anfänglich niemand. Sicher ist, dass der Gewinner sich durch seinen Sieg auch selbst Steine in den Weg legt, da er künftig dauerhaft mit der Missgunst des Verlierers und dem Misstrauen seiner Umwelt rechnen muss.

Es ist also für alle Beteiligten viel schöner und vorteilhafter, Situationen zu schaffen, in der beide Parteien gewinnen. Darauf möchte ich nun eingehen.

1.7 Bieten Sie für alle Beteiligte Vorteile

„Quid pro quo“ (= „Ich gebe Dir etwas, wenn Du mir etwas gibst.“)

So äußerte sich Dr. Hannibal Lecter im Film „Das Schweigen der Lämmer“ gegenüber FBI-Agentin Clarice Starling.

Selbst der unbarmherzige Massenmörder Dr. Lecter aus dem Film „Das Schweigen der Lämmer“ kannte die menschliche Verhaltensregel, wonach unser Leben aus Geben und Nehmen besteht. Wenn Sie einmal genauer hinschauen, werden Sie sehen, dass wirklich häufig „eine Hand die andere wäscht“:

Neulich war ich mit meiner Frau zu einer Geburtstagsfeier bei einem Bekannten eingeladen, der Generalvertreter bei einem Mitbewerber und auf die Vermittlung von Sachversicherungen spezialisiert ist. Mit der betrieblichen Altersversorgung hatte er sich bislang nicht beschäftigt. Als wir zu der Feier kamen, setzte er uns an einen Tisch, an dem bereits ein Ehepaar Platz genommen hatte. Wir kamen ins Gespräch und es stellte sich heraus, dass unser Tischnachbar Geschäftsführer einer großen Buchbinderei war. Als Herr Strauss sich vorstellte, kam meine Reaktion mir vor wie ein Reflex, da ich ihn sofort auf die Möglichkeit der Entgeltumwandlung für seine Mitarbeiter ansprach. Aber noch bevor ich meinen Satz zu Ende ausgesprochen hatte, fiel mir ein, dass ich ja meinem Gastgeber ein Geschäft wegnehmen könnte und deswegen lenkte ich schnell das Gespräch auf sein leeres Glas und schenkte ihm Wein nach. Wenig später erzählte ich meinem Gastgeber grinsend von dem Vorfall und dass ich meinen Fehler allerdings sofort erkannt und einen Rückzieher gemacht hätte. Mein

Freund lachte vergnügt: *„Das ist mein bester Kunde. Bis auf die betriebliche Altersversorgung hat er alle Verträge bei mir.“* Ich schlug ihm Folgendes vor: *„Da Du ja bislang noch wenig Erfahrung im Bereich der betrieblichen Altersversorgung gesammelt hast, könnten wir das Geschäft doch durchaus gemeinsam machen: Du vereinbarst einen Termin, ich halte die Präsentation vor den Arbeitnehmern und führe die Einzelberatungen durch. Sollten wir Erfolg haben, verteilen wir das Fell des Bären, wenn er erlegt ist.“*

Mein Gastgeber freute sich, hatte er doch nun die Möglichkeit sich den Vertrieb von betrieblicher Altersversorgung einmal „live“ anzusehen und vereinbarte wenige Tage später einen Termin mit meinem Tischnachbarn, den wir gemeinsam wahrnahmen.

Achten Sie also in Ihren Verhandlungen immer darauf, dass beide Parteien ihren Nutzen aus dem gemeinsamen Tun ziehen und am Ende keiner der Verlierer ist!

Die Vorteile von so genannten „win-win-Lösungen“ liegen auf der Hand:

1. Sie gewinnen in der Sache.
2. Die andere Person gewinnt ebenfalls, was dazu führen wird, dass Sie künftig besser zusammenarbeiten werden als wenn einer von beiden verloren hätte.
3. Sie haben schlichtweg ein besseres Lebensgefühl, da Sie entspannter leben und nicht immer kampfbereit sein müssen.
4. Sie müssen deswegen künftig nicht auf Schwächen möglicher Gegner achten, sondern auf gemeinsame Interessen.

Wie all dies mit Bravour erreicht werden kann, erzählt Ihnen die folgende Geschichte mit dem Titel „Das Erbe“:

Vergrößern Sie den Gewinn aller Beteiligten

Ein weiser Wanderprediger ritt mit seinem Kamel durch die Wüste. Als er in die Nähe einer Oase kam, hörte er, wie drei Männer lauthals debattierten. Um die Streithähne herum standen 35 Kamele. Der Weise ritt näher und fragte: *„Was ist es wert, dass Ihr so miteinander streitet?“ „Ach“*, sagte einer der drei, *„wir wissen nicht mehr weiter. Wir sind drei Brüder und unser Vater hat uns 35 Kamele als Erbe hinterlassen. Der Älteste von uns soll die Hälfte bekommen, der Mittlere soll ein Drittel bekommen und der Jüngste von uns ein Neuntel. Aber egal, wie wir das Problem auch drehen und wenden, wir finden keine Lösung – außer, dass wir die Kamele zerstückeln: Die Hälfte von 35 ist 17,5. Ein Drittel ist 11,6 und ein Neuntel ist 3,8. Seither streiten wir uns und wissen keinen Rat.“* Der Prediger überlegte kurz und sagte: *„Lasst mich Euch helfen! Ich schenke Euch mein Kamel, dann habt Ihr zusammen 36. Richtig?“* Die Brüder nickten. *„Dann bekommst Du als Ältester die Hälfte von 36, macht 18. Bist Du damit zufrieden?“* Der Älteste nickte dankbar. *„Der Mittlere von Euch bekommt ein Drittel von 36, macht zwölf Kamele. Richtig?“* Wieder nickten alle. *„Bist Du damit zufrieden?“ „Ja, so habe ich mehr als vorher“*, erwiderte der Mittlere. *„Und Du als Jüngster bekommst ein Neuntel von 36 Kamelen, das macht vier Kamele“*, fuhr der Weise fort. *„Bist Du damit zufrieden?“ „Oh ja, so habe ich auch mehr als vorher“*, sagte der Jüngste freudestrahlend. *„Nun, dann nimm Du deine 18 Kamele, Du deine zwölf und der jüngste von Euch seine vier Kamele. Macht zusammen 34 Kamele. Dann bleiben zwei übrig“*, rechnete der Weise vor. *„Dann nehme ich mein Kamel zurück und eines in Zahlung. So habe ich auch ein Kamel mehr“*, sprach's, stieg auf und ritt zufrieden von dannen.[4]

Nicht immer ist höhere Mathematik notwendig, um zu erreichen, dass sich nach Abschluss einer Verhandlung alle Beteiligten gut fühlen und jeder seinen Nutzen aus dem Geschäft ziehen kann.

1.8 Warum schenken Menschen?

„Der Mensch braucht Wohlwollen, sonst droht die Depression."

Francois Fénélon, französischer Theologe und Schriftsteller (1651–1715)

Weil wir alle so dringend auf Wohlwollen angewiesen sind und doch so selten echtes Wohlwollen bekommen, sind die Menschen, welche es uns entgegenbringen, leicht ins Herz zu schließen.

Beschäftigen wir uns also einmal mit der Psychologie des Schenkens: Warum schenken wir Menschen? Der geizige Mensch – und davon gibt es leider viele – denkt, dass er etwas verliert, wenn er etwas verschenkt. Dem ist mitnichten so! Denn der Geizige übersieht, dass durch jedes Geschenk die Bindung an den Beschenkten gestärkt wird. Denn Schenken stärkt das Urvertrauen zu unseren Mitmenschen. Vergessen Sie bitte nicht:

Alles im Leben kommt zurück, alles Gute, alles Schlechte!

In einer Untersuchung einer New Yorker Universität wurde das durchschnittliche Trinkgeld ermittelt, welches die Kellner in einem Restaurant erhielten, wenn sie die Rechnung vorlegten. Legten die Kellner allerdings der Rechnung noch ein Bonbon bei, stieg das Trinkgeld im Durchschnitt um sechs Prozent. Legten sie zwei Bonbons dazu, stieg das Trinkgeld um acht Prozent. Dieser „Candy-Effekt" beweist, dass Großzügigkeit eine Investition ist, die sich immer auszahlen wird. Nachdem ich meine wichtigsten Kunden zu einem mehrgängigen (natürlich selbst gekochten) Menü zu mir nach Hause einlud und sie anschließend zum Rolling-Stones-Konzert auf dem Hockenheimring eingeladen hatte, ist die Bindung zu jedem Einzelnen von ihnen deutlich stärker geworden. Eine lohnende Investition!

Ideen für empathische Geschenke gibt es genügend:

- Der Geschäftsführer eines Konzerns, in dem ich die betriebliche Altersversorgung eingerichtet hatte, ist Diplom-Mathematiker. Ein weiterer Kunde von mir, Dr. Götz Höppe, ist Autor des Buches „Blau – Warum ist der Himmel blau?" Dieses naturwissenschaftliche Werk kaufte ich, brachte es Herrn Dr. Höppe und bat, es für meinen neuen Kunden zu signieren und eine Widmung hineinzuschreiben. Dieses Weihnachtsgeschenk war ein voller Erfolg!

- Einer meiner Kunden, Geschäftsführer eines Konzerns, hat in der Firma in seinem Büro ein Bild hängen, das er sehr schätzt: einen „wrapped Reichtstag" von Christo. Als ich im letzten Jahr in Berlin ein Auktionshaus betrat, konnte ich ein deutlich schöneres, größeres und farbigeres Exemplar eines „wrapped Reichstages" für einen günstigen Preis ersteigern und überbrachte dies meinem Kunden als Weihnachtsgeschenk mit den Worten: *„Das ist mein Weihnachtsgeschenk für Sie für Ihr zu Hause. Ich hoffe nur, dass es Sie nicht jeden Tag an Ihr Büro erinnert...!"* Die Begeisterung über mein Geschenk war groß!

1.9 Helfen Sie Ihrem Kunden mehr Geld zu verdienen!

Haben Sie schon einmal von einem „Paradigma" gehört? Das Wort stammt aus dem Griechischen und bedeutet „Theorie, Wahrnehmung, Annahme". Denn jeder von uns sieht schließlich die Welt durch seine eigenen Augen und somit völlig unterschiedlich. In Ihrem Paradigma sehen Sie Ihr Bild von der Welt. Wenn Sie künftig mit Ihren Kunden interagieren, möchte ich Sie nun zu einem Wechsel Ihres Paradigmas auffordern. Hierzu möchte ich Ihnen die folgende Geschichte erzählen:

Nehmen wir einmal an, Ihr Auto befindet sich wegen einer notwendigen Reparatur in der Werkstatt und Sie fahren morgens mit dem Bus zur Arbeit. Sie haben gerade die Tageszeitung aufgeschlagen und freuen sich auf die Lektüre. Da steigt an der Haltestelle ein Mann mit drei kleinen Kindern zu. Der Mann setzt sich neben Sie, schaut abwesend aus dem Fenster und die Kinder machen keine Anstalten, neben ihm ruhig Platz zu nehmen, sondern fangen sofort wild an zu toben, werden immer lauter, fangen schließlich an zu schreien, hüpfen auf den Sitzen herum und rempeln dabei Fahrgäste an. An die Zeitungslektüre ist nicht mehr zu denken und Sie werden ärgerlich. Ihr Blick wandert von den drei Kindern zu dem Familienvater, den das ungezogene Verhalten seiner Kinder scheinbar ungerührt lässt, da er immer noch völlig unbeteiligt aus dem Fenster starrt. Schließlich werden Sie stocksauer, weil Sie nicht verstehen, dass der Vater nicht eingreift und seine Kinder zur Ordnung ruft. Mit lauter Stimme wenden sich an Ihren Nachbarn: „So eine Frechheit! Von Kindererziehung haben Sie wohl noch nie etwas gehört?" Der Mann neben Ihnen dreht – langsam wie in Trance – sein Gesicht zu Ihnen und Sie sehen, dass ihm Tränen über die geröteten Wangen laufen: „Ach, bitte entschuldigen Sie, aber die Kinder lenken sich nur ab. Wir kommen gerade aus dem Krankenhaus, in dem heute Nacht ihre Mutter gestorben ist..."

Und schlagartig ändert sich Ihre Wahrnehmung der Situation im Bus und Ihre Sicht der Dinge!

Und zu einem Paradigmenwechsel möchte ich Sie auch in Ihrer künftigen Haltung gegenüber Ihren Kunden in der betrieblichen Altersversorgung auffordern:

Der heute gültige und leider völlig „normale" Geschäftsansatz lautet ja:

„Ich will auf Kosten meines Kunden Geschäfte machen!"

Warum? Ganz klar – Sie verkaufen Ihrem Kunden die betriebliche Altersversorgung und er bezahlt dafür. Der aus Sicht des Kunden allerdings wesentlich bessere Ansatz wäre der, dass Ihr Kunde durch Ihre Unterstützung und durch Ihre Hilfe bessere Geschäfte machen sollte. Um diesen neuen Geschäftsansatz zu verstehen, bedarf es also eines Paradigmenwechsels. Wie aber vollziehen Sie diesen Paradigmenwechsel? Übertragen Sie das Beispiel mit der Busfahrt und wechseln Sie nun aus der Rolle des bAV-Beraters in die Ihres Kunden. So wird sich nun auch schlagartig Ihre Wahrnehmung und Sichtweise der Zusammenarbeit ändern. Die neue Sichtweise heißt:

„Als Vermittler von betrieblicher Altersversorgung werde ich meine ganze Kraft dafür einsetzen dass meine Kunden durch mich bessere Geschäfte machen werden!"

Denn nur so werden Sie vom „Produktlieferanten“ zum „Profitpartner“ und damit für Ihren Kunden vom „Beutelschneider“ zum „Goldesel“ – und somit hochinteressant! Und ich verspreche Ihnen: Sie werden selbst bessere Geschäfte machen! Denn zwischen Partnern bleibt, und seien sie noch so eng verbunden, immer ein Abgrund, den nur das Vertrauen überbrücken kann.

Beispiel

> Eine meiner ersten Anbahnungen im Bereich der betrieblichen Altersversorgung war mit dem Inhaber einer Gerüstbaufirma. Bevor ich mit ihm ins Geschäft kommen wollte, habe ich zunächst dem Vermieter meiner Büroräume empfohlen, meinen Gerüstbauer zu engagieren, da die Fassade seines Hauses einen neuen Anstrich brauchte.
>
> Mein potenzieller Kunde suchte Hände ringend Mitarbeiter. So fragte ich die Dame, die meine Büroräume reinigt, ob ihr arbeitsloser Sohn Interesse hätte, sich dort vorzustellen.
>
> Selbstverständlich braucht auch ein Gerüstbauer dauerhaft Aufträge und da mein Versicherer auch über einen Handwerkerservice verfügt und somit Kunden direkt Handwerkern vermittelt, habe ich die entsprechende Firma angeschrieben und meinen Gerüstbauer empfohlen.

Zwei meiner genannten Ideen haben funktioniert und der potenzielle Kunde war begeistert, dass ich – statt ihn zunächst zu versichern – was ja „normal“ gewesen wäre, ihm zuerst geholfen habe. Der Abschluss der betrieblichen Altersversorgung war eine Formsache.

Man kann auch folgendermaßen vorgehen:

Beispiel

> Ein Kunde von mir, selbständiger Rechtsanwalt erzählte mir geknickt, dass sein wichtigster Mitarbeiter, der Spezialist für Bankrecht sei, gekündigt habe, da er in eine andere Stadt gezogen sei. Nun könne er sein größtes Mandat von einer deutschen Großbank nicht mehr betreuen. Wenige Tage später las ich in der Zeitung, dass eine große Kanzlei

mit 90 Rechtsanwälten einen Fachanwalt für Bankrecht suchte. Ich habe meinem Kunden die Anzeige ausgeschnitten, ihm diese zugeschickt und ihm geschrieben, er möge doch die Kanzlei bitten, ihm die Bewerber zu vermitteln, die diese Kanzlei selbst nicht einstellen kann.

Und so bin ich in den letzten Jahren häufig zunächst in Vorleistung gegangen, und habe meinen Kunden geholfen, selbst bessere Geschäfte zu machen und mehr Profit zu generieren wodurch mein Geschäft quasi fast von selbst kam.

Ich möchte Sie nun auffordern, zu überlegen:
Sind Sie noch Produktlieferant oder schon „Goldesel" Ihrer Kunden?

Beantworten Sie sich bitte die folgenden Fragen:

- Kenne ich die Wünsche meiner Kunden?
- Verstehen meine Kunden – und meine Mitarbeiter – meine Produkte?
- Wie spannend bin ich für meine Kunden?
- Wie zufrieden sind meine Kunden?
- Mit welcher Idee verkaufe ich meine Produkte?
- Mit welchen Ideen verblüffe ich meine Kunden?
- Was mache ich um meine Kunden noch mehr als bisher zufrieden zu stellen?
- Was habe ich in den letzten 100 Tagen unternommen, um für meine Kunden so attraktiv zu werden, dass diese von alleine zu mir kommen?
- Wie interessant bin ich als Unternehmer?
- Wie spannend bin ich als Konkurrent für andere?
- Wie umfassend ist mein Beziehungsnetzwerk?
- Wie spannend bin ich für mein Netzwerk?
- Wie pflege ich meine Kontakte und Beziehungen?
- Wie spannend bin ich für meine Familie und Freunde?
- Wie spannend bin ich für meine Vereins- und Sportkollegen?
- Wie zufrieden sind meine Mitarbeiter?
- Lasse ich meine Mitarbeiter am Erfolg des Unternehmens teilhaben?
- Bin ich ein Unternehmer oder ein Unterlasser?
- Was unternehme ich, damit meine Kunden erfolgreicher werden?

Im ersten Kapitel haben wir uns nun mit der ersten unabdingbaren Voraussetzung für Ihren Verkaufserfolg– auch und gerade in der bAV – auseinandergesetzt, nämlich jede Kundenbeziehung so optimal wie möglich zu gestalten.

Der Verkauf von betrieblicher Altersversorgung ist eine anspruchsvolle Tätigkeit, der Markt ist hart umkämpft und unsere Konkurrenten sind häufig Profis. Aus diesem Grunde ist Ihr Image, das Sie beim Kunden haben, von höchster Wichtigkeit. Und mit Ihrem Image beschäftigen wir uns nun im folgenden Kapitel.

2. Ihr Image

„Ironie des Schicksals: Je weniger Freunde man braucht, desto mehr hat man.“

*Paul Newman, amerikanischer Filmschauspieler (*1925)*

Paul Newman sagt dies, weil er berühmt ist und ein hervorragendes Image als Schauspieler und Regisseur genießt. Deshalb laufen ihm die Leute sowieso hinterher. Das Fremdwörterlexikon Wahrig übersetzt das Wort „Image“ mit „Vorbild, Leitbild“. Wollen wir nicht alle Vorbild und Leitbild für andere sein? Ein hehres Ziel, das sich nicht leicht verwirklichen lässt! Aber wir finden im Lexikon noch eine andere Definition von „Image“: „Darstellung einer Person in der Öffentlichkeit“.

Und genau darum geht es in diesem Kapitel: Um Ihre Darstellung bei Ihren (potenziellen) Kunden in der bAV. Wenn Sie als Vermittler von betrieblicher Altersversorgung für Ihre Kunden glaubwürdig sein möchten, ist die erste Voraussetzung, sich ein positives Image aufzubauen. Finden Sie also Ihre *persönliche* Note!

In unserem Beruf ist unser Ruf das A und O! Verhalten Sie sich generell kundenorientiert, verzichten Sie, wenn es nötig ist, lieber einmal auf ein Geschäft, halten Sie gegebene Versprechen generell ein und arbeiten Sie seriös: es wird sich für Sie auszahlen! Denn innerhalb eines Unternehmens wird sich eine schlechte Einzelberatung bei nur einem einzigen Arbeitnehmer blitzschnell zu Ihren Ungunsten herumsprechen.

Wenn wir uns nun mit dem Aufbau eines positiven Images beschäftigen, sollten Sie unbedingt bedenken, dass Sie zwischen Image und *Können* unterscheiden müssen. Denn nach einer internen Untersuchung, die der

Computerhersteller IBM durchgeführt hat,[9] hängen Aufstiegschancen in Unternehmen von drei Faktoren ab:

1. Leistung (10 Prozent),
2. gesehen werden bzw. auffallen (60 Prozent),
3. Image (30 Prozent).

Erschreckend, oder nicht? Ihr Image bzw. Ihr Auftreten/Auffallen – nicht Ihre Leistung! – bestimmen also zu 90 Prozent, wie Sie von Ihren Kunden bewertet werden! Deswegen gilt das Gesetz:

- Ihr Image ist die Nummer 1!
- Ihr Können und Fachwissen ist nur die Nummer 2!

Unternehmen wachen in immer stärkerem Maße über ihr Image. Während 2001 noch 40 Prozent der von der Kommunikationsagentur Hill & Knowlton befragten Führungskräfte angaben, das Image ihres Unternehmens werde evaluiert, lag dieser Wert in der jüngsten Befragung in Deutschland bei 87 Prozent. Kein Wunder – gut die Hälfte der Unternehmenslenker sieht einen unmittelbaren Zusammenhang zwischen Image und Umsatz. Gemessen wird das Image mittels Analyse informeller Meinungsäußerungen, Kundenbefragungen und Medienanalysen. Den größten Einfluss auf das Unternehmensimage haben laut der Studie die Kunden, gefolgt von den Mitarbeitern.[10] Aber Vorsicht: Ihr positives Image ist zwar überaus wichtig, um Türen zu öffnen, aber die anschließende Offenbarung fachlicher „Lücken" wirkt sich ebenso gravierend negativ aus wie ein schlechter Ruf und würde diesen auch noch verstärken!

Sie müssen also auch ein Könner sein und dies Ihren Kunden auch beweisen – vielleicht ähnlich wie in der folgenden Geschichte:

Ein Mann fährt mit seinem Wagen in die Werkstatt, weil der Motor seltsame Geräusche macht. Der Meister hört sich die Beschreibung des Kunden an, bittet den Kunden den Wagen zu starten und hört sich die Geräusche an. Er öffnet die Motorhaube, arbeitet an ein paar Kontakten und reinigt ein Teil. Dann sagt er zu dem Kunden: „ Starten Sie bitte noch 'mal." Und der Wagen läuft wie am Schnürchen, die Geräusche sind verschwunden. Der Kunde fragt freudig: „Was bin ich Ihnen schuldig?"

Darauf antwortet der Kfz-Meister: „42 Euro." Der Kunde stutzt und sagt dann: „Für 10 Minuten Arbeit 42 Euro? Das ist aber viel!" Der Kfz-Meister erwidert: „Für 10 Minuten Arbeit – und 27 Jahre Ausbildung, Erfahrung und Know how!"[39]

2.1 Arbeiten Sie an Ihrem Image!

Ein positives Image sorgt für Glaubwürdigkeit bei Ihren Kunden. Und Glaubwürdigkeit ist die entscheidende Voraussetzung, um empfohlen zu werden! Folgende Werkzeuge werden Ihnen helfen ein positives Image aufzubauen:

Der erste Eindruck

„Manche Menschen hinterlassen einen Brandfleck, andere Licht"

*Peter Feichtinger (*1945)*

Es gibt Menschen, die – wenn sie einen Raum betreten – eine besondere Aura mitbringen. Alle Köpfe wenden sich ihnen zu, wenn sie in der Tür erscheinen, das Geplauder verstummt, erwartungsvolle Aufmerksamkeit ist ihnen sicher. Wie machen sie das? Muss man berühmt sein, um so im Mittelpunkt zu stehen? Oder reich? Genial vielleicht? Die Persönlichkeit ist die Quelle solch faszinierenden Einflusses auf andere Menschen. Unsere Lebenserfahrung bestätigt dies. Der Kontakt mit solchen Menschen tut anderen gut, weil er sie bereichert. Er belebt und heitert auf. Und dies ohne große Aktionen oder bombastische Worte. Vielmehr fühlen die Anwesenden, dass geistige Präsenz vorhanden ist. Das macht auch sie selbst wacher und aufmerksamer. Die entscheidende Frage lautet also: Wie können wir einen ähnlich begehrenswerten Effekt bei unseren Mitmenschen erzielen?

Die schlechte Nachricht zuerst:

Sie haben nur 150 Millisekunden (!) Zeit

„Unsere Persönlichkeit dringt uns jeden Tag aus allen Poren."

Sigmund Freud, Psychoanalytiker (1856-1939)

Ohne dass es uns bewusst wäre, treffen wir sofort Entscheidungen über Objekte, Situationen und – über Menschen. Blitzschnell filtern wir Informationen aus dem, was wir sehen, hören, tasten oder riechen. Und diese Informationen beeinflussen unsere Stimmung, unsere Einstellung und schließlich unsere Handlungen gegenüber einer anderen Person. Der Psychologe *John Cacioppo*[11] konstatiert, dass dieser Automatismus unseres Gehirns alles, was es wahrnimmt, blitzschnell in die Kategorien „gut" oder "schlecht" einordnet. Mit anderen Worten: Ganz unabhängig davon, was wir bewusst von uns geben, bewertet unser Gehirn automatisch Menschen als „positiv" oder „negativ". Der Psychologe *John Bargh*[11] führt aus, dass unser Verhalten nicht rational ist, sondern automatische unterbewusste Reaktionen ablaufen, die wir nicht willentlich steuern können. *Dr. Leonard Zunin*, ein amerikanische Psychiater, schreibt in seinem Buch „Kontakt finden",[12] dass unser Kunde lediglich 150 Millisekunden benötigt, um festzustellen, ob er uns für intelligent oder zuverlässig hält. Dann steht sein Urteil! Verantwortlich für dieses Empfinden ist der Automatismus zwischen Wahrnehmung und Verhalten. Automatische Reaktionen sind auch am Werk, wenn wir das Verhalten anderer nachahmen. In seiner Studie zeigte *John Bargh* auf, dass unbewusste Nachahmung – in Gestik, Mimik, Lautstärke der Stimme – am stärksten ausgeprägt ist, wenn jemand sein Gegenüber sympathisch findet.

Die entscheidenden vier Minuten

Dr. Zunin führt in seinem Buch *„Kontakt finden"* aus, dass die ermittelte Durchschnittszeit, in deren Verlauf Fremde interagieren, ehe sie beschließen, sich zu trennen oder die Begegnung auszubauen, ganze vier (!) Minuten beträgt. Und bei einem ersten Gesprächstermin zur betrieblichen Altersversorgung mit einem Arbeitgeber haben Sie *immer* vier Minuten Zeit, um in dieser Zeitspanne daran zu arbeiten, gemeinsam mit Ihrem potenziellen Kunden die Begegnung sinnvoll ausbauen. Nehmen Sie sich also im Voraus die Zeit, um zu planen, was Sie in den ersten vier Minuten tun wollen! Auf die folgenden Faktoren müssen Sie achten:

- *Ihre Erscheinung*:
  „Bleibe ehrlich, aufrecht, zeige Stil. Ein bisschen mehr ist nicht zuviel."
  *Lothar Habler, Schriftsteller und Verleger (*1938)*

  „Gute Erziehung", hat *Oscar Wilde* einmal gesagt, *„hat einen schrecklichen Nachteil: sie schließt einen von vielen Dinge aus"*. Die Finanzbranche kann er nicht gemeint haben, folgt man den Erkenntnissen einer Umfrage des Finanzdienstleisters Delta Lloyd in Zusammenarbeit mit TNS Infratest.[13] Rund 95 Prozent der Kunden, so das Ergebnis der Umfrage, erwarten von ihrem Bank- und Versicherungsberater nämlich gute Umgangsformen. Und nicht nur das: Knapp die Hälfte der Befragten erachtet das äußere Erscheinungsbild des Beraters als wichtig oder sehr wichtig. Es sind also doch die Kleider, welche die Leute machen! Und das wissen auch die Finanzdienstleister, auch wenn es bei den meisten von ihnen keine explizit vorgeschriebene Kleiderordnung gibt. Beim Finanzvertrieb AWD beispielsweise gilt der dunkle Anzug, kombiniert mit hellem Hemd, als Standardausrüstung im „Kampf" um den Kunden, auch wenn dies nicht ausdrücklich verordnet wird. In ähnlichen Bahnen denkt man beim Konkurrenten DVAG: Selbstverständlich erwarte man ein gepflegtes Erscheinungsbild, mache aber den Beratern keine konkreten Vorschriften. Da kann es auch mal ein heller Anzug sein, so leger ist man dann doch.

  Keine Frage – das Geschäft mit der Allfinanz ist professioneller geworden, und mit dieser Professionalisierung sind auch einige moderne Unsitten der frühen Kinderjahre verschwunden, die manchem schon als optische Köperverletzung galten: Der Berater in Jeans und kariertem Jackett, um den Hals eine grelle Comic-Krawatte, Hemdkragen offen, gehört bis auf wenige Ausnahmen der Vergangenheit an. Auch wenn nicht offiziell geächtet, so kann man doch behaupten, dass auch die

Vollbartträger auf dem Rückzug sind. Auch auf auffälligen Schmuck, wie die einst gefürchteten goldenen Panzerkettchen, und üppiges Ohrgehänge verzichtet die Branche mittlerweile ebenso wie auf die in den 80er Jahren epidemisch verbreiteten Tennissocken – der gedeckte Ton macht mittlerweile die Musik im Finanzgeschäft. Vermutlich ist es aber nicht nur modische Einsicht und Reife, sondern der immer härter werdende Wettbewerb. *„Die Produkte werden immer ähnlicher, die persönliche Beziehung in der Beratung entscheidet zunehmend über den Geschäftserfolg"*, sagt *Rolf Gört* von der DAVG. Deswegen gebe es auch keine festen Vorschriften für die Kleidung, entscheidend sei lediglich ein stimmiges Gesamtbild, das zur Persönlichkeit des Beraters passe. Aber will wirklich jeder Kunde den Berater aus dem Modellkatalog oder muss sich ein guter Berater nicht auch den Kunden anpassen? *„Finanzielle Dinge sind Vertrauenssache, der Kunde erwartet in der Regel auch in solchen Fällen* einen entsprechend gekleideten Berater", meint Folkert Mindermann vom AWD. Im Zweifelsfall geht man also lieber eine Spur zu gut gekleidet zum Kunden. Doch es sind nicht die einzelnen Kleidungsstücke oder Manieren, auf die geachtet wird. Man achtet auf das Gesamtbild: *„Das Wichtigste an einem Berater ist die persönliche Ausstrahlung"*, meint *Mindermann. „Das Gesamtbild muss passen – der Eindruck der ersten 30 Sekunden zählt und lässt sich danach nur schwer korrigieren"*, sagt *Götz*. Und beide liegen in der Betonung der Ausstrahlung gar nicht so falsch: Laut Umfrage finden 70 Prozent der männlichen Befragten, dass ein Finanzberater über Ausstrahlung verfügen sollte, bei Frauen liegt der Wunsch nach Charisma sogar bei 80 Prozent. Fraglich, ob sich das durch Manieren und einen guten Herrenausstatter auch immer erreichen lässt: Was nicht schon im Menschen ist, kommt von außen nur noch selten hinein. Dennoch lässt sich vieles optimieren. Vielleicht ist es den weiblichen Verkäufern von betrieblicher Altersversorgung einfach in die Wiege gelegt, dass es Ihnen wohl intuitiv besser gelingt als den männlichen Pendants für die jeweilige Situation auch passend gekleidet zu sein.

Hier erhalten Sie nun 14 Kleidungstipps für bAV-Berater:

1. Überlegen Sie: Welche Botschaft möchten Sie mittels Ihrer Kleidung und Ihrer Erscheinung an Kunden senden? Zum Beispiel: „Ich bin seriös", „Ich habe Erfolg", „Ich bin wert-konservativ und bodenständig" oder „Ich bin innovativ/kreativ."
2. Überprüfen Sie regelmäßig Ihren Kleiderschrank. Egal, ob Hemden, Anzüge, Krawatten oder Schuhe: Sortieren Sie alles aus, was nicht die beabsichtigte Botschaft transportiert.
3. Bevorzugen sie beim Einkauf freundliche Farben, die zu Ihnen passen. Starke Kontraste sind tabu!
4. Ihre Kleidung muss nicht edel sein. Sie sollte qualitativ aber zumindest über dem Durchschnitt liegen. Nehmen Sie sich Zeit beim Einkauf! Knittern Sie den Stoff: Glätten sich die Falten wieder?
5. Lassen Sie sich Marken nicht ansehen. Meiden Sie Kleidung mit aufgestickten Firmennamen oder -logo.
6. Finger weg von Blendern, also billigen Markenimitationen. Fliegt der Schwindel auf, denkt Ihr Kunde auch Sie seien ein Blender.
7. Lassen Sie sich beim Kauf lieber von Kollegen oder Experten als von Ihrem Lebenspartner beraten. Ihr Lebenspartner achtet vor allem darauf, ob ihm das Stück gefällt. Ihr Kollege jedoch darauf, ob es die gewünschte Botschaft vermittelt.
8. Überprüfen Sie vor jedem Kundentermin Ihre Erscheinung. Es gilt: Die 360-Grad-Betrachtung muss tadellos sein. Was nutzt die schönste Frontansicht, wenn Ihre Schultern von Schuppen übersät sind?
9. Überlegen Sie vor jedem Termin und insbesondere bei Neukunden: Welche Garderobe erwartet mein Gegenüber? Wenn Sie unsicher sind, hilft bei Business-Kunden oft ein Blick auf deren Website. Wie präsentieren sich dort die Führungskräfte und Mitarbeiter des Unternehmens?
10. Seien Sie im Zweifelsfall lieber etwas over- statt underdressed. Das gilt vor allem für Erstbesuche bei Kunden.

11. Gehen Sie mit Ihren Kleidern genauso sorgfältig um wie mit dem Geld und der Geduld Ihrer Kunden.
12. Seien Sie besonders umsichtig im Kontakt mit Frauen: Sie legen meist mehr Wert auf eine korrekte Kleidung und eine gepflegte Erscheinung als Männer. Und sie haben auch ein schärferes Auge für Fehler und Nachlässigkeiten.
13. Vorsicht auch bei Schmuck: Ein protziger Siegelring, eine „fette" Rolex-Uhr oder ein Goldkettchen am Hals kann schnell den ansonsten perfekten Gesamteindruck zerstören.
14. Geben Sie rund 80 Prozent des Budgets, das sie für Kleidung veranschlagen, für die Kleidung aus, in der Sie Ihr Geld verdienen. Berufskleidung ist kein Luxus, sondern eine Investition.[40]

▶ *Attraktivität*

Das Forscherteam um *Judith Langlois* von der Universität Texas[14] kam zu dem Ergebnis, dass Schönheit keine subjektive Angelegenheit sei. Was ist dann eigentlich Schönheit? Schön ist das, was als Signal für Gesundheit gilt, beispielsweise ein gepflegtes, lückenloses Gebiss. Evolutionspsychologisch ist Schönheit ein Indikator dafür, dass ein Mensch gesund, jung und fruchtbar ist und somit offensichtlich „gute" Gene hat. Wir schließen nämlich vom Aussehen einer Person auf ihre Persönlichkeit. *Judith Langlois* belegt, dass an gut aussehenden Menschen die Versuchspersonen deutlich positivere Erwartungen hatten als an weniger attraktive Personen. Gemäß dem Motto *„Wer schön ist, ist auch gut"* wurden schöne Menschen beispielsweise als sympathischer und sozial kompetenter eingeschätzt. Weiterhin wurden anziehende – nicht gleichzusetzen mit hübsch oder nicht hübsch – Personen durchweg als intelligenter und beruflich erfolgreicher bewertet als weniger anziehende Menschen. Zudem begegnen wir schönen Menschen in Alltagssituationen insgesamt freundlicher. Sie werden häufiger angelächelt, und sogar die Bereitschaft, ihnen auf der Straße den Weg zu erklären oder ihnen in finanziellen Notlagen unter die Arme zu greifen, war größer als bei weniger attraktiven Personen.

Die Frage ist nun, ob sich die Erwartungen an schönere Menschen bewahrheitet. Die Forscher kommen zu folgendem Ergebnis: *„Attraktive Personen sind erfolgreicher, sozial kompetenter und sowohl psychisch als auch physisch gesünder.“* Zudem erzielten attraktivere Personen im Schnitt mehr Einkommen als weniger gut aussehende. Eine Erklärung für diese Unterschiede liegt in den Erwartungen der anderen: Demnach erfahren schöne Menschen schon von frühester Kindheit an eine bevorzugte Behandlung, weil ihre Umgebung glaubt, dass sie irgendwie „besser“ seien. Wer aber immer behandelt wird, als sei er besonders schlau oder interessant, der wird es letztlich auch werden! Umgekehrt gilt dies leider auch für unattraktive Menschen: geht man mit ihnen um, als seien sie wenig liebenswert, ungeschickt oder gar dumm, entwickeln sie auch diese Eigenschaften. Demzufolge wären die gefundenen Unterschiede so genannte „sich selbst erfüllende Prophezeiungen“. Deutlich wird nun folgende Erkenntnis: Schönheit als ein relativ unbeeinflussbares Merkmal bestimmt unser Leben in vielen Bereichen mit. Gerade deswegen müssen wir darauf achten, dass wir die optischen Merkmale, die wir positiv beeinflussen können, ganz besonders beachten!

- *Setzen Sie einen Gedächtnisanker.*

  “Das einzig Neue auf dieser Welt ist die Geschichte, die Du noch nicht kennst.“

  Henry S. Truman, 33. amerikanischer Präsident (1884-1972)

Was antworten Sie, wenn Sie nach Ihrer beruflichen Tätigkeit gefragt werden? *„bAV-Berater“* klingt sicher wenig aufregend. Verwenden Sie bei Ihrer Selbstvorstellung künftig besser generell einen „Gedächtnisanker“, um die Wahrscheinlichkeit, dass andere Menschen sich an Sie und Ihren Beruf erinnern, zu erhöhen. Dies sollte eine kurze interessante Aussage über Ihre Tätigkeit sein. Denn machen Sie bei der Selbstvorstellung nicht den Fehler anzunehmen, dass andere bereits alles über Ihr Geschäft wissen. Anhand eines Interviews mit dem arbeitslosen *Marco Dührkopp*[15], der mit einem riesigen Bewerbungsplakat in Hamburg nach einer Stelle als Werbefachmann suchte, möchte ich Ihnen zeigen, was ich meine:

– *„Wie sind Sie eigentlich auf die Idee mit dem Werbeplakat gekommen?“*

  “Seit Oktober bin ich nun arbeitslos und habe schon mehr als 120 Bewerbungen geschrieben. Vor ungefähr einem Monat habe ich mir gesagt: Ich muss einen anderen Weg gehen.“

– *„...und haben sich der Methoden entsonnen, die Sie aus dem Beruf kennen?“*

  “Ja. Bei der Bewerbung geht es zu wie in der Werbung: Wie erreiche ich meine Zielgruppe? Wo bekomme ich viele Kontakte? Wie kann ich mich im Bewusstsein der Menschen verankern? Ich wollte möglichst viele Menschen möglichst intensiv ansprechen. So bekam ich die Idee mit Deutschlands größtem Stellengesuch.“

– *„Meinen Sie, die Investition lohnt sich?“*

  “Es ist wenig Geld, gemessen an der Resonanz und dem positiven Zuspruch, den ich erfahren habe. Und es wäre nichts, wenn ich dadurch die richtige Stelle bekäme.“

Ich habe mit Marco Dührkopp telefoniert: Er erhielt eine Vielzahl interessanter Stellenangebote und hatte freie Auswahl: Er arbeitet heute hochzufrieden als Projektmanager und Verkaufsleiter beim Norddeutschen Rundfunk.

Ihr Gedächtnisanker bei der Selbstvorstellung könnte beispielsweise folgendermaßen lauten: *„Mein Name ist Steffen Laudat, ich bin Diplom-Betriebswirt, koche und jogge leidenschaftlich gerne und habe mich auf den Verkauf von betrieblicher Altersversorgung spezialisiert.“*

Stelle ich mich mir bislang fremden Menschen vor, so tue ich dies mit den folgenden Worten:

„Mein Name ist Jürgen Hauser, ich bin als Autor und Verkaufstrainer tätig und verkaufe in Verlagen betriebliche Altersversorgung.“ Und überreiche sogleich zwei Geschäftskarten meiner beiden Firmen.

- *Machen Sie ein ernst gemeintes Kompliment.*
  "Die Wahrheit entsteht beim Empfänger."
  unbekannt

Eine echte Herausforderung – zugegebenermaßen! Haben Sie sich jedoch im Vorfeld Ihres ersten Gesprächstermins über die Firma und Ihre Gesprächspartner informiert, wird Ihnen diese Aufgabe leichter fallen. Ich möchte Ihnen zwei Beispiele nennen, die ich kürzlich angewendet habe: Als ich meinen ersten Termin bei einer großen deutschen Tageszeitung hatte, sagte ich zum Personalchef lächelnd: *„Als langjähriger Abonnent Ihrer Zeitung freue ich mich besonders, heute die klugen Köpfe dahinter kennen zu lernen."*
Bei meinen ersten Termin bei einer Filmproduktionsfirma sagte ich: *„Mit „Der Untergang" hat Ihre Firma wirklich einen grandiosen Film gemacht. Es ist mir schleierhaft, warum dieser nicht mit mindestens einem „Oscar" ausgezeichnet wurde!"*
Überlegen Sie also welche ernst gemeinten Komplimente Ihnen zu Ihren bAV-Kunden einfallen!

- *Zeigen Sie ehrliches Interesse.*
  Da Sie nun wissen, dass Sie lediglich ganze vier Minuten haben, um die Beziehung zu Ihrem potenziellen bAV-Kunden aufbauen zu können, stellt sich also die Frage, was Sie in dieser Zeitspanne erfolgreich unternehmen können. Ich rate Ihnen, ehrliches (!) Interesse an Ihrem Gegenüber zu zeigen. Vermeiden Sie vorschnelle Aussagen und stellen stattdessen besser Fragen. Fragen aktivieren den Gesprächspartner und verschaffen Ihnen die Möglichkeit, Informationen zu sammeln, tragen zur Präzisierung und Klarstellung bei und geben Auskunft, ob Ihr Gesprächspartner überhaupt noch innerlich bei der Sache ist. Denn durch Fragen wird ein Gespräch offen gehalten und vorzeitige Festlegungen werden vermieden. Wichtig sind offene Fragen. Fragen auf die Ihr potenzieller Kunde nur mit „Ja" oder „Nein" antworten kann, engen ihn ein und sind „abfragend" weshalb sie berechtigterweise Gegenwehr erzeugen werden. Folgende Fragen haben sich in diesem Zusammenhang bewährt:

- Wie haben Sie es eigentlich geschafft, Ihr Geschäft aufzubauen?
- Was macht Ihnen an Ihrem Beruf am meisten Spaß?
- Wie würden Sie die Art, wie Sie Ihr Geschäft betreiben, in einem Satz beschreiben?
- Wodurch heben Sie sich von Ihrer Konkurrenz ab?
- Welche Veränderungen hat es in Ihrem Beruf in letzter Zeit gegeben?
- Welche Trends sehen Sie in Ihrer Branche für die nächsten Jahre?
- Welche Wege haben Sie gefunden, um Ihr Geschäft am besten zu bewerben?
- Was war das merkwürdigste oder lustigste Ereignis in Ihrem Berufsleben?
- Was würden Sie in Ihrer Firma wagen, wenn Sie dabei ganz sicher nicht verlieren könnten?
- Welchen Rat würden Sie jemandem geben, der in Ihrer Branche eine Firma gründen will?

Jeder erzählt am liebsten von sich selbst. Für mich ist ein Gespräch dann „interessant" und „anregend", wenn ich viel von mir erzählen kann. Deshalb leben für Ihren Kunden fruchtbare Gespräche vom guten Zuhören, nicht vom guten Reden.

Beispiel

> Mein Freund berichtete mir von einem Verkaufsgespräch. Er sah diverse Segelutensilien und ein großes Plakat eines Segelschiffes im Büro seines Gesprächpartners und fragte ihn nach seinen Segelerfahrungen. Der Kunde erzählte eine Stunde begeistert, wobei mein Freund mit großer Anteilnahme und ehrlichem (!) Interesse zuhörte. Der Verkaufsabschluss wurde dann in den letzten 10 Minuten ganz nebenbei getätigt.

Also, stellen Sie sich empathisch auf Ihren Kunden ein!

- *Kommunizieren Sie wie ein Meister.*
  "Wir müssen Brücken zueinander bauen, wenn wir erfolgreich sein wollen."
  Waldemar Kurtz, deutscher Philosoph und Schriftsteller (1911-2003)

  Wenn Sie erfolgreich bAV verkaufen möchten, müssen Sie „Beziehungsbrücken" zu Ihrem Kunden bauen. Dabei ist es wichtig zu wissen, dass man nicht *nicht* kommunizieren kann. Aber wie funktioniert Kommunikation zwischen zwei Menschen eigentlich genau? Jede Kommunikation findet auf drei Ebenen statt:

  - 7 Prozent geht über die Sachebene, also über den Inhalt
  - 55 Prozent davon sind Körpersprache
  - 38 Prozent ist die Art, wie Sie etwas sagen

Also ist für Sie in diesem Zusammenhang wichtig zu wissen, dass 93 Prozent Ihres Erfolges von Ihrem Auftritt beim Kunden abhängt! Dies mag vielleicht „ungerecht" sein, aber wahr! Trainieren Sie diesen Auftritt doch einfach ein wenig. Die folgenden Übungen[16] bieten sich an:

- ✓ Lesen Sie einen Zeitungsartikel und geben Sie dann Ihrem Partner eine präzise Inhaltsangabe.
- ✓ Drehen Sie am Fernseher den Ton ab und beschreiben Sie die Signale der Körpersprache der Menschen, die Sie sehen.
- ✓ Halten Sie im Auto eine Rede, die nur aus einer Silbe besteht. Versuchen Sie den Laut „mo" so zu sprechen, dass er mal wütend, freundlich, selbstsicher oder schüchtern klingt.
- ✓ Lernen Sie abzuschätzen, wie weit Ihr Atem reicht. Holen Sie Luft und atmen Sie aus, indem Sie ein „S" summen.
- ✓ Lesen Sie einen Text vor, zeichnen diesen mit Kassette auf und achten Sie beim Abhören auf Artikulation, Betonung, Tempo, Pausen und Lautstärke.

✓ Sehen Sie sich eine Bundestagsrede an und achten Sie auf die Argumentation der Redner. Benutzen sie Fakten oder sprechen sie eher Gefühle an?

✓ Mischen Sie sich ein! Durch Beteiligung an Diskussionsveranstaltungen lernen Sie, sich an die Situation der öffentlichen Rede zu gewöhnen.

✓ Schreiben Sie Reden! So schärfen Sie Ihr Argumentations- und Sprachbewusstsein.

✓ Wann waren Sie mit Ihrem kommunikativen Verhalten unzufrieden? Überlegen Sie, was Sie hätten besser machen können.

✓ Mir hat vor 20 Jahren der „Dale Carnegie-Kurs für Kommunikation und Menschenführung" enorm geholfen meine Rhetorik und mein Kommunikationsverhalten zu verbessern.

Bei guter Kommunikation müssen Ihre Sach- und Gefühlsebene kongruent – also stimmig – sein, ansonsten wird Ihr potenzieller Kunde sofort misstrauisch werden. Kongruenz beweist der Verkäufer, wenn er auf allen Kommunikationskanälen – Inhalt, Tonalität, Mimik, Gestik – die gleiche Botschaft sendet.[17] Stimmt alles überein, so erhöht sich die Qualität und damit die Wirkung der Präsentation erheblich, währenddessen inkongruentes Verhalten – also Widersprüche zwischen dem, *was* gesagt wird, und dem, *wie* es gesagt wird – die Wirksamkeit erheblich einschränkt. Natürlich: Sie können kongruentes Verhalten nur dann entwickeln, wenn Sie von der Richtigkeit Ihrer Aussage auch überzeugt sind.

Die Grundlage einer jeden Gesprächsführung ist immer Ihre eigene Einstellung und Meinung gegenüber Ihrem Gesprächspartner. Hier gilt es jetzt für Sie zu klären, ob Sie die folgenden Prinzipien zu Ihren eigenen machen können und wollen:

✓ Ich akzeptiere, dass jeder Mensch die Welt anders sieht.

✓ Ich achte die Person und das Selbstwertgefühl meines Gegenübers.

✓ Ich gehe achtsam und einfühlend mit meinen Mitmenschen um.

✓ Ich werte nicht vorschnell.

✓ Ich vertrete meine Wahrheit.

Die Festlegung auf diese Prinzipien kann vielleicht lange dauern. Wenn sie aber einmal feststehen, können sie „natürlich“, das heißt aus sich selbst heraus, ehrlich, überzeugend, schnell und ohne großes Nachdenken agieren.

Nur wer solch altruistische Prinzipien hat und danach handelt, ist eine „Persönlichkeit“ im Verkauf! Und unser Kunde schätzt Persönlichkeiten!

Zu einer Persönlichkeit gehört aber auch ein gewisses Maß an Charisma und Humor. Ich denke allerdings nicht, dass Sie Witze über Randgruppen erzählen sollten, sondern einfach für gewisse Standardsituationen immer einen passenden Satz parat haben sollten. Seit vielen Jahren sammle ich schöne Zitate und Aphorismen. Lassen Sie mich einige Beispiele erzählen:

Beispiele

Sie stellen im Verkaufsgespräch fest, dass der Arbeitgeber Lohnnebenkosten einsparen möchte und antworten: *„Sehr gut! Bereits Heinrich Heine sagte: „Der Kaufmann hat in der ganzen Welt dieselbe Religion.“*

Sie bedanken sich nach dem Abschluss des Gruppenvertrages bei Ihrem Kunden, dem Arbeitgeber, schriftlich für sein Vertrauen und verwenden in der Betreffzeile ein Zitat von *Paul Claudel*: *„Nichts kann den Menschen mehr stärken als das Vertrauen, das man ihm entgegenbringt.“*

Der bereits ältere Arbeitnehmer, den Sie beraten, wundert sich über die seiner Auffassung nach niedrige Rente aus der bAV, die Sie ihm berechnet haben. Sie können antworten: *„Das Vergnügen hat viel mit der betrieblichen Altersversorgung gemeinsam: Je älter wir werden desto teurer müssen wir dafür bezahlen.*“ Und dann erläutern Sie ihm, dass aufgrund der kurzen Vertragslaufzeit die Rente nicht höher sein kann.

Sie erhalten aufgrund Ihrer guten Arbeit ein Lob: „Herzlichen Dank! *Marc Twain sagte*: *„Von einem guten Kompliment kann ich zwei Monate leben!“*

Wenn Sie etwas verschenken, können Sie sagen: *„Lieber ein Onkel, der ab und zu etwas mitbringt als eine Tante, die nur gut Klavier spielt."* (Bitte umgekehrt formulieren, falls Sie Angehörige des weiblichen Geschlechts sind!)

Ihnen wird etwas zu Essen angeboten, Sie sind aber nicht hungrig. Sie könnten antworten: *„Nein danke, ich kann nur von den Dingen abnehmen die ich nicht esse!"* oder *„...als ich dünner war, standen wir uns näher."* (Beide Sätze kommen immer sehr gut an, aber nur, wenn Sie – wie ich – (leicht) übergewichtig sind!)

Sie werden wegen Ihres Äußeren gelobt: *„Vielen Dank, lieber gut geschminkt als vom Leben gezeichnet."*

Bitte betrachten Sie meine Lieblingszitate nur als Anregungen. Kaufen Sie sich entsprechende Literatur und finden Sie so Ihre Lieblingszitate, die zu Ihnen passen.

- *Bildung*
  „Es gibt nur eines, was auf Dauer teurer kommt als Bildung: keine Bildung."
  J. F. Kennedy, 35. Präsident der USA (1917–1963)

  Wie viel von dem, was einem in der Schule präsentiert wird, braucht man in späteren Jahren? Ist nicht die beste Schule das Leben selbst? Aber viele Erwachsene, die die Schule früh verließen, kehren dennoch später zurück, um Versäumtes nachzuholen! Bildung ist ein Schatz, der uns lebenslang bereichert. Meiner festen Auffassung nach ist unabdingbare Voraussetzung für gute Kommunikation ein gewisses Maß an Allgemeinbildung, um in vielen Bereichen des Lebens mitreden zu können. Empfehlen möchte ich Ihnen hier – statt vielleicht fünfzig verschiedene Bücher – nur eines, das Werk von *Dietrich Schwanitz „Bildung – Alles was man wissen muss*", erschienen im Eichborn Verlag. Nach der Lektüre können Sie in allen wesentlichen Bereichen der Geschichte, Politik, und Kultur mitreden. Gewissermaßen lebenswichtig für Sie als Verkäufer von betrieblicher Altersversorgung ist ebenso die tägliche Lektüre des Wirtschaftsteils einer guten Tageszeitung oder Sie abonnieren das

Handelsblatt oder die Financial Times. Denn Sie dürfen getrost voraussetzen, dass Ihre Gesprächspartner bei der bAV-Akquise – Geschäftsführer, Vorstände, Personalleiter – die gleiche Lektüre gelesen haben und Sie auf deren Inhalte rund um das Thema Altersversorgung – wie Besteuerung der Leistungen in der Rentenphase, das Alterseinkünftegesetz, die demografische Entwicklung etc. –ansprechen werden. Apropos demografische Entwicklung: Für Sie als Verkäufer von betrieblicher Altersversorgung ist das seit Monaten in der Bestsellerliste des „Spiegel" stehende deutsche Sachbuch, das dramatisch die Verschiebung der Alterspyramide und die daraus resultierende Entwicklung beschreibt, Pflichtlektüre. Ich meine „Das Methusalem Komplott" von Dr. Frank Schirrmacher, erschienen im Blessing Verlag. Sie werden leider Erschreckendes über die Zukunft unserer Gesellschaft lesen und deswegen etliche interessante Passagen als Verkaufsansatz zitieren können. Aber auch im bAV-Bereich gilt es immer auf dem neuesten Stand zu sein. Möglichkeiten der Aus- und Weiterbildung gibt es genügend. Ein Beispiel gibt der folgende Artikel aus dem VersicherungsJournal vom 1.6.2005:

„Spezialisten für betriebliche Altersversorgung

Das Berliner Institut Going Public!, tätig im Bereich der Schulung, Beratung und Personalentwicklung, bietet die Fortbildung zum/zur Fachkaufmann/-frau für betriebliche Altersversorgung (IHK) an. Sie basiert auf dem Abschluss als Fachberater/-in für Finanzdienstleistungen (IHK) und einer Rechtsvorschrift der IHK Kiel.
Ziele der Fortbildungsprüfung sind laut der IHK Kiel:

1. *Erkennen und Beurteilen gesamtwirtschaftlicher und betrieblicher Zusammenhänge*
2. *Analyse der wirtschaftlichen Situation von Unternehmen im Hinblick auf die Einführung einer betrieblichen Altersversorgung*
3. *Fähigkeit, Konzepte und Lösungen im Bereich der betrieblichen Altersvorsorgung für Unternehmen verständlich und nachvollziehbar zu präsentieren*
4. *Umfassende Beratung bei der Vermittlung konzeptionell abge-*

stimmter Lösungen für den Bereich der betrieblichen Altersversorgung in Zusammenarbeit mit Steuerberatern, Rechtsanwälten und Wirtschaftsprüfern

Als Grundlagen-Teil wird die Ausbildung als Fachberater/-in für Finanzdienstleistungen (IHK) angesehen. Die Spezialisierung erfolgt im fachlichen Teil. Dieser enthält folgende Bausteine:

- *Betriebliche Altersvorsorge*
- *Jahresabschluss und Finanzierung*
- *Arbeits- und Steuerrecht zur bAV*
- *Spezialthemen der bAV*
- *Beratung von Unternehmen und Mitarbeitern – Fallstudien*

Basis Fachberater für Finanzdienstleistungen nicht zwingend

Going Public! bietet die Ausbildung als Paket aus Grundlagen und fachlichem Teil an, allerdings kann die Fachkaufleute-Prüfung für betriebliche Altersversorgung auch von Versicherungs- und Bankkaufleuten sowie Kaufleuten der Grundstücks- und Wohnungswirtschaft abgelegt werden.

Diese müssen allerdings eine mindestens zweijährige Praxis mit inhaltlichem Bezug zur Altersvorsorge vorweisen können. Bei anderen kaufmännischen oder verwaltenden Ausbildungsberufen sind drei Jahre und bei Fehlen eines dieser Ausbildungsberufe sechs Jahre Praxis erforderlich.

Als Zielgruppe sieht Wolfgang Kuckertz, Vorstand der Going Public!, vor allem Finanzdienstleister, die ihren „beruflichen Erfolg fast ausschließlich auf dem Gebiet der betrieblichen Altersversorgung" finden. Der Ausbildungsgang kann grundsätzlich zu vier verschiedenen Einstiegsterminen im Jahr bundesweit belegt werden, allerdings müssen drei Module sowie die Prüfung in Schleswig-Holstein durchgeführt werden.

Die Kosten liegen bei € 1.995 für den Fachkaufleute-Lehrgang, in der Kombination mit dem Fachberater für Finanzdienstleistungen bei € 3.790. Einen Rabatt auf den Fachkaufleute-Lehrgang erhalten zudem

Fachwirte für Finanzberatung, weil sich einige Lerninhalte überschneiden.
Die Studiendauer wird mit drei bis sechs Monaten angegeben. Nähere Informationen finden sich auf den Seiten des Anbieters."

2.2 Der zweite Eindruck: So können Sie Ihr Image optimieren

„Man tut nicht nur, was man ist: Man wird auch, was man tut."

Robert (Edler von) Musil, österreichischer Schriftsteller (1880 – 1942)

Setzen Sie alles auf eine Karte: Ihre Geschäftskarte![18]

Wenn man zu Urgroßvaters Zeiten bei höhergestellten Herrschaften vorstellig wurde, öffnete dem Besucher in der Regel ein Bediensteter des Hauspersonals. Diesem überreichte man damals seine Visitenkarte und wurde mit dieser bei seinem Gesprächspartner angemeldet. Die für diesen Besuchszweck entwickelte Karte bekam daher ihren noch heute gültigen Namen – Visitenkarte. Der Begriff der Visitenkarte ist mittlerweile allerdings antiquiert, da diese Karte heutzutage einen anderen Zweck erfüllt. Heute müssen wir eher von einer Geschäftskarte als von einer Visitenkarte sprechen. In Japan hat diese Geschäftskarte einen wesentlich höheren Stellenwert als hierzulande: In Fernost ist es ein selbstverständliches Ritual, dass man bei einem ersten geschäftlichen Kontakt seine Geschäftskarte überreicht: Das Gegenüber steckt diese nicht – wie bei uns leider häufig üblich – achtlos ein, sondern hält sie mit beiden Händen vor das Gesicht und liest laut den Vor- und Zunamen sowie den Titel des Gegenübers und die Firma vor und verneigt sich dabei leicht. Eine schöne, weil respektvolle Geste!

Und in Deutschland? Hierzulande erlebe ich häufig, dass Verkäufer nicht wissen, dass dieses kleine Stück Papier im Geschäftsleben ein „Sesam-öffne-dich-Werkzeug“ sein kann, unersetzlich – vor allem im Umgang mit neuen Geschäftspartnern. Und daraus resultiert häufig krasses Fehlverhalten. Die folgenden Beispiele habe ich in den letzten Monaten selbst erleben müssen:

Beispiele

Als ich neulich einen Schreinermeister nach seiner Geschäftskarte fragte, meinte er, er würde keine besitzen. Das gleiche passierte mir kurz darauf bei einem Architekten! Machen beide keine Geschäfte, verkaufen diese keine Produkte und Dienstleistungen?

Auf meine Nachfrage hin, überreichte mir unlängst ein Handwerksmeister eine zerknitterte, mit Kaffeeflecken beschmutzte Geschäftskarte, die auch noch mit Notizen beschriftet war. Sehen die Produkte seiner Tätigkeit ähnlich unansehnlich aus?

Ein Steuerberater, von dem wir ja per se Exaktheit und Korrektheit erwarten sowie immer auf dem aktuellen Stand der Steuergesetzgebung zu sein, überreichte mir im Januar 2004 eine Visitenkarte mit der alten noch vierstelligen Postleitzahl des Ortes, in dem seine Kanzlei ihren Sitz hat...! Ist dieser Steuerberater in Bezug auf die aktuelle Steuergesetzgebung ähnlich „up to date“?

In unserer heute so schnelllebigen Zeit ist leider die Bedeutung der Geschäftskarte zum Anknüpfen von Geschäftsbeziehungen in den Hintergrund getreten. Selbstbewusstsein und Offenheit soll die Karte wohl häufig ersetzen. Nur noch auf Anfrage tauscht man Geschäftskarten aus. Aber vernachlässigte Umgangsformen zahlen sich eben nicht aus, im Gegenteil: Manchmal kann das Versäumnis sogar viel Geld kosten: siehe oben! Folgende Merksätze zum Umgang mit Geschäftskarten gelten also:

- Wenn Sie eine eigene Firma haben, geben Sie Geld für einen kreativen Designer aus, der Ihnen ein Firmenlogo entwickelt.
- Geben Sie in der Druckerei eine gute Papierqualität in Auftrag.
- Haben Sie immer (!) ausreichend Geschäftskarten dabei.

- Überreichen Sie bei jedem Kontaktgespräch gleich zu Beginn Ihre Geschäftskarte: Sie werden dann im Austausch auch gleich die Karte Ihres Gegenübers erhalten.
- Behandeln Sie die Geschäftskarte – ähnlich wie in Japan – mit der gebührenden Wertschätzung.
- Geben Sie täglich eine Geschäftskarte an eine Ihnen bislang fremde Person aus.
- Legen Sie Ihre Geschäftskarte jeder Rechnung, Bestellung und jedem Brief bei.
- Versehen Sie Ihre Geschäftskarte mit Ihrer kompletten Anschrift sowie Ihrer E-Mail-Adresse, aber verzichten Sie auf die Nennung Ihrer Mobilfunk-Nummer, wenn Sie dieses selten nutzen oder keine Mailbox eingerichtet haben, die Sie täglich abhören.
- Nennen Sie gegebenenfalls die Öffnungszeiten Ihres Geschäftes.
- Versehen Sie die Rückseite Ihrer Visitenkarte mit einer Philosophie oder Botschaft. Folgende Beispiele bieten sich an:
  Für den Steuerberater: *„Geld genug wäre ja da, nur noch nicht hier!“*
  Für den Anbieter von Seminaren: „Update your mind!“
  Für die Floristin: *„Mit uns blühen Sie auf!”*
  Für den Gerüstbauer: *„Wir geben Ihren Werten Halt!“*

So wird Ihre Geschäftskarte noch mehr Aufmerksamkeit erhalten.
Lassen Sie sich zusätzlich zu Ihrer Geschäftskarte noch eine Karte mit Ihren privaten Adressdaten drucken. Sie sehen also, Geschäftskarten, richtig genutzt, sind bares „Netzwerk-Kapital“, welches im Laufe der Zeit gute Zinsen einbringen wird!

Imagebroschüre

Bei meinen Verkaufstrainings stelle ich nach der entsprechenden Frage immer wieder fest, dass vielleicht nur einer von 20 Teilnehmern überhaupt über eine Imagebroschüre verfügt. Wenn Sie allerdings Fremdakquise in der betrieblichen Altersversorgung betreiben wollen und Ihrem Anruf in der Firma zunächst ein Anschreiben vorausgeht, ist es wichtig, dass Sie eine solche Imagebroschüre besitzen und mitschicken, da wichtige Informationen über Sie, Ihre Spezialisierung etc. darin wiedergegeben werden: Tipps für eine ausgezeichnete Broschüre:[19]

- Grafiker:
  Beauftragen Sie zur Gestaltung einen professionellen Grafiker, den Sie sich nach Möglichkeit empfehlen lassen sollten. Die Investition wird sich auszahlen. Denn: *Keine* Imagebroschüre führt zwar nicht zu einem *negativen* Image, eine *schlecht gemachte* hingegen schon!
- Titelseite*:*
  Die Titelseite sollte Ihre Firma und eine kurze, aus einem Slogan oder einem Satz, bestehende Beschreibung enthalten.
- Foto:
  Um Ihren Auftritt persönlich zu gestalten, empfiehlt es sich Ihr Konterfei auf der ersten Seite abzudrucken sowie ausschnittsweise Ihre Büroräume. Aber sparen Sie bei den Fotos auf keinen Fall an den Kosten für einen professionellen Fotografen!
- Innenseite*:*
  Bemühen Sie sich bei der Beschreibung Ihres Unternehmens um Vollständigkeit und Prägnanz. Sagen Sie ohne Umschweife wer Sie sind, was Sie tun, wo Sie arbeiten, wann Ihr Büro geöffnet ist und warum Sie sich auf den Vertrieb der bAV spezialisiert haben.
- Name, Anschrift, Telefon- und Faxnummer, E-Mail-Adresse, Website:
  Geben Sie diese Daten gut sichtbar an. Die meisten Leser suchen sie auf der Rückseite einer Broschüre.
- Anfahrtsskizze: Diese Serviceleistung sollten Sie neben die Adressdaten drucken.
- Lebenslauf: Skizzieren Sie kurz Ihren Lebenslauf sowie die Vitae Ihrer wichtigsten Mitarbeiter.
- Aussage zu Ihren Fähigkeiten.
- Was können Sie und warum können Sie wem wie helfen?
- Ausgewählte Referenzkunden.
- Drucken Sie nach Zustimmung Ihrer Kunden deren jeweilige Firmenlogos ab.
- Referenzen/Zitate.

- Führen Sie die Aussagen zufriedener Kunden an. Besitzen Sie hierzu nichts Schriftliches, dann setzen Sie sich ans Telefon und veranlassen Sie Entsprechendes. Denken Sie daran: Die Leute wollen wissen, dass Ihre Firma eine gute Empfehlung ist.
- Antwortmaterial:
  Anforderungskarten für weitere Informationen können bei der Kundengewinnung helfen.
- Highlights:
  Erwähnen Sie kurz jeden zusätzlichen Pluspunkt.

Ich möchte Ihnen einen Auszug aus meiner Imagebroschüre zeigen, damit Sie sehen, wie kreativ Sie vorgehen können:

Quelle: Eigene Darstellung

Abbildung 3: Ein 100-prozentiger Einsatz ist sinnvoll

Büroausstattung

Wie viele bAV-Berater gibt es doch, die eine Wohnzimmeragentur „betreiben" oder ihr „Büro" gar im Keller untergebracht haben! Was soll der Kunde, der Sie besucht, über Ihren geschäftlichen Erfolg denken, wenn Ihr Auftritt so aussieht? Als ich neulich mit meinen Büroräumen umziehen musste, weil das alte Büro zu klein geworden war, habe ich nochmals 50.000 € in zusätzliche Einrichtung investiert. (Selbst 2 echte Picassos zieren meine Bürowände.) Eine gute Investition! Denn zum einen fühlen meine Mitarbeiter und ich uns in einem schön eingerichteten Büro sehr wohl und zum anderen will der Kunde sehen, dass sein Berater in der bAV erfolgreich ist!

Anrufbeantworter

Geht es Ihnen auch so? Egal wo ich anrufe: meistens sind Anrufbeantworter doch völlig langweilig besprochen. Inklusive meinem. Kürzlich berichtete mir allerdings ein Freund von der Firma „fonomix". Bei fonomix handelt es sich um ein Tonstudio, welches Sie online beauftragen können, Ihren Anrufbeantworter professionell zu besprechen. Professionell heißt, dass der von Ihnen vorzugebende Text entweder von einer Schauspielerin oder einem Schauspieler gesprochen wird und Sie die Möglichkeit haben, sich unter mehreren Hundert Musikstücken, die frei von GEMA-Gebühren sind, eine entsprechend passende Hintergrundmusik auszusuchen. Als ich davon erfuhr, habe ich sofort gehandelt und meinen Anrufbeantworter entsprechend professionell besprechen lassen. Für Kunden, die im Büro mit einem Kollegen verbunden werden müssen, habe ich zusätzlich eine Warteschleife einrichten lassen, die ebenfalls sehr schön – wiederum mit anderer Musikunterlegung – besprochen wurde. Die Kosten beliefen sich auf insgesamt bezahlbare und gut investierte 220 €.

Pressemappe

Da ich als Buchautor tätig bin und ab und an Artikel in Fachzeitschriften schreibe, habe ich mir eine Pressemappe angelegt, die ich nahezu täglich verwende, wenn ich Kontakte zu bislang fremden Personen knüpfen möchte. Diese beinhaltet alle meine Veröffentlichungen sowie Empfehlungsschreiben hinsichtlich meiner Tätigkeit als Verkaufstrainer. Warum nutze ich dieses Werkzeug? Nun, ich möchte mich einfach vom Markt abheben und habe mir von einem sehr bekannten Autor sagen lassen, dass der Begriff „Autorität" von „Autor" stammt. Auch wenn Sie bis dato noch nicht als Buchautor oder Redakteur in Erscheinung getreten sind, so habe ich eine interessante Nachricht für Sie: Im „VersicherungsJournal" (online zu beziehen) erschien am 26. Januar 2005 der folgende Artikel:

Finanzdienstleister in den Medien – So inszenieren Sie Nachrichten

Versicherungen und Finanzdienstleister haben kein anfassbares Produkt und sind aus der Sicht von Journalisten austauschbar. Den Pressestellen fehlen allzu oft spannende Nachrichten, um das Unternehmen mit den strategisch wichtigsten Themen gezielt in den Medien zu platzieren. Die Folge: Die Sichtbarkeit in der Presse fällt zu gering aus. Doch wie können Finanzdienstleister systematisch ihre Medienpräsenz ausbauen? Der entscheidende Erfolgsfaktor sind interessante „Geschichten", die den Redaktionen angeboten werden können. Wer darüber nicht verfügt, sollte Nachrichten selber produzieren. Im Seminar wird anhand einiger Praxisbeispiele aufgezeigt, wie Finanzdienstleister Inhalte für die Pressemappe über Marktforschung, Research oder Kooperationen schaffen können. In einem zweiten Schritt zeigt der Referent auf, wie mit den selbst geschaffenen Fakten PR-Kampagnen aufgebaut werden. Jeder Seminarteilnehmer erhält erste individuell angepasste Konzeptionsansätze, um konkrete Arbeitsergebnisse aus dem Seminar in die tägliche Praxis mitnehmen zu können. Die entwickelten Konzepte berücksichtigen den wachsenden Wunsch aus dem Vertrieb, dass die Pressearbeit Umsatz fördernd sein soll.

In der F.A.Z. las ich, dass für eine der nächsten Ausgaben eine Sonderbeilage zum Thema „Private Vorsorge“ geplant war. Ich rief den zuständigen Redakteur an und bot ihm an hierfür einen Beitrag zum Thema „Entgeltumwandlung“ zu schreiben, was er gerne annahm. Mein folgender Beitrag, der im Folgenden lesbar abgedruckt ist und acht Vorteile zur arbeitnehmerfinanzierten bAV beschreibt, erschien am 25. Oktober 2005:

Frankfurter Allgemeine

ZEITUNG FÜR DEUTSCHLAND

vom 25. Oktober 2005

Private Vorsorge

Verlagsbeilage

Arbeitgeber als Partner

Betriebliche Altersversorgung als lohnenswerter Baustein

Von Jürgen Hauser

Berechtigterweise herrscht bei der jungen Generation eine große Scheu, sich mit der Thematik der privaten Vorsorge und bestehenden, aber sehr komplexen Lösungsmöglichkeiten zu beschäftigen. Andererseits besteht dringend Handlungsbedarf, da die Bevölkerung immer älter und dadurch der Zeitraum, für den junge Leute vorsorgen müssen, immer länger wird. So hat ein heute 28jähriger Mann eine statistische Lebenserwartung von 87 Jahren, bei einer gleichaltrigen Frau beträgt diese gar 92 Jahre. Länger leben ist eine schöne Sache, es fragt sich nur: wovon? Denn mehr als ein Drittel seines letzten Nettoeinkommens wird der heute 28jährige Arbeitnehmer an gesetzlicher Rente nicht erhalten.

Aber die Situation ist nicht aussichtslos, hat doch der Gesetzgeber mit dem „Gesetz zur Verbesserung der betrieblichen Altersversorgung“ Möglichkeiten geschaffen, die Versorgungslücke staatlich hoch subventioniert zu schließen. Die Vorteile dieses Modells liegen auf der Hand, sind aber gerade der jüngeren Generation häufig nicht bekannt:

Junge Leute sind meist ledig und somit in Steuerklasse eins eingruppiert. Dies hat zur Folge, daß die steuerliche Förderung besonders hoch ist. Denn wer viel Steuern bezahlt, kann auch viel Steuern sparen. Dazu ein Beispiel: Verdient ein lediger, kinderloser Arbeitnehmer 2800 Euro brutto und wandelt monatlich 200 Euro davon in die betriebliche Altersversorgung (bAV) um, so sind diese 200 Euro dauerhaft steuer- und bis zum 31. Dezember 2008 auch sozialversicherungsfrei: das monatliche Nettogehalt sinkt also nur um 87 Euro.

Da es sich bei der betrieblichen Altersversorgung in aller Regel um hoch rabattierte Gruppenverträge für mehrere Arbeitnehmer handelt, erhält jeder einzelne deutlich mehr Rente als bei einem privat abgeschlossenen Einzelvertrag. Ein weiterer Vorteil besteht darin, daß der Arbeitnehmer seinen Vertrag zu einem neuen Arbeitgeber mitnehmen kann. Außerdem zählt die bAV nicht zu den Vermögenswerten, die im Fall zwischenzeitlicher Arbeitslosigkeit aufgebraucht werden müssen, bevor man Unterstützung seitens des Staates erhält.

Wer vermögenswirksame Leistungen erhält, sollte diese ebenfalls in die bAV integrieren, so daß keine Abzüge in Form von Steuern und Sozialabgaben fällig werden. Was ebenfalls für die bAV spricht: Hat der junge Arbeitnehmer noch nicht sechzig Monate in die gesetzliche Rentenversicherung einbezahlt, hat er keinerlei Anspruch auf Altersrente und auf Erwerbsminderungsrente. Somit muß er sein wichtigstes Gut – seine Arbeitskraft – privat absichern. Dies führt dazu, daß im Versicherungsfall die vereinbarte Berufsunfähigkeitsrente bezahlt wird, allerdings nur bis zum vereinbarten Endalter, das in der Regel bei sechzig Jahren liegt. Wovon aber soll der Arbeitnehmer danach leben? Es empfiehlt sich daher, bei der bAV, die „Beitragsbefreiung bei Berufsunfähigkeit“ mitzuversichern. Sollte der junge Arbeitnehmer berufsunfähig werden, wird der Versicherer die Beitragszahlung für die bAV bis zum Ende der Vertragslaufzeit übernehmen. Wer sich Sorgen um die Finanzierung macht, sollte wissen, daß mittlerweile Beiträge zur gesetzlichen Rentenversicherung von der Steuer abgesetzt werden können. Das gesparte Geld könnte ebenfalls in eine bAV investiert werden.

Es ist absehbar, daß das Renteneintrittsalter auf 67 Jahre angehoben und wohl noch weiter steigen wird. Dem jungen Arbeitnehmer, der nicht vorsorgt, wird nichts anderes übrigbleiben, als bis zu diesem Zeitpunkt zu arbeiten – um danach der Altersarmut anheimzufallen. Sollte er allerdings entsprechend betrieblich vorgesorgt haben, wird es ihm unter Umständen sogar möglich sein, früher in Rente gehen zu können.

Jürgen Hauser, Spezialist für betriebliche Altersversorgung und Fachbuchautor, Hockenheim (S. 8)

Quelle: Frankfurter Allgemeine Zeitung vom 25. Oktober 2005

Abbildung 4: Acht Vorteile zur arbeitnehmerfinanzierten bAV

„...Berechtigterweise herrscht bei der jungen Generation eine große Scheu, sich mit der Thematik der privaten Vorsorge und bestehenden, aber sehr komplexen Lösungsmöglichkeiten zu beschäftigen: Andererseits besteht dringend Handlungsbedarf, da die Bevölkerung immer älter und dadurch der Zeitraum, für den junge Leute vorsorgen müssen, immer länger wird. So hat ein heute 28jähriger Mann eine statistische Lebenserwartung von 87 Jahren, bei einer gleichaltrigen Frau beträgt diese gar 92 Jahre. Länger leben ist eine schöne Sache, es fragt sich nur: wovon? Denn mehr als ein Drittel seines letzten Nettogehaltes wird der heute 28jährige Arbeitnehmer an gesetzlicher Rente nicht mehr erhalten.
Aber die Situation ist nicht aussichtslos, hat doch der Gesetzgeber mit dem „Gesetz zur Verbesserung der betrieblichen Altersvorsorgung" Möglichkeiten geschaffen, die Versorgungslücke staatlich hoch subventioniert zu schließen. Die Vorteile dieses Modells liegen auf der Hand, sind aber gerade jüngeren Generationen häufig nicht bekannt:
Junge Leute sind meist ledig und somit in Steuerklasse eins eingruppiert. Dies hat zur Folge, dass die steuerliche Förderung besonders hoch ist. Denn wer viel Steuern bezahlt, kann auch viel Steuern sparen. Dazu ein Beispiel: Verdient ein lediger, kinderloser Arbeitnehmer 2.800 Euro brutto und wandelt monatlich 200 Euro davon in die betriebliche Altersvorsorgung (bAV) um, so sind diese 200 Euro dauerhaft steuer- und bis zum 31. Dezember 2008 auch sozialversicherungsfrei: das monatliche Nettogehalt sinkt also nur um 87 Euro. Da es sich bei der betrieblichen Altersversorgung in aller Regel um hoch rabattierte Gruppenverträge für mehrere Arbeitnehmer handelt, erhält der einzelne deutlich mehr Rente als bei einem privat abgeschlossenen Einzelvertrag. Ein weiterer Vorteil besteht darin, dass der Arbeitnehmer seinen Vertrag zu einem neuen Arbeitgeber mitnehmen kann. Außerdem zählt die bAV nicht zu den Vermögenswerten, die im Fall zwischenzeitlicher Arbeitslosigkeit aufgebraucht werden müssen, bevor man Unterstützung seitens des Staates erhält.
Wer vermögenswirksame Leistungen erhält, sollte diese ebenfalls in die bAV integrieren, so dass keine Abzüge in Form von Steuern oder Sozialabgaben fällig werden. Was ebenfalls für die bAV spricht: Hat der junge Arbeitnehmer noch nicht sechzig Monate in die gesetzliche Rentenversicherung einbezahlt, hat er keinerlei Anspruch auf Altersrente und auf

Erwerbsminderungsrente. Somit muss er sein wichtigstes Gut – seine Arbeitskraft – privat absichern. Dies führt dazu, dass im Versicherungsfall die vereinbarte Berufsunfähigkeitsrente bezahlt wird, allerdings nur bis zum vereinbarten Endalter, das in der Regel bei sechzig Jahren liegt. Wovon aber soll der Arbeitnehmer danach leben? Es empfiehlt sich daher, bei der bAV, die „Beitragsbefreiung bei Berufsunfähigkeit" mitzuversichern. Sollte der junge Arbeitnehmer berufsunfähig werden, wird der Versicherer die Beitragszahlung für die bAV bis zum Ende der Vertragslaufzeit übernehmen. Wer sich Sorgen um die Finanzierung macht, sollte wissen, dass mittlerweile Beiträge zur gesetzlichen Rentenversicherung von der Steuer abgesetzt werden können. Das gesparte Geld könnte ebenfalls in eine bAV investiert werden.

Es ist absehbar, dass das Renteneintrittsalter auf 67 Jahre angehoben und wohl noch weiter steigen wird. Dem jungen Arbeitnehmer, der nicht vorsorgt, wird nichts anderes übrig bleiben, als bis zu diesem Zeitpunkt zu arbeiten – um danach der Altersarmut anheim zu fallen. Sollte er allerdings entsprechend betrieblich vorgesorgt haben, wird es ihm unter Umständen sogar möglich sein, früher in Rente zu gehen zu können."

Ihre Referenzmappe

Im Laufe der letzten drei Jahre habe ich die Geschäftsführer jedes größeren Unternehmens, das ich hinsichtlich der betrieblichen Altersversorgung beraten und deren Mitarbeiter ich versorgt habe, nach getaner Arbeit um ein Empfehlungsschreiben gebeten. Sicher, manchmal musste ich wochenlang warten und erinnerte meine Kunden in gewissen Zeitabständen möglichst feinfühlig immer wieder an ihr mir gegebenes Versprechen. Aber ich hatte bislang immer dahingehend Erfolg, dass die Kunden welche mir ein Referenzschreiben zu erstellen zusicherten, sich auch daran hielten. Diese Empfehlungsschreiben habe ich eingescannt, farbig ausgedruckt, zusammengefasst, gebunden und schicke sie bei jeder schriftlichen Kontaktaufnahme mit bzw. händige sie persönlich aus. Warum? Der Artikel „Blindes

Misstrauen“ aus der Zeitschrift „Gehirn & Geist“ (Ausgabe 1-2/2006) beweist die wissenschaftliche Richtigkeit meiner Strategie:

„Ein makelloser Ruf zahlt sich aus – denn in Vertrauensfragen hört mensch oft weniger auf die Vernunft als auf Vorurteile. Diesen Verdacht konnten Psychologen der New York University nun empirisch untermauern. Elizabeth Phelps und ihre Kollegen luden zwölf Probanden zu einem Spielchen ein. Jeder Teilnehmer erhielt einen Dollar, den er entweder behalten oder an einen Mitspieler abtreten durfte. In letzterem Fall wurde der Partner mit drei Dollar belohnt, die er wiederum teilen konnte – sodass jeder 1,50 Dollar kassierte – oder eben nicht. Die Gretchenfrage: War dem anderen zu trauen? Nun könnte man erwarten, die Probanden entschieden dies nach Versuch und Irrtum: Teilt der Partner den Gewinn, so wird ihm auch gegeben. Nicht jedoch in Phelps‘ Experiment. Ob die Teilnehmer ihren Dollar einsackten oder nicht, hing vielmehr von dem moralischen Urteil ab, das sie über ihren (fiktiven) Spielpartner fällten – und zwar auf der Basis drei verschiedener Lebensläufe, die sie zuvor zu lesen bekommen hatten. Darin wurde der eine als freundlicher Helfertyp charakterisiert, der andere als unauffälliger Normalo und der dritte als Kleinkrimineller. Der Leumund hatte Folgen: Dem positiv Dargestellten überließen die Probanden sehr viel öfter ihren Dollar als der suspekten Person – obwohl beide exakt gleich oft das Geld teilten! Die Macht des Vorurteils offenbarte zudem der Blick ins Gehirn: Der Nucleus caudatus, der am Belohnungslernen beteiligt ist, regte sich im Spiel mit dem vermeintlichen Gutmenschen oder dem Bösewicht weit weniger: Ob sie kooperierten oder nicht, fiel kaum ins Gewicht. Nur die Antworten des nicht ganz so klar einzuordnenden Partners hinterließen neuronal tiefe Spuren.“

Ergo: Diese Referenzen führen schon vor dem ersten Termin bei der Kaltakquise zu einer positiven Beurteilung zu meiner Person im Kopf meines potenziellen Kunden! Denn eines ist sicher: Sie können sich bei Arbeitgebern so sehr selbst auf die Schulter klopfen und behaupten, wie toll Ihre Leistung sei, jedoch ist dies Nichts im Vergleich zu dem, was andere an positiven Dingen über Sie sagen könnten.

Den Beweis für meine Aussage möchte ich Ihnen nicht schuldig bleiben. In der F.A.Z. vom 11. Februar 2006 war der folgende Artikel zu lesen:

Warum Warren Buffett einem Studenten aus Tennessee ein Empfehlungsschreiben gab

Nks. NEW YORK, 10. Februar. Die Konkurrenz um gute Jobs an der Wall Street ist hart. Junge Talente mit Abschlüssen der besten Universitäten kämpfen um die Plätze bei den Investmentbanken in New York. Ein Absolvent einer nicht unter den besten 40 des Landes geführten Universitäten aus Tennessee hat dort gegen Mitbewerber, die etwa MBA-Abschlüsse aus Harvard in der Tasche haben, normalerweise nur wenig Chancen. Aber der 24 Jahre alte Richard Wright, der kürzlich sein MBA an der Vanderbilt University in Nashville gemacht hat, kann mit einer besonderen Referenz trumpfen. Er besitzt ein Empfehlungsschreiben von Warren Buffett, dem legendären Investor aus Omaha. „Er hat einen Brief von Gott", kommentierte das Brian Sullivan, Chef der New Yorker Personalberatung Christian & Timbers. Das werde jeden neugierig genug machen, ihn in Betracht zu ziehen.

Es gilt als höchst ungewöhnlich, dass Buffett dem Wunsch auf ein Empfehlungsschreiben nachkommt. Aber Student Wright beeindruckte Buffett mit einer Qualität, die ihn selbst zum zweitreichsten Mann der Welt gemacht hat. Wright brachte ihn nämlich auf eine gute Anlageidee.

Wright war Mitglied eines Investmentclubs an der Universität von Tennessee in Knoxville, der einmal im Jahr nach Omaha reist, um sich mit Buffett zu treffen. Arrangiert wurde das von Al Auxier, einem Professor der Universität, der Buffett seit mehreren Jahren kennt. Da Buffett die Ansicht vertritt, man werde ein besserer Investor, wenn man Biografien von Unternehmern liest, brachten ihm die Studenten als Gastgeschenk die Autobiografie von James Clayton mit. Clayton ist der Gründer von Clayton Homes, des ebenfalls in Tennessee beheimateten größten Fertighausherstellers der Vereinigten Staaten. Dazu ist Clayton mit Professor Auxier befreundet und hatte ihn gebeten, Buffett mitzuteilen, dass er an einer „geschäftlichen Beziehung" interessiert sei.

Student Wright machte damals gerade ein Praktikum bei Clayton Homes und wurde ausgewählt, Buffett das Buch zu überreichen. „Das sind Leute, wie Sie sie schätzen", habe Wright gesagt, schreibt Buffett in seinem Empfehlungsbrief. Clayton ist der Sohn eines armen Baumwollfarmers, der sein Unternehmen mit der Renovierung eines angekohlten Fertighauses begonnen und es auf die Liste der 400 reichsten Amerikaner gebracht hat. Buffett hat das Buch nach eigener Darstellung noch am gleichen Wochenende gelesen und umgehend 1,7 Milliarden Dollar für Clayton Homes geboten. Im Oktober 2003 kam Clayton dann unter das Dach von Berkshire Hathway, der Buffett-Holding, zu der ein Sammelsurium von Unternehmen vom Autoversicherer Geico bis zum Textilhersteller Fruit of the Loom gehören. In seinem Empfehlungsschreiben bezeichnet Buffett Wright als „Deal-Macher", weil er ihn auf eine „feine Akquisition" aufmerksam gemacht habe. Jedes Mitglied des Studenten-Clubs aus Tennessee erhielt zudem eine Class-B-Aktie, die derzeit 2.891 Dollar wert ist. Professor Auxier bekam eine Class-A-Aktie, die bei 87.800 Dollar notiert. Das Empfehlungsschreiben dürfte allerdings unbezahlbar sein.

Ich möchte Ihnen nun *drei Empfehlungsschreiben*, die ich bislang erhielt, zeigen:

Bleicher Verlag

Weilimdorfer Straße 76
70839 Gerlingen
Telefon (0 71 56) 43 08-0
Telefax (0 71 56) 43 08-27
telefonbuch@bleicher-verlag.de
www.bleicher-verlag.de

Bleicher Verlag GmbH
HRB 3797 AG Ludwigsburg
UStIdNr. DE 146019098
Geschäftsführer:
Evmarie Bartolitius
Thomas Bleicher

Bleicher Verlag GmbH • Postfach 10 01 23 • 70826 Gerlingen

Jürgen Hauser
Allianz Presseversorgung
Überführungsstr. 2

68766 Hockenheim

Ihre Nachricht	Ihre Zeichen	Unsere Zeichen	Durchwahl	Datum
		eb	-30	16.09.2003

Gute Beratung

Sehr geehrter Herr Hauser,

Verkaufsberatung ist oft eine schwierige Gradwanderung, Glaubwürdigkeit und überzeugenden Erfolg zu vereinen.

Bei der Beratung zur betrieblichen Altersversorgung über Pensionskasse für unsere Mitarbeiter haben sie sich als Partner angeboten. Ihre sehr plastische, klare Art die Vor- und Nachteile einer freiwilligen zusätzlichen Altersversorgung darzustellen und zu erklären hat auf Anhieb überzeugt. Nach einer allgemeinen Informationsveranstaltung, die sehr übersichtlich und informativ ausgearbeitet war, haben Sie in Einzelgesprächen sämtliche Mitarbeiter gezielt beraten. Entsprechend den individuellen Vorraussetzungen haben Sie Einzellösungen erarbeitet, anhand derer sich die Mitarbeiter entscheiden konnten.

Besonders ist darüber hinaus die präzise Vor- und Nachbereitung der Gespräche mit ausführlichen Unterlagen zu erwähnen auch über den erfolgreich getätigten Abschluss der Verträge hinaus.

Wir können sie jederzeit für eine zielorientierte, überzeugende Mitarbeiterberatung weiterempfehlen.

Sie üben ihren Beruf mit Leidenschaft und Überzeugungskraft aus, deshalb wünschen wir Ihnen weiterhin viel Erfolg.

Mit besten Grüßen aus Gerlingen
Bleicher Verlag
Evmarie Bartolitius

Abbildung 5: Referenzschreiben vom Bleicher Verlag

DRUCKHAUS
THOMAS MÜNTZER

Hauptbetrieb
Neustädter Straße 1-4
99947 Bad Langensalza
Postfach 1151_99941 Bad Langensalza
Telefon 03603/399-0
Telefax 03603/399-103
E-Mail info@dhtm.de
Internet http://www.dhtm.de

Buchbinderei
Gewerbegebiet Nord
Am Fliegerhorst 8
99947 Bad Langensalza
Telefon 03603/399-0
Telefax 03603/399-164

Herr
Jürgen Hauser
Allianz Hauptvertretung
Überführungsstraße 2

68766 Hockenheim

19.02.2004 Rü/Gr

Pensionskasse in unserer Verlagsgruppe

Sehr geehrter Herr Hauser,

Sie haben unseren Mitarbeitern die Arbeitnehmer-finanzierte betriebliche Altersversorung vorgestellt und konnten sie dank der großen Resonanz in unserem Hause erfolgreich einführen.

Die Präsentation der Pensionskasse vor unseren Mitarbeiterinnen und Mitarbeitern war hervorragend vorbereitet und wurde von Ihnen gut vorgetragen und verständlich übermittelt.

Die im Anschluss daran geführten Einzelgespräche und Abschlüsse wurden von Ihnen und Ihren Mitarbeitern sorgfältig und perfekt durchgeführt.

Sie haben unsere Erwartungen voll und ganz erfüllt. Aus den erwähnten Gründen und da auch jetzt nach dem Abschluss der Einführung eine weitere Betreuung Ihrerseits absolut gewährleistet ist, möchten wir uns recht herzlich bei Ihnen bedanken und empfehlen Sie und Ihr Team gerne weiter.

Mit freundlichen Grüßen

DRUCKHAUS »Thomas Müntzer« GmbH

Ulrich Rübelmann
Geschäftsführer

_Satz- und Mediengestaltung
_Opti-Copy
_Offsetdruck
_Großbuchbinderei
Ein Unternehmen der Beltz-Gruppe

Bankverbindung
Sparkasse Unstrut-Hainich
BLZ 820 560 60
Kto-Nr. 0611 000 024

Geschäftsführer
Ulrich Rübelmann
Dr. Manfred Beltz Rübelmann
HRB Mühlhausen 641
USt-ID-Nr. DE 811 253 296

Abbildung 6: Referenzschreiben vom Druckhaus „Thomas Müntzer“

campus
Frankfurt / New York

Campus Verlag GmbH
Kurfürstenstr. 49
60486 Frankfurt am Main
Tel. 069/97 65 16-0
Fax 069/97 65 16-77
www.campus.de
info@campus.de

Telefon-Durchwahl:
069/97 65 16-803
E-Mail:
hick@campus.de

Campus Verlag · Postfach 90 02 63 · 60442 Frankfurt

Herrn
Jürgen Hauser
Allianz Presseversorgung
Überführungsstr. 2

68766 Hockenheim

10. Februar 2004

Lieber Herr Hauser,

die Wahl Ihrer Person als Partner für die Einführung der betrieblichen Altersversorgung im Campus-Verlag hat sich als richtig erwiesen. Sie haben für die Mitarbeiter Präsentationsveranstaltungen abgehalten, bei denen Sie die steuerlichen Vorteile anschaulich verdeutlicht haben und konnten alle fachlichen Fragen profund beantworten.

Die Mitarbeiter fühlten sich bei den anschließenden Einzelberatungen von Ihnen gut und seriös beraten, weil Sie auch jeweils individuell passende Einzellösungen erarbeitet haben. Die Tatsache, dass rund 70% der Mitarbeiter der Pensionskasse beigetreten sind, spricht für sich!

Positiv aufgefallen ist außerdem, dass Sie auch nach Vertragsschluss bei auftauchenden Fragen jederzeit ein zuverlässiger Ansprechpartner sind.

Ich kann Sie insofern nur jederzeit für die Einführung einer betrieblichen Altersversorgung empfehlen.

Beste Grüße,

Thomas Carl Schwoerer

Deutsche Bank Mannheim · Konto 5826300 · BLZ 670 700 10 · Postbank Frankfurt · Konto 343560-606 · BLZ 500 100 60
HRB Frankfurt 14835 · Verkehrsnummer 10998 · USt.Id.Nr: DE 114 131 238 · Geschäftsführer: Thomas Carl Schwoerer

Abbildung 7: Referenzschreiben vom Campus Verlag

Ihre Website

Wollen Sie in der Masse der Anbieter von betrieblicher Altersversorgung nicht negativ, sondern positiv auffallen, ja vielleicht nur den gängigen Standardanforderungen unserer Branche genügen, so ist meiner Auffassung nach heutzutage eine eigene Homepage unerlässlich. Ich bin der Meinung, dass sich eine finanzielle Investition von 2.000 bis 3.000 Euro – mit diesem Betrag müssen Sie rechnen, um Ihren Internetauftritt optimal zu gestalten – absolut auszahlen wird. Statt Ihnen nun ausführlich zu beschreiben, wie ich mir einen guten Internet-Auftritt vorstelle, können Sie sich meinen unter www.bAV-hauser.de anschauen. Vielleicht haben Sie Lust, mir eine E-Mail zu schreiben und mir Ihre Meinung zur Website mitzuteilen? Ich bin ständig an Verbesserungen interessiert! Meine E-Mail-Adresse lautet: hauser@tcc-hauser.de

Ihre E-Mail-Adresse

Wenn Sie auf Ihrer Geschäftskarte eine gmx-, eine freenet- oder eine t-online-Adresse abgedruckt haben, wirkt dies längst nicht so professionell als wenn die eigene Firma in der Mail-Adresse steht. Warum? Weil dem Kunden wiederum der Eindruck einer „Wohnzimmer-Agentur" vermittelt wird. Auch diese – geringe – Investition lohnt sich um Ihr Image zu verbessern. Meine E-Mail-Adresse lautet deshalb:
hauser@presseversorgung-hauser.de.

Karitative Aktionen zu Weihnachten

Jahrelang habe ich meine Kunden und Multiplikatoren, wie Geschäftsführer, Personalleiter, Personalsachbearbeiter und Sekretärinnen zu Weihnachten mit schönen Geschenken verwöhnt. Zum einen jedoch ist die Logistik extrem aufwendig, da ich jeweils individuell passende Geschenke besorgt habe, und zum anderen können Sie das Geld auch sinnvoller einsetzen und somit auch wieder etwas für Ihren Leumund und guten Ruf und eben zusätzlich auch für Bedürftige tun:

Die folgende Karte ließ ich zum Weihnachtsfest 2005 drucken und schickte sie mit einem Flyer zum Hilfsprojekt des Rotary Clubs Hockenheim in Sri Lanka an meine Kunden:

Quelle: Eigene Darstellung

Abbildung 8: Weihnachtskarte Teil 1

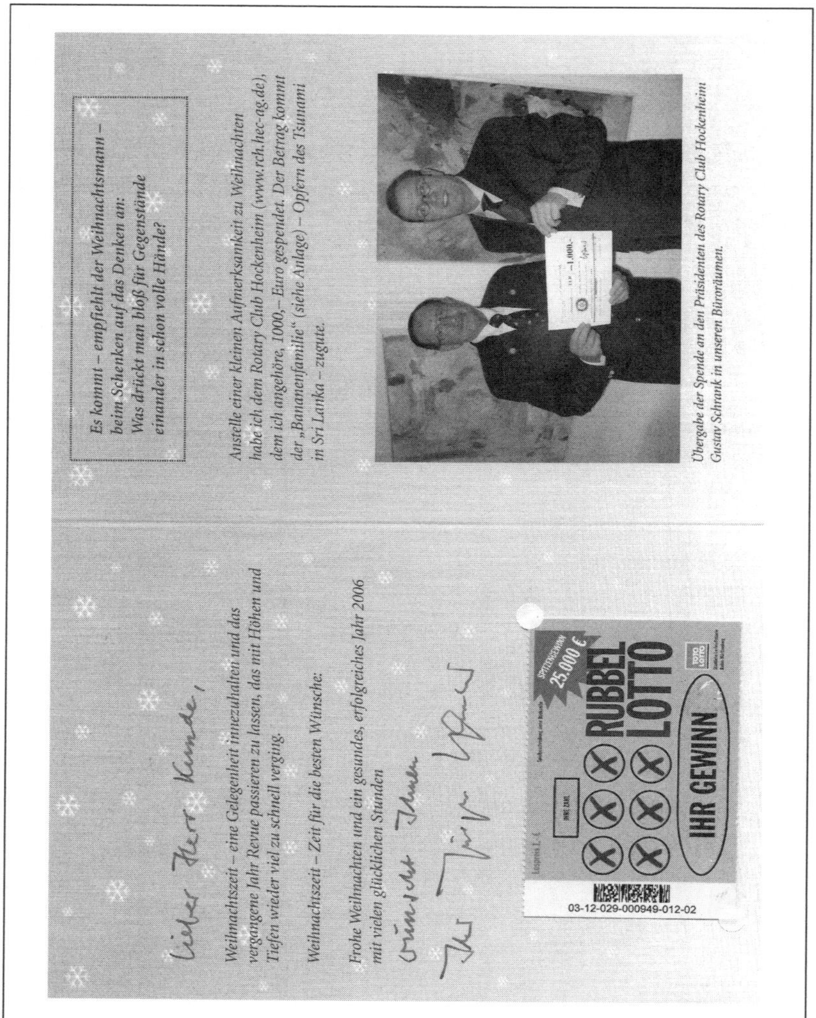

Quelle: Eigene Darstellung

Abbildung 9: Weihnachtskarte Teil 2

Aufgrund der Resonanz weiß ich, dass diese Idee sehr gut bei meinen Kunden ankam.

Begeistern Sie Ihre Kunden!

Findet eine dressierte Ratte in einem Labyrinth fünfmal keinen Käse, geht sie einen anderen Weg. Was ist daran so sensationell? Nun, ein Mensch kann 20 und mehr Jahre auf Käse warten und wiederholt ständig dasselbe unbrauchbare Verhalten. Da gibt es beispielsweise Menschen, die seit Jahren den Wecker auf 6 Uhr morgens stellen, aber trotzdem nie vor 7 Uhr aufstehen. Also gilt es auch für uns neue Wege zu gehen, wenn unser eingeübtes Verhalten nicht zum Ziel führt.

Beispiel

Im Dezember 2004 erhielt ich eine Empfehlung für eine Gesellschafter-Geschäftsführer-Versorgung. Da der Vertrag so schnell wie möglich noch im alten Jahr abgeschlossen werden sollte, drängte die Zeit und man bat mich um einen Termin am nächsten Morgen. Von meinem Empfehlungsgeber wusste ich, dass bereits ein Angebot eines – allerdings schwachen – Mitbewerbers vorlag, welches der potenzielle Kunde auch gewillt war zu akzeptieren. Die Möglichkeit mich entsprechend auf den Termin vorzubereiten, hatte ich leider nicht, denn der potenzielle Kunde war nicht gewillt mit offenen Karten zu spielen und mir im Vorfeld das Angebot des Mitbewerbers zu faxen. Was also tun? Ich ging in meinem Büro in das Zimmer, in dem ungewöhnliche Geschenke auf Vorrat lagern, und entnahm dem Regal einen Koffer aus durchsichtigem Kunststoff, gefüllt mit zerschredderten DM-Scheinen im Wert von € 50.000. Diesen Koffer steckte ich in meinen ledernen Aktenkoffer, fuhr zum Kunden und eröffnete das Gespräch wie folgt: *„Herr Sälzler, es war gut für Sie, dass Sie entschieden haben, sich noch ein Angebot von mir einzuholen.“* Ich öffnete meine Aktentasche, entnahm dieser den „Geldkoffer“ und stellte ihn mit den Worten: *„Ich habe Ihnen heute schon ´mal symbolisch die Ersparnis mitgebracht, die ich für Sie erwirtschaften werde*!“ auf den Besprechungstisch. Mein Kunde war perplex, lachte und – das Eis war gebrochen! – zeigte mir das Angebot des Mitbewerbers.

Wollen Sie also im Verkauf von betrieblicher Altersversorgung erfolgreicher sein als der Markt, gilt es Ihren Kunden durch Flexibilität, Kreativität, frische Ideen und neues Verhalten zu begeistern.

Wie wichtig Fähigkeiten wie Kreativität und Begeisterung im Verkauf sind, zeigt die Geschichte von den drei Geschäftsinhabern im Einzelhandel, deren drei Schaufenster nebeneinander liegen und deren Geschäfte aufgrund der Konjunktur gleichermaßen schlecht laufen. Um den Umsatz anzukurbeln, hängt der Inhaber des linken Geschäftes ein Schild mit dem Wort „Schlussverkauf" in sein Fenster. Der Kaufmann, dem das rechte Geschäft gehört, sieht dies und kontert, indem er ein Schild mit dem Wort „Räumungsverkauf" in seinem Fenster befestigt. Der dritte Geschäftsinhaber jedoch, der den mittleren Laden betreibt, war wohl der Cleverste der drei: er überlegte eine Weile und hängte dann ein Schild auf, auf dem steht: „Haupteingang!".

Kreativität ist für Ihren Erfolg beim bAV-Verkauf außerordentlich wichtig! Wenn Sie sich hoffentlich weigern wollen, die Rezession mitzumachen und stattdessen lieber Ihre eigene Konjunktur ankurbeln möchten, erfahren Sie im nächsten Kapitel wie dies funktioniert.

3. Wahl der Zielgruppe: Wen wollen Sie betrieblich versorgen?

„Wenn du merkst, dass Du ein totes Pferd reitest, steig ab!“
Weisheit der Dakota-Indianer

Falls Ihnen Ihre bisherigen Vertriebsaktivitäten nicht den erhofften Erfolg bescherten, lag es vielleicht daran, dass Sie „auf Ihrem Pferd“ in eine Sackgasse geritten sind, in der Ihr Pferd auch noch starb – ohne, dass Sie dies zunächst bemerkten.

Vielleicht haben Sie

- sich dann eine stärkere Peitsche besorgt?
- eine Spezial-Einheit gebildet, um das Pferd wiederzubeleben?
- Leute von außerhalb eingekauft, die angeblich tote Pferde reiten können?
- Vergleiche unterschiedlicher toter Pferde angestellt?
- die Kriterien geändert, die besagen, dass ein Pferd tot ist?
- mehrere tote Pferde gemeinsam angeschirrt, damit Sie schneller werden?
- sich andere Orte gesucht, um zu sehen, wie man dort tote Pferde reitet?
- ein Motivationsprogramm für tote Pferde entwickelt?[41]

Dass nichts von dem funktionieren kann, haben Sie bemerkt. Es gilt also Strategien zu entwickeln, die Ihnen auf das *richtige* Pferd verhelfen.

„Die Praxis ist das Haarfärbemittel für die graue Theorie.“

Fliegende Blätter

Beispiel

Versehentlich versuchte auch ich kürzlich ein totes Pferd zu reiten. Aufgrund des Berufes der zu versorgenden Arbeitnehmer, hatte ich jedoch angenommen mein toter Gaul sei ein quicklebendiges Rennpferd und verspräche einen vernünftigen Ertrag – falsch! Der erfolglose Ritt auf der verendeten Mähre war die Einrichtung der arbeitnehmerfinanzierten bAV in einem *Altenpflegeheim*. Dass die Alten immer älter werden und die Heimkosten häufig durch deren Kinder oder das Sozialamt bezahlt werden, weiß doch niemand besser als die Menschen, die diese täglich pflegen und so als erste dem Thema bAV voll umfänglich zugänglich sein sollten. Also präsentierte ich in gewohnter Manier vor der Belegschaft – wie, sehen Sie im 8. Kapitel. Danach lag die Bereitschaft eine Einzelberatung in Anspruch nehmen zu wollen, bei gerade einmal 30%. Hier rechnete ich jeweils ein Angebot über 4% der Beitragsbemessungsgrenze und – jetzt ging mein Pferd endgültig ein – hatte eine Rückktrittsquote von 60%. Der Rest der Abschlusswilligen setzte den Monatsbeitrag auf Beträge um die € 50 herunter. Als ich im Vorfeld der Arbeitgeberin eine vermutete Abschlussquote von 80% nannte, lachte diese und sagte: „Sie kennen meine Mitarbeiter nicht!" und wettete um eine Flasche Champagner, dass die Erfolgsquote nicht höher sein würde als oben beschrieben. Sie behielt recht. Konsterniert bat ich die Arbeitgeberin um die Möglichkeit bei einer Betriebsversammlung erneut 15 Minuten Zeit zu bekommen und versuchte etwas völlig Neues. Statt wie üblich zu präsentieren, nahm ich einen Mitarbeiter mit und spielte – quasi aus dem Hut – einen Sketch mit ihm. Ich nannte ihm, der den Arbeitnehmer spielte, vor der Belegschaft eine zu erwartende soziale Rente von € 900 und fragte ihn, ob er damit überleben könnte was er verneinte. Dann sagte ich zu ihm: „Herr Laudat, Sie wohnen doch in Heidelberg. Dort sind die Mieten nicht eben billig, oder? Nehmen wir einmal an, Sie können sich im Alter Ihre Wohnung nicht mehr leisten und müssten unter einer der zahlreichen Neckarbrücken nächtigen. Darf ich Sie bitten sich einmal auf den Boden zu legen? Gut so, ich decke Sie jetzt – wir haben Januar – mit der BILD-Zeitung zu. Ist es Ihnen warm genug? Nein? Okay, dann tauschen wir die BILD-Zeitung gegen eine Samstagsausgabe der F.A.Z. aus, aber die kostet eben bereits

1,70 €. Ist es Ihnen jetzt warm genug? Immer noch nicht? Was würden Sie nun tun, Herr Laudat?“ Er stand auf und zog eine täuschend echt aussehende Spielzeugpistole aus der Jackentasche und erwiderte: „Dann kann ich mich eigentlich nur noch erschießen…!“ Mit den Worten: „Aber nicht doch, Herr Laudat, da habe ich eine Lösung für Ihre zu erwartende Altersarmut!“, nahm ich ihm die Waffe ab. Nun wandte ich mich an die anwesenden Altenpflegerinnen und -pfleger: „Wer von Ihnen im Alter nicht auch unter der Brücke Selbstmord begehen möchte, kann sich nun zu einer Einzelberatung anmelden!“ Einige wenige Mitarbeiter mobilisierte die Szene so, dass sie sich persönlich beraten lassen wollten, die Masse nicht. Was lernen wir daraus?

Merksatz:
Die Abschlussquote bei der arbeitnehmerfinanzierten bAV steigt proportional mit dem Intelligenzquotienten des zu beratenden Arbeitnehmers.

Dieser Merksatz ist weder böse noch zynisch gemeint, sondern diese Wahrheit resultiert ganz einfach aus der Vertriebspraxis heraus. Berücksichtigen Sie dies bei der Wahl Ihrer Zielgruppe! Denn wenn Ihr zu beratender Arbeitnehmer noch nicht einmal die Tageszeitung liest, wird er um die Notwendigkeit vorzusorgen auch nichts wissen oder wissen wollen. Und er ist weder bereit auf sein Handy zu verzichten noch den Zweitwagen abzumelden, um mit dem Ersparten Altersvorsorge zu betreiben.

3.1 bAV: Wer soll das alles verkaufen?

Ein Politiker steigt hektisch in ein Taxi ein. Der Taxifahrer fragt seinen Fahrgast: „Na, wo soll es denn hingehen?"
Der Politiker antwortet: „Egal, ich werde überall gebraucht!"

Gott sei Dank: Genauso wie dem selbstbewussten Volksvertreter geht es uns bAV-Verkäufern: Warum? Wir werden auch so ziemlich überall gebraucht! Nun, die Frankfurter Allgemeine Zeitung schrieb am 30. Oktober 2003, dass die Deutschen sich Sorgen um ihre finanzielle Zukunft machen würden und deswegen zunehmend bereit wären, privat vorzusorgen. Zunehmender Beliebtheit erfreut sich nach einer Emnid-Studie die betriebliche Altersversorgung: Mittlerweile haben rund 45 Prozent der Bundesbürger eine bAV abgeschlossen, fünf Prozentpunkte mehr als vor zwei Jahren, rund zwölf Prozent der Befragten planen den Abschluss einer bAV. Schauen wir uns die Torte, die vor uns steht, doch einmal genauer an:

Wie viele erwerbs*fähige* Personen gibt es in der Bundesrepublik? 42 Millionen Menschen. Rechnen wir all die heraus, für die der Abschluss einer bAV nicht infrage kommt, also Arbeitslose, Hausfrauen- und -männer, Beamte und Selbständige, bleiben noch 27 Millionen sozialversicherungspflichtige Arbeitnehmer, welche die Vorteile des Paragrafen 3.63 EStG in Anspruch nehmen können. Wie erwähnt planen zwölf Prozent davon eine bAV abzuschließen. Also 3.240.000 Millionen Menschen sind bereits jetzt abschlusswillig! Der Rest der Befragten ignoriert entweder die sich umkippende Alterspyramide oder hat bislang noch keine Ahnung von den Vorteilen der Entgeltumwandlung. Goldene Zeiten für uns, liebe Kolleginnen und Kollegen, goldene Zeiten!

Da wir also überall gebraucht werden, bleibt nur die Frage: *„Wo anfangen?"*

Sind Sie auch Zwangsmitglied Ihrer örtlichen Industrie- und Handelskammer? Dann erhalten Sie, wie ich, in regelmäßigen Abständen das „Wirtschaftsmagazin" Ihrer IHK. In der Ausgabe des „Wirtschaftsmagazins" der Rhein-Neckar-Region vom Februar 2004 las ich den folgenden Artikel:

Mannheimer Modehaus Engelhorn schaut auf schwieriges Jahr zurück – Es waren die schwierigsten zwölf Monate seit 40 Jahren

Die Modebranche kämpft mit massiven Schwierigkeiten. Um zehn bis zwölf Prozent sei der Umsatz im Bereich Textilien branchenweit in diesem Jahr rückläufig. Auch wenn es ärgerlich sei, manchmal sei Druck von außen nötig, um Veränderungen herbeizuführen, beschrieb Fabian Engelhorn die Bestrebungen des Modehauses, das Unternehmen für die Zukunft fit zu machen. „Wir wollen mehr Geschmack, Profil und Stil.“, so beschrieb der junge Manager, der gemeinsam mit Andreas Hilgenstock seit März 2003 die vierte Generation in der Engelhorn-Geschäftsführung repräsentiert, die Pläne.... Im laufenden Geschäftsjahr, das Ende Februar 2004 endet, rechnet das Unternehmen mit einem Umsatz von 130 Mio. €; bis jetzt liegt das Minus bei fünf Prozent. Man schreibe jedoch schwarze Zahlen. Die Zahl der Arbeitsplätze wurde auf 70 bis 80 Prozent reduziert. Im Moment arbeiten 1.100 Angestellte für Engelhorn, was umgerechnet 750 Vollzeitstellen entspricht....

Welche Informationen, die wir für die Akquise nützen können, erhalten wir in diesem Bericht?

1. Es liegt nahe, dass das Unternehmen Geld – also auch Lohnnebenkosten – sparen möchte, da es ein „schwieriges Jahr“ hinter sich hat.
2. Fabian Engelhorn ist ein „junger Manager“, der wohl aufgeschlossener sein mag als ein älterer Herr. Dies ist für die Akquise nützlich.
3. Eine Firma mit 1.100 Mitarbeitern birgt lohnendes Potenzial.
4. Im Einzelhandel sind überwiegend Frauen beschäftigt, die aus vielerlei Gründen sowieso weniger Beitragszeiten in der gesetzlichen Rentenversicherung belegt haben, und deswegen sind deren Versorgungslücken im Alter besonders hoch.

5. Da diese Damen häufig in Teilzeit beschäftigt sind, sind sie in der Regel in der ungünstigen Steuerklasse 5 eingruppiert. Dies hat umgekehrt für die Beschäftigten den Vorteil, dass die staatliche Bezuschussung bei der Entgeltumwandlung besonders hoch ist.

Wenn Sie also die betriebliche Altersversorgung auf der „grünen Wiese" verkaufen möchten, brauchen Sie nur aufmerksam die Zeitung zu lesen und Sie werden feststellen, dass Sie täglich ähnlich interessante Informationen „anspringen" werden. Sie werden dieses Akquisepotenzial gar nicht abarbeiten können!

Hand aufs Herz: Ist Ihnen diese Form der Akquise zu anstrengend oder wissen Sie – noch – nicht, wie Sie die Sache angehen sollen? Darüber sprechen wir im nächsten Kapitel ausführlich und ich werde Ihnen Wege aufzeigen, wie Sie auf eine vielleicht einmalige Art und Weise Interesse bei Ihrem potenziellen Kunden wecken können.

Wenn Ihnen allerdings Kaltakquise ganz und gar nicht liegt, dann gibt es aber für Sie zugegebenermaßen auch einfachere Wege Geschäft zu generieren, denn sicherlich kennen Sie eine gewisse Anzahl an Menschen.

3.2 Nutzen Sie Ihre Kontakte

„Es ist häufig nützlicher, viele zu kennen, als viel zu wissen."
Robert Lembke, deutscher Journalist (1913 – 1989)

Ihr ganz persönliches Umfeld kann Ihnen wunderbar helfen, Geschäft zu generieren. Wenn Sie Ihr Netzwerk zur Akquise nutzen möchten, gilt es zunächst eine Bestandsaufnahme zu machen. Beantworten Sie sich die folgenden Fragen:

✓ Wen kenne ich?

✓ Welchen Nutzen kann ich aus meinen Kontakten ziehen?

✓ Wer kann mir weiterhelfen?

- ✓ Wo gibt es Multiplikatoren für mich?
- ✓ Mit wem kann ich eine „strategische Allianz", ähnlich wie die Putzerfische mit den Haien, eingehen?

Machen Sie also zunächst eine Bestandsaufnahme:

- Ich kenne aus meinem Kundenbestand zum Beispiel:
  - Arbeitnehmer,
  - Personalleiter,
  - Betriebsräte,
  - Personalräte,
  - Steuerberater,
  - Rechtsanwälte,
  - Geschäftsführer,
  - Vorstände.
- Menschen, bei denen ich regelmäßig Geld ausgebe, kenne ich in folgenden Bereichen:
  - Lebensmittel-, Haushaltswarengeschäfte,
  - Büroausstatter,
  - Geschäfte, die mir in letzter Zeit Rechnungen schickten,
  - Arzt, Zahnarzt, medizinische Geschäfte,
  - Apotheken, Drogerien.
- Ich kenne aus meiner Schul-, aus meiner Wehrdienstzeit, Ausbildungs- und Hochschulzeit:
  - Schulkameraden, Verbindungsbrüder, Kommilitonen,
  - Eltern von Schulkameraden,
  - ehemalige Kameraden der Wehr- oder Zivildienstzeit,
  - Teilnehmer von Kursen und Lehrgängen.
- Ich kenne vom heutigen bzw. früheren Arbeitsplatz:
  - Kunden,
  - Angehörige von Berufsverbänden,
  - Seminar-, Kurs- und Lehrgangsteilnehmer.

- Ich kenne durch meinen Ehepartner, durch meine Kinder:
  - Schulfreunde, Ausbildungs- und Berufskollegen,
  - deren Bekanntenkreis,
  - deren Organisationen,
  - Eltern von Spiel- und Schulkameraden meiner Kinder.
- Ich kenne aus meiner früheren und heutigen Nachbarschaft:
  - ehemalige Nachbarn,
  - Freunde und heutige Nachbarn,
  - Grundstückseigentümer,
  - Vermieter und Makler.
- Ich kenne vom Sport, vom Hobby, durch das Autofahren:
  - Sportkameraden, Vereinsmitglieder, fördernde Mitglieder,
  - Menschen mit gleichem Hobby,
  - Reparaturwerkstätten, Autozubehörgeschäfte,
  - Autoclubmitglieder.
- Ich kenne durch meine Urlaubsreisen:
  - Reiseveranstalter,
  - Gastronomen, Hoteliers,
  - Urlaubsbekanntschaften.
- Ich kenne Leute durch den Erwerb oder das Mieten eines Hauses, einer Wohnung oder eines Grundstücks:
  - Architekten, Bauunternehmer, Lieferanten,
  - Vorbesitzer, Vormieter, Hausverwalter, Notare, Rechtsanwälte,
  - Handwerker.
- Ich kenne Leute durch gesellschaftliche Ereignisse:
  - von Geburtstagen,
  - von Jubiläen,
  - von Partys und anderen Festen,
  - von Hochzeiten.

- Ich kenne über meine Mitarbeit in der Gemeinde, in Wohltätigkeitsverbänden, durch meine Mitgliedschaft in Organisationen und Klubs:
  - Gleichgesinnte,
  - Mitglieder, Förderer, Stifter, Vorsitzende.

Haben Sie eine Bestandsaufnahme gemacht? Gut so! Aber halten Sie sich an die folgenden Networking-Regeln, wenn Sie alte Kontakte auffrischen oder neue knüpfen wollen. Ansonsten werden Ihre Networking-Bemühungen wenig Erfolg haben.

Networking-Regeln

1. Erwarten Sie nicht von jedem Kontakt, dass er sich sofort auszahlt: Gras wächst auch nicht schneller, wenn man daran zieht.
2. Frischen Sie auch alte Kontakte auf, obwohl vielleicht viel Zeit seit dem letzten Treffen verstrichen ist. Warum fangen Sie nicht mit einem Anruf an?
3. Benutzen Sie Ihr Beziehungsnetz, um wiederum alte Kontakte zu Personen aufzufrischen, zu denen momentan keine echte Verbindung mehr besteht.
4. Wenn Sie jemandem einen Gefallen tun, lassen Sie es die andere Person wissen. Stellen Sie Ihr Licht nicht unter den Scheffel!
5. Nutzen Sie die Zeit anderer konstruktiv und für den anderen gewinnbringend. In Verbindung bleiben, heißt nicht anderen lästig zu werden.
6. Lassen Sie Ihr Beziehungsnetz nicht löchrig werden. Suchen Sie Möglichkeiten, Kontakt zu halten.
7. Revanchieren Sie sich für jede Gefälligkeit, die man Ihnen erweist, sofort. Besser noch: Kommen Sie der Aufforderung zuvor, indem Sie ungefragt etwas für andere tun.

8. Erlauben Sie nur dann jemanden, sich auf Sie zu berufen, wenn Sie völlig sicher sind, dass er oder sie Ihren Namen nicht missbraucht.
9. Horten Sie Gefälligkeiten, die man Ihnen schuldet und seien Sie sehr vorsichtig, wenn Sie etwas zurück haben wollen.
10. Schlagen Sie nicht alle Türen hinter sich zu, wenn Sie aufbrechen, um die Welt zu erobern. Es kann passieren, dass Sie zurückkommen müssen und alte Kontakte auffrischen wollen.
11. Lassen Sie niemanden im Stich, der in ein Tief geraten ist. Schon bald könnte er wieder ganz oben sein.
12. Bleiben Sie Mensch. Der beste Weg, sich selbst zu helfen, ist Ihre Beziehungen zu nutzen, um anderen zu helfen.

Nun möchte ich Sie mit einer Networking-Technik bekannt machen, die ich ständig erfolgreich anwende. Es handelt sich um die stressfreieste und sanfteste Form der Kaltakquise.

3.3 Betreiben Sie „Huckepack-Networking"

Der Begriff „Huckepack-Networking" meint als Bild Folgendes: Sie kennen jemanden, der einen für Sie interessanten Kontakt hat. Nun bitten Sie Ihren Bekannten Sie quasi auf „seinen Schultern" zu Ihrem Wunsch-Gesprächspartner „zu tragen", d. h. eine Verbindung für Sie herzustellen. Als ich mich vor vier Jahren selbständig machte, bin ich genauso vorgegangen wie beschrieben. Ich habe bei Null angefangen und hatte nicht einen einzigen Kunden. Zunächst habe ich eine umfangreiche Bestandsaufnahme gemacht und habe bestehende Kontakte akquiriert. Gleichzeitig habe ich zusätzlich intensiv überlegt, wer die richtigen Kontakte hat, um mir bei der bAV-Akquise zu helfen. Ein Kundenbestand zur Existenzgründung war gar nicht notwendig, nein, ich wollte keinen, da ich aufgrund der Verwaltungstätigkeiten, die dieser mit sich gebracht hätte, nicht zu einer zielgerichteten Akquise gekommen wäre.

Wenn Sie nun also, wie auch ich damals, eine Bestandsaufnahme Ihrer Beziehungen gemacht haben, werden Sie feststellen, dass Ihr Netzwerk wohl größer ist als Sie vielleicht vermutet hätten. Schön!

Wenn Sie kein ausgesprochener Freund der Kaltakquise sind und sich das Leben leicht machen möchten, stellen Sie sich nun die alles entscheidende Frage:

- *Wer kennt den, den ich gerne kennen lernen möchte?*

Ich bin Anhänger der Theorie, dass Sie über eine Kontaktkette von nur fünf Menschen einen Kontakt zu jeder Person der Welt herstellen können. Würde ich beispielsweise Bill Clinton eine persönliche Nachricht aushändigen lassen wollen, würde ich diese meinem Schwager schicken, der in den USA lebt. Dieser kennt sicherlich ein Mitglied der Demokratischen Partei, dieser wiederum den Vorsitzenden der Demokraten seiner Heimatstadt, der wiederum einen demokratischen Senator kennen dürfte, der die Nachricht an den ehemals mächtigsten Mann der Welt übergeben könnte.

Ich möchte Ihnen zunächst ein Beispiel geben, damit Sie wissen wie man Akquise per „Huckepack-Networking" betreiben kann:

Beispiel

In meiner vorherigen Tätigkeit als Filialdirektor bei einem Krankenversicherer wollte ich einem meiner Agenturpartner nach dem In-Kraft-Treten eines der vielen Gesundheitsreformgesetze helfen, mehr Krankenversicherungen zu verkaufen. Ich schrieb in diesem Zusammenhang einen mir unbekannten Heilpraktiker an, dessen Anschrift in den Gelben Seiten stand. Mein Ziel war es, dass der Heilpraktiker uns im Umfeld seiner Patienten Krankenzusatzversicherungen vermittelt. Der Brief lautete folgendermaßen:

Sehr gegehrter Herr Molitor,

aufgrund des Gesundheitsreformgesetzes haben die gesetzlichen Krankenkassen ihren Versicherungsschutz weiter eingeschränkt. Gera-

> de ihre Leistungen als Heilpraktiker werden ja ungerechtfertigterweise nicht anerkannt.
>
> Wir möchten Ihnen einen Weg aufzeigen, wie künftig Ihre Patienten die von Ihnen erbrachten Leistungen erstattet bekommen.
>
> Aus diesem Grund wird sich unser Mitarbeiter Herr Görtz in den nächsten Tagen mit Ihnen in Verbindung setzen.
>
> Mit freundlichem Gruß
>
> Jürgen Hauser

Schreiben potenzielle Multiplikatoren aufgrund solcher Briefe normalerweise zurück? Leider nein. Drei Wochen später erreichte mich der folgende Antwortbrief des Heilpraktikers:

Beispiel

> Sehr geehrter Herr Hauser,
>
> dankend erhielt ich Ihr Schreiben vom 17.4. mit dem Hinweis, dass einer Ihrer Mitarbeiter mit mir einen Besprechungstermin vereinbaren würde, um mir einen Weg aufzuzeigen, wie künftig meine Patienten die von mir erbrachten Leistungen erstattet bekommen. Die Terminabsprache ist bis jetzt nicht erfolgt. Ich wäre aber an einem bald möglichen Termin interessiert und erwarte dahingehend Ihre baldige Antwort.
>
> Mit freundlichen Grüßen
>
> Hans Molitor

Die einzig angebrachte Frage, die ich meinem Agenturpartner danach stellen musste, war, ob er seine Agentur neuerdings wegen Reichtum geschlossen hätte, da er nicht wie vereinbart Kontakt mit dem Heilpraktiker aufgenommen hatte und diesen für sich Krankenzusatzversicherungen im Umfeld seiner Patienten vermitteln ließ.

Ein weiteres Beispiel aus meiner beruflichen Praxis im ersten Monat meiner selbständigen Tätigkeit gibt die folgende Geschichte wieder:

Beispiel

Der mit mir befreundete Architekt, der mein Haus baute, verfügt über eine Vielzahl an potenziell gewinnbringenden Kontakten. Einer von vielen war der zu dem Inhaber der größten Steuerberatungs- und Wirtschaftprüfungsgesellschaften in der Gegend. Mein Freund, der Architekt, dem ich meinen Wunsch vortrug diesen Herrn gern kennen zu lernen, um mit ihm zusammenzuarbeiten, vereinbarte gerne einen Termin. In diesem ersten Gespräch, das der Architekt, der Steuerberater und ich führten, war dieser gerne bereit, mir entsprechendes bAV-Klientel zu vermitteln – ohne Provision zu verlangen. Bislang arbeitete er mit keinem Finanzdienstleister zusammen: An zwei meiner Kollegen, die Mandanten bei ihm waren, wollte er aus prinzipiellen Gründen kein Geschäft vermitteln. Die Zustimmung zu einer Zusammenarbeit mit mir resultierte ausschließlich aus der Empfehlung seines besten Freundes, denn mein Leumund war für ihn die alles entscheidende Größe!

Haben Sie Kontakte, ist es für Sie also leichter als Sie vielleicht glauben mögen, wenn Sie sich sinngemäß demjenigen „auf den Rücken setzen dürfen“, der Sie an Ihr Ziel bringt. Beantworten *Sie* sich also nun die entscheidende Frage:

- *Wer kennt den, den ich gerne kennen lernen möchte?*

Sollten Sie erfolgreich für einen oder mehrere Versicherer betriebliche Altersversorgung vermitteln, so könnten Sie das das Folgende praktizieren:

Versuchen Sie herauszufinden, bei welchen Firmen Ihr Versicherer Kunde ist und Geld ausgibt: für Druckstücke, Verbrauchsmaterialien, Möbel, Lampen, welche Handwerker er beschäftigt etc. Als ich diese Fragen einem kompetenten Ansprechpartner bei meinem Versicherer stellte, erhielt ich sofort eine Liste mit entsprechenden Firmen. Und da diese Firmen Kunden bei meinem Versicherer sind, liegt es nahe, dass ich gemäß der

Reziprozitätsregel – Sie erinnern sich – beste Chancen haben werde, ins Geschäft zu kommen.

3.4 Bilden Sie strategische Allianzen

Strategische Allianzen können entstehen, wenn Sie Huckepack-Networking betreiben, allerdings ist die zusätzliche Voraussetzung für eine solche strategische Allianz, dass Ihr Networking-Partner das gleiche Ziel hat wie Sie: Entweder führen Sie sich gegenseitig Neukunden zu oder Sie beteiligen Ihren Partner direkt an Ihrem Profit, wenn er Ihnen die Türen öffnet, die Sie nicht hätten aufschließen können. Und das kann so funktionieren:

Beispiel

Einer meiner besten bAV-Kunden berät als Unternehmensberater Krankenhäuser zur Prozessoptimierung. Er erstellt Gutachten, wie Operationssäle optimal ausgelastet werden, welche medizinischen Geräte langfristig den höchsten Nutzen versprechen etc. Da ich in der Zielgruppe der Heil- und Pflegeberufe aktiv tätig werden möchte, führte ich ein langes Gespräch mit meinem Kunden, zu dessen Beginn ich ein „Brikett“ mit 1.000 geschredderten 1.000-DM-Scheinen mit der Aufschrift „1.000.000 DM“ vor ihm auf den Tisch legte und machte ihm klar, dass er deutlich mehr Geld verdienen könne, wenn er für mich Kontakte zu Personalleitern von Krankenhäusern herstellen würde. Sein Blick wanderte während unseres Gespräches immer wieder zu dem ehemaligen Vermögen – sein Interesse war geweckt – und sehr schnell entstand ein wunderbares Konzept, wie wir zu unserer beider Nutzen zusammenarbeiten könnten.

3.5 Arbeiten Sie zielgruppenorientiert

„Zwei ganz verschiedene Dinge behagen uns gleichermaßen: die Gewohnheit und das Neue.“

Jean de La Bruyère, französischer Schriftsteller (1645–1696)

Dass der Mensch widersprüchlich ist, ist altbekannt. In den 360 Jahren, die zwischen dem Geburtstag des Spruchautors und heute vergangen sind, mag sich die Wirklichkeit, in der wir leben, wesentlich verändert haben – das Wesen des Menschen ist jedoch gleich geblieben: Einerseits fühlen wir uns im Gewohnten zu Hause und sicher und sind nicht unbedingt bereit, unsere Komfortzone, also den Bereich, den wir kennen und in dem wir uns wohl fühlen, zu verlassen, um zu neuen Ufern aufzubrechen. Andererseits reizt uns aber häufig das Neue, das, was wir noch nicht haben und nicht kennen.

Wenn Sie neue Techniken, um erfolgreich zu sein, reizen, und Sie aus diesem Grunde bereit sind, Ihre Komfortzone zu verlassen, dann sollten Sie sich intensiv mit dem Gedanken auseinandersetzen sich auf *eine* Zielgruppe zu konzentrieren. Sicherlich, wenn Sie seither überall jeden bedient haben, wird Ihnen die Konzentration auf eine Zielgruppe wahrscheinlich schwer fallen, aber es lohnt sich, weil die folgenden Argumente dafür sprechen:

- Innerhalb einer Zielgruppe lernen Sie die Bedürfnisse, Probleme, Wünsche und besonderen Verhältnisse in diesem Segment kennen und können sich so immer besser darauf einstellen – im Interesse Ihrer Klientel.
- Gute (und schlechte!) Dienstleistungen werden innerhalb der gleichen Kommunikationsgemeinschaft wesentlich schneller und häufiger verbreitet als über Zielgruppen-Grenzen hinweg, da man sich untereinander kennt.
- Die Wahrscheinlichkeit, dass Sie bei guter Arbeit innerhalb einer Zielgruppe weiter empfohlen werden, ist deshalb ungleich höher, als wenn Sie sich überall gleichermaßen tummeln.
- Sie werden schließlich zum Experten in Ihrer Zielgruppe, was zur Folge haben wird, dass der Neukunde irgendwann von selbst kommen wird.

Beispiel

Als ich mich auf die Zielgruppe der Medienfachleute spezialisierte, tat ich dies, weil ich als Autor eine „natürliche Affinität" zu Medienfachleuten habe und hoffte, die Akzeptanz meiner Person in dieser Zielgruppe auch wegen meiner freiberuflichen Tätigkeit als Autor und Journalist schnell herstellen zu können. Denn Medienfachleute sind kommunikativ, in der Regel offen und überdurchschnittlich gebildet. So weit, so gut. Wie aber nun an das Geschäft kommen? Da half mir der Zufall: Ich hörte von meinem Versicherer, dass man bei einem der größten deutschen Verlage eine bAV eingerichtet habe – allerdings mit einem Tarif, welcher keine Provision und deshalb keine individuelle Beratung der Mitarbeiter durch den Außendienst vorsah, da den Mitarbeitern die günstigsten Konditionen, nämlich der Haustarif, angeboten wurden. Beratungen wären durch die Personalabteilung abzuarbeiten gewesen. Niemand meiner Kollegen zeigte Interesse, hier ohne Vergütung zu beraten – außer mir. In einem ersten Gespräch mit dem Verleger thematisierte ich sehr schnell, dass ich, ohne Courtage oder Provision zu erhalten, arbeiten würde. Der Verleger fragte mich, warum ich dazu bereit wäre. Meine Antwort lautete: „Herr Deutsch, ich habe mich vor wenigen Wochen selbständig gemacht und möchte mich auf die Zielgruppe der Medienfachleute spezialisieren. Gerne gehe ich in Vorleistung und berate Ihre Mitarbeiter. Ich habe nur eine Bitte: Sollten Sie schließlich mit dem Ergebnis meiner Arbeit zufrieden sein, wären Sie dann bereit, mir ein gutes Empfehlungsschreiben auszustellen?" Herr Deutsch stimmte zu. Und so ging ich an die Arbeit und beriet rund 150 Mitarbeiter in 30minütigen Einzelgesprächen. Natürlich konnte ich auch weitere Produkte, wie BU-Renten und Krankenversicherungen verkaufen, was dazu führte, dass ich nicht auch noch Geld zuschießen musste. Schließlich – mein Empfehlungsschreiben hatte ich wie versprochen erhalten – wurden Teile des Verlages verkauft und auch in der neuen Konzernmutter konnte ich tätig werden und einen zwar immer noch hoch rabattierten, jedoch auch für mich noch lohnenswerten Tarif in der bAV implementieren. Ich habe immer und überall die Erfahrung gemacht, dass es lohnenswert ist, in Vorleistung zu gehen. Meine Bemühungen haben sich immer ausgezahlt.

Wenn auch Sie zielgruppenorientiert arbeiten möchten, müssen Sie hierzu einige Gesetze beachten. Bevor wir uns ab dem nächsten Kapitel intensiv mit der verkäuferischen Praxis beschäftigen, ist es aber zunächst unbedingt notwendig sich das theoretische Rüstzeug zuzulegen.

Die engpasskonzentrierte Strategie (EKS)

„Präzise planen kostet in der Regel auch nicht mehr Energie als träumen, wünschen und hoffen."

Henry Cohen, Rabbiner (1863–1952)

Die „engpasskonzentrierte Strategie"[20] zeigte in den 60er Jahren auf, dass die außergewöhnlich Erfolgreichen grundsätzlich anders denken und handeln als die durchschnittlich Erfolgreichen. Sie denken nicht zuerst an ihren Gewinn, sondern daran, wie sie den Nutzen für ihre Zielgruppe und Umwelt steigern können. Ein allen bekanntes Beispiel ist ALDI: Die Inhaber, die Herren Albrecht, konzentrierten alle Kräfte und Maßnahmen darauf, das Preis-Leistungs-Verhältnis zu verbessern, also den Nutzen für die Kunden zu vergrößern. Durch den größeren Nutzen wuchs ganz automatisch die Nachfrage und mit der Nachfrage wuchsen die Kapazitätsauslastungen, die verkauften Stückzahlen und vor allem die „Verhandlungsmacht" in Bezug auf die günstigsten Einkaufspreise. Alles zusammen vergrößerte die Bewegungsfreiheit, um das Preis-Leistungs-Verhältnis und damit die Anziehungskraft auf Kunden immer noch weiter zu verbessern – kurz gesagt: Je konsequenter man seinen Nutzen für seine Zielgruppe und Umwelt steigert, desto stärker verbessern sich so ziemlich alle betriebswirtschaftlichen Parameter schon von selbst – und das schneller und stärker als auf dem „üblichen" Weg. Das Gleiche ist auch in jeder anderen Branche und jedem anderen Beruf möglich. Allerdings geht es nicht immer darum, der Billigste zu werden, sondern darum, das von seiner Zielgruppe jeweils am brennendsten empfundene Problem bzw. das am stärksten empfundene Kaufhindernis genauer zu analysieren als seine Mitbewerber und überzeugend besser zu lösen. Wie dies bei dem Vertrieb der bAV funktionieren kann, schauen wir uns gleich an.

Apropos „brennendstes Problem“: Haben Sie schon einmal von Red Adair gehört? Der im Jahr 2004 verstorbene Texaner war Feuerwehrmann. In jungen Jahren arbeitete er auf Ölplattformen und spezialisierte sich in dieser extremen Umgebung auf die Löschung von Bränden. Immer neue und ausgefeiltere Techniken entwickelte der wegen seiner roten Haarpracht „Red“ genannte Adair. Im Laufe der Jahre wurde er zum einzigen auf der Welt existierenden Spezialisten für die Bekämpfung von Bränden jedweder Art. Legendär wurde er, nachdem er in der Sahara einer seit 6 Monaten brennenden Gasquelle Herr wurde, die „Teufels Zigarrenanzünder“ genannt wurde. Und als schließlich nach dem ersten Irak-Krieg die Ölquellen in Kuwait brannten, konnte nur Adair Abhilfe schaffen – für ein Millionen-Dollar-Salär, denn er war *der einzige Spezialist der Welt* für diese Aufgabe!

Wie sich diese Spezialisierung auf den Verkauf von betrieblicher Altersversorgung übertragen lässt, schauen wir uns jetzt an.

Vier goldene Regeln

„Leidest Du unter der Beschränktheit Deiner Möglichkeiten, so nutze den Leidensdruck, um sie zu erweitern.“

*Hans Kruppa, deutscher Lyriker und Schriftsteller (*15.2.1952)*

Wenn Sie als Vermittler von bAV glauben,

- Sie können nur über soundso viel Einkommen verfügen, weil die Konjunktur nicht mehr hergibt und
- Sie so an Ihren materiellen Möglichkeiten wenig ändern können,

irren Sie gewaltig! Denn bestimmt haben Sie auch Träume, an deren Verwirklichung Sie arbeiten können, falls Ihnen Ihr Leben vielleicht gerade zu eng, zu beschränkt oder zu eingefahren erscheint. Der Glaube an die eigenen Möglichkeiten hilft Ihnen doppelt: Sie erkennen plötzlich, wo sich noch etwas verbessern lässt und so wird Ihre Routine aufgebrochen. Dadurch erfüllt Sie eine neue aufkeimende Kraft, die Sie andere Perspektiven einnehmen lässt, die oft weit über den konkreten ersten Schritt hinausreichen.

▶ *Regel Nr. 1:* Konzentrieren Sie sich auf Ihre soziale Grundaufgabe, nämlich die Versorgung im Alter zu sichern, nicht auf das Produkt.

Frank Schirrmacher schreibt im Klappentext seines Buches *„Das Methusalem-Komplott"*[21]*: „Die Menschheit altert in unvorstellbarem Ausmaß. Wir müssen das Problem unseres eigenen Alterns lösen, um das Problem der Welt zu lösen."* Es scheint sich herumgesprochen zu haben: Unsere Alterspyramide kippt um, weil die jungen Leute immer weniger Kinder bekommen und die alten Menschen sich hingegen überproportional stark zu vermehren scheinen. Wie dramatisch sich dies darstellt, liest sich bei *Frank Schirrmacher* so:

„Gleichzeitig werden die jüngeren Generationen, die 30- und 40-Jährigen, schon von der Altersangst infiziert sein. Wie während der großen Pest, mit deren Folgen die uns bevorstehende Bevölkerungsverschiebung verglichen wurde, werden womöglich....Revolten entstehen, angesichts der irrwitzigen Vorsorgepflichten, die jeder für sein eigenes Alter und das Altern der anderen treffen muss. Schließlich – während all das geschieht – werden die 80- und 90-Jährigen den am schnellsten wachsenden Teil der Bevölkerung bilden."

Erlauben Sie mir einen kurzen Exkurs in einen „Grundkurs Demografie"[22], um Ihnen zu verdeutlichen, wie existenziell wichtig unser Beruf für die Zukunft der Bundesrepublik Deutschland ist:

Dass Deutschland ein Demografieproblem hat, ist bekannt. Was das bedeutet und welch dramatische Auswirkungen dies auch für Sie, lieber Leser, aber auch für alle Ihre Kunden, haben wird, nicht unbedingt.[23] Allein zwischen den Jahren 2001 und 2003 nahm die Zahl der unter

15-jährigen um 460.000 Menschen ab, während die der über 65-jährigen um 800.000 zunahm. Hätten diese jungen Menschen alle zum Beispiel in Nürnberg gewohnt, wäre diese Stadt jetzt von der Landkarte verschwunden. Dagegen wäre Frankfurt an anderer Stelle wieder neu aufgebaut worden – voll mit 650.000 Senioren! Und eine Stadt in der Größenordnung Potsdams obendrauf – in nur zwei Jahren! Im gleichen Zeitraum nahm die Zahl der Alleinstehenden um 700.000 zu, während die Zahl der Verheirateten um 600.000 abnahm. Hochgerechnet verabschiedet sich also Deutschland in 66 Jahren vom letzten Ehepaar. Am Beispiel der gesetzlichen Rentenversicherung lässt sich die Größe der anstehenden Reformaufgaben veranschaulichen. Die Wurzel des Problems ist der Anstieg des Altersquotienten um den Faktor zwei bis drei bis zur Jahrhundertmitte. Die Konsequenz ist, dass der heute schon zu hohe Beitragssatz bei Beibehaltung des jetzigen Rentenniveaus – also dem Verhältnis der Durchschnittsrenten zum Durchschnittseinkommen – entweder auf mehr als das Doppelte steigen oder das Rentenniveau bei unverändertem Beitragssatz auf weniger als die Hälfte gesenkt werden muss. Eine Wahl zwischen Pest und Cholera – oder eine Mixtur aus beidem. Wollte man den Anstieg des Altersquotienten – die Konsequenz der niedrigen Geburtenrate – durch die Einwanderung Jüngerer stoppen, müssten bis zum Jahr 2050 188 Millionen Menschen nach Deutschland ziehen, Arbeit finden und Beiträge in die soziale Rentenversicherung bezahlen. Eine andere Möglichkeit wäre die Anhebung des Ruhestandsalters auf 73 Jahre. Das demografische Zahlenwerk der Rentenreform Norbert Blüms beruhte auf der grotesken Annahme, dass die Lebenserwartung in Deutschland vom 1. Januar 2000 an konstant bliebe. Die Öffentlichkeit hat diese Absurdität nicht registriert. Eine der größten gesellschaftlichen Herausforderungen wird es – gerade für uns Berater zur betrieblichen Versorgung – also sein, den Menschen zu vermitteln, dass sauber, satt und trocken im Alter die Mindestanforderungen an Lebensqualität sein sollten. Auch wenn ein Pflegesatz in Deutschland aktuell 3.000 € kostet, sind selbst diese Mindestanforderungen oft nicht erfüllt. Persönliche Ansprache? Meist Fehlanzeige. Jeder Bürger wird also dazu gezwungen werden, seine Konsumpläne zu überdenken. So krass es klingen mag, so wahr ist es: mancher Bundesbürger, der bislang nicht für das Alter vorgesorgt hat, sollte lieber sein Auto abmelden und in eine betriebliche Versorgung investieren, will er im Alter nicht am Hungertuch nagen. Dennoch: Länger leben kann eine wirkliche Freude sein. Man muss es sich nur leisten können. Dafür zu sorgen ist unsere Aufgabe, weil eine ganze Generation lernen muss, morgen mit den Folgen ihrer Entscheidung von gestern zu leben – auch im Hinblick auf fehlende Kinder. Wenn Sie nun also die erste Regel beherzigen und sich auf die soziale Grundaufgabe konzentrieren wollen, immer dafür Sorge tragen zu wollen, dass Ihre Kunden eine optimale Altersversorgung erhalten, dann können Sie dies künftig losgelöst vom jeweiligen Verfahren – also auch vom jeweiligen Durchführungsweg in der betrieblichen Altersversorgung – tun. Denn Gesetze werden sich ändern, so wie es beispielsweise die Direktversicherung in der alten Form nach § 40b EStG nicht mehr gibt, sondern diese jetzt nach § 3.63 EStG besteuert wird. Dies ist allerdings ohne Relevanz! Denn Ihre Aufgabe ist es nun, unabhängig vom Durchführungsweg und künftigen Gesetzesänderungen, sich immer zum Ziel zu setzen, Ihre soziale Grundaufgabe gegenüber Ihrem Kunden zu lösen, nämlich seine Versorgung im Alter zu sichern. Schon Goethe wusste: *„Willst du glücklich sein auf Erden, trage bei zu anderer Glück, denn der Nutzen, den wir geben, kommt auf uns selbst zurück".*

- *Regel Nr. 2*: Konzentrieren Sie sich nicht in die Breite des Fachgebietes sondern in die Tiefe.

Dr. Matthias zur Bonsen bestätigte in seiner Dissertation „Das Prinzip der Kräftekonzentration in der Unternehmungsstrategie" (Hochschule St. Gallen, 1985), dass auf dem von der engpasskonzentrierten Strategie gelehrten Weg jeder Mensch und jeder Betrieb um ein Mehrfaches erfolgreicher werden kann als er bislang ist. Wir leben in komplexen Systemen. Unser Körper, unser Gehirn, aber auch Unternehmen, Markt, Wirtschaft und Umwelt sind komplexe Systeme. In komplexen Systemen sind alle Vorgänge und Probleme teils sichtbar, teils unsichtbar miteinander vernetzt. In ihrer Vernetzung gibt es Punkte – sozusagen Knoten – ganz verschiedener Wirkung. In manchen Punkten ist schon die Wirkung kleiner Kräfte groß, in anderen die Wirkung selbst großer Kräfte gering. Je komplexer ein System ist, desto weniger hängt die Wirkung der eingesetzten Kräfte von ihrer Größe ab, sondern umso mehr von der Fähigkeit, in der

Vernetzung der Vorgänge und Probleme den jeweils wirkungsvollsten Punkt zu kennen und zu treffen. Durch genaueres Zielen können Kleinere und Schwächere selbst sehr viel Größeren und Stärkeren überlegen werden und Durchschnittsmenschen können erfolgreicher werden als Genies. Dieses Prinzip gilt auch für alle anderen komplexen Systeme und damit auch für die Unternehmen, die Märkte, die Volkswirtschaften und die Menschheit insgesamt. Bisher allerdings mehr durch Zufall oder Intuition als aus exaktem Wissen um die Zusammenhänge.

Übertragen wir diese Regel auf unseren Beruf, so wird schnell Folgendes deutlich:

Es ist heute völlig unmöglich, ein Experte in den gängigsten Versicherungssparten zu sein, die der Firmenkunde benötigt. Allein die Kfz-Versicherung mit all ihren Besonderheiten ist für mich ein nicht zu durchdringendes Labyrinth. Aus diesem Grund kümmern sich in meiner Agentur konsequent drei Kundenbetreuer um alle privaten Versicherungssparten, wohingegen mein Büroleiter und ich ausschließlich im Bereich der betrieblichen Altersversorgung tätig sind – der Büroleiter im Innendienst, ich im Außendienst.

Wenn Sie also erfolgreich bAV verkaufen wollen, dann vergessen Sie – auch wenn es weh tut! – alle anderen Versicherungssparten und werden zum Experten auf diesem Gebiet.

▶ *Regel Nr. 3:* Konzentrieren Sie sich „spitz" statt „breit" auf Teil-Zielgruppen.

Sinnvoll ist es, Zielgruppen zu teilen.

Beispiel

> In Regensburg hatte ein kleinerer Möbelhändler im Wettbewerb mit den Möbel-Großmärkten fast aufgeben müssen. Nach einer sorgfältigen Analyse seiner bisherigen Käuferschicht konzentrierte er sich auf eine für ihn besonders Erfolg versprechende Teilgruppe der Möbelkäufer: die Arztpraxen. Durch Spezialisierung auf die speziellen Bedürfnisse der Ärzte gewann er hier in kurzer Zeit einen überzeugenden Vor-

> sprung und schließlich die Markführerschaft. Weil er als Spezialist alle für diese Zielgruppe wichtigen Innovationen schneller entdecken und nutzen kann, kommen heute die Möbelgroßmärkte, selbst wenn sie wollten, nicht mit.

Kurz gesagt, wer zu klein oder zu schwach ist, um im Wettbewerb mit den Großen zu bestehen, braucht sich nur „spitzer" auf eine geeignete Teilgruppe zu spezialisieren, um hier trotz seiner schwächeren Kräfte den Größeren überlegen zu werden Selbst, wenn man als Unternehmen noch klein, jung und noch nicht etabliert ist, könnte man gegenüber speziellen Zielgruppen Vorteile besitzen. Man muss nur konsequent nach seiner individuellen Eigenart – seiner speziellen Stärke – gegenüber den Mitbewerbern suchen, statt die erfolgreicheren Konkurrenten einfach nur nachzuahmen. Aber was ist, falls die Kräfte und Mittel zu sehr beschränkt sind? Es gibt zwei verschiedene Wege, um den Erfolg zu beschleunigen:

- *Erster Weg:* Der bislang immer noch übliche Weg ist es, sich immer noch stärker anzustrengen, immer noch mehr zu lernen und immer größere eigene Kenntnisse, Ideen und Kreativität zu entwickeln. Manchmal kommt man dann aufgrund der Vielzahl der Ideen nicht mehr zum Handeln.
- *Zweiter Weg:* Es werden Kooperationen eingegangen, um den Mangel an bestimmten Kenntnissen, Ideen oder Mitteln zu kompensieren. Denn: Was einem selbst fehlt, haben andere oft im Überfluss!

Der zweite Weg verspricht weitaus mehr Erfolg! Erstens wachsen die Kenntnisse, Ideen, Kräfte und Mittel sehr viel schneller und zweitens werden schon zwei oder drei strategische Partner, die das gleiche Ziel fokussieren und zusammenarbeiten, sozusagen „am gleichen Strang ziehen", überproportional erfolgreicher sein als jeder für sich allein im besten Falle werden kann.

Vor allem aber: Der erste Weg ist begrenzt. Der Versuch, durch die Vergrößerung seiner Anstrengungen die immer stärkere Ausbeutung seiner Produktionskräfte zu steigern, stößt schnell an Grenzen und man ist schnell überfordert. Auf dem zweiten Weg lassen sich Vorsprung und Erfolg dagegen grenzenlos steigern. Bei richtiger Strategie wächst mit jedem weiteren Kooperationspartner der Erfolg, mit dem Erfolg die soziale Anziehungskraft und Dank der wachsenden Anziehungskraft wird es immer leichter, weitere Kooperationspartner zu gewinnen. Denn diese kommen im weiteren Verlauf ganz von selbst.

▶ *Regel Nr. 4:* Gehen Sie auf die Lücken zu, nicht auf die Menge!

In dem Buch „Anleitung zum Unglücklich sein“ des berühmten Psychologen Paul Watzlawick findet sich die Geschichte „Der verlorene Schlüssel oder „mehr desselben““, die treffend beschreibt, was Regel Nr. 4 meint:

„Der verlorene Schlüssel oder ‚mehr desselben'“

Unter einer Straßenlaterne steht ein Betrunkener und sucht und sucht. Ein Polizist kommt daher, fragt ihn, was er verloren habe, und der Mann antwortet: „Meinen Schlüssel.“ Nun suchen beide. Schließlich will der Polizist wissen, ob der Mann sicher ist, den Schlüssel gerade hier verloren zu haben, und jener antwortet: „ Nein, nicht hier, sondern dort hinten – aber dort ist es viel zu finster.“

Finden Sie das absurd? Wenn ja, suchen auch Sie am falschen Ort. Der „Vorteil“ ist nämlich, dass eine solche Suche zu nichts führt, außer zu *mehr desselben,* nämlich zu nichts.

Die vierte Regel lehrt, sich Zielgruppen zuzuwenden, die bislang noch wenig bedient werden. Warum mag so etwas im fünften Jahr der Existenz des „Gesetzes zur Verbesserung der betrieblichen Altersversorgung“ wohl noch der Fall sein? Nun, die Antwort ist einfach: Je komplexer das Problem der Zielgruppe ist, desto weniger Berater richten ihren Blick auf diese. Warum? Ganz einfach: Dazu ist sehr viel Fachwissen nötig. Ein Artikel aus dem „VersicherungsJournal“[24] beschreibt sehr treffend was ich meine:

> **Neue bAV-Zielgruppen und ihre Tücken** Die vertriebliche Praxis in der betrieblichen Altersversorgung (bAV) wird seit Anfang des Jahres 2005 durch das Alterseinkünftegesetz maßgeblich beeinflusst. Chancen und Hürden erläutert Cord Brockmann, Geschäftsführender Gesellschafter der TPC The Pension Consultancy GmbH.

Mit der Einführung des Alterseinkünftegesetzes erhält die bAV eine noch breitere Plattform. Viele Vermittler werden nach dem Abschöpfen der besonderen Rahmenbedingungen 2004 im Privatkundengeschäft ihr Heil nun verstärkt in der betrieblichen Altersversorgung suchen

Doch dieser Markt hat sich in den letzten Jahren dramatisch verändert. Hier herrscht inzwischen in fast allen populären Marktsegmenten ein spürbarer Verdrängungswettbewerb, der kontinuierlich an Stärke zunimmt.

Die neue Komplexität, die nun ebenfalls mit dem Alterseinkünftegesetz Einzug gehalten hat, bietet für Neueinsteiger kaum noch eine Plattform für die ersten Schritte in diesen Spezialistenmarkt. Den reinen bAV-Produktverkauf von Direktversicherungen oder Pensionskassen gibt es – außer bei Kleinstkunden – kaum noch.

Schon heute dominiert der Wettbewerb der Konzepte und der dokumentierbaren Umsetzungskompetenz. Aussagekräftige Referenzen aus den jeweiligen Branchen werden von Kunden immer häufiger schon im Vorfeld des Ersttermins nachgefragt und das Mittel der Ausschreibung von bAV-Leistungen wird zunehmend auch von kleineren Mittelständlern genutzt.

Die Zeiten, in denen ein Neueinsteiger parallel lernen, wachsen und Geld verdienen konnte, sind endgültig vorbei. Der Großteil des bAV-Marktes entwickelt sich zum „closed shop“ im Sinne der schon heute etablierten Spezialisten.

Teilmärkte bieten auch Neulingen noch Einstiegschancen

Bestimmte Berufsgruppen waren bislang einfach nicht im Fokus der etablierten Anbieter. Gewachsene Kontakte zu Verbänden oder ähnlichen Interessenvertretungen, gepaart mit einem besonderen Zugang und einem tiefen Verständnis für die Bedürfnisse und die Sprache dieser Arbeitnehmergruppen, können hier noch eine größere Rolle spielen, als eine ausgewiesene bAV-Spezialkompetenz.

In den meisten Fällen ist allerdings auch hier das Versprechen einer bundesweit einheitlichen Betreuung abzugeben, die wiederum eine eigene Organisation in der Umsetzung erfordert. „Nebenbei" lassen sich in der bAV zukünftig kaum noch Geschäfte machen.

Zu einem echten unternehmerischen Bekenntnis im Sinne eines Neu-Startes, gibt es keine Alternative. Generell gilt es allerdings festzuhalten: Je kleiner der Teilmarkt, desto geringer ist der aktuelle Wettbewerb. Und hier sind noch einige interessante Felder unbesetzt oder unzulänglich betreut.

Wachstumsmarkt Nummer eins: der öffentliche Dienst

Die großen Versicherungen und bAV-Spezialisten sind sich in der Einschätzung des Potenzials im Feld des öffentlichen Dienstes einig: Der öffentliche Dienst ist der größte bAV-Wachstumsmarkt der kommenden zehn Jahre. Immer mehr öffentliche Arbeitgeber ermöglichen ihrer Belegschaft eine zusätzliche Altersversorgung über die private Versicherungswirtschaft.

Dabei ist nicht grundsätzlich der Ausstieg aus den Versorgungssystemen Versorgung Bund und Länder (VBL) oder Zusatzversorgungskassen (ZVK) eine notwendige Bedingung. Im Gegenteil, die bisherigen Angebote und Leistungen sind so oder so in die Beratung von Arbeitgebern und Arbeitnehmern zu integrieren.

Eine einseitige Beratung führt auf der Belegschaftsebene zudem eher zu Verunsicherung und Orientierungslosigkeit, ist also kontraproduktiv. Außerdem scheuen viele Arbeitgeber des öffentlichen Dienstes aktuell die immensen Kosten, die mit dem Ausstieg aus VBL- oder ZVK-

Versorgungen verbunden sind. Häufig ist hier das Management des Übergangs gefragt.

Sehr interessantes Betätigungsfeld für Spezialisten

Allerdings ist diese ganzheitliche Beratung eher als das „Hochreck“ unter den bAV-Märkten zu sehen. Für den bAV-Spezialisten bietet sich hier gerade deshalb ein sehr interessantes Tätigkeitsfeld. Je höher die Beratungsintensität, desto geringer der Wettbewerb.

Dieser Umkehrschluss zur obigen Marktbeschreibung kann im Besonderen für den Bereich öffentlicher Dienst gelten. Mit der Kenntnis der klassischen Versorgungen, ihrer Vorteile und Grenzen, sowie mit der Fähigkeit einer anbieterübergreifenden Beratung lassen sich für Arbeitgeber und Arbeitnehmer des öffentlichen Dienstes erhebliche qualitative und ökonomische Vorteile darstellen.

Überdies zeigen die bisherigen Erfahrungen, dass die Individual-Beratungen der Arbeitnehmer hervorragend zu organisieren sind und das Leistungsangebot durch die Arbeitgeber ausdrücklich geschätzt und tatkräftig unterstützt wird.

Auch hier führt dennoch an einem klaren unternehmerischen Bekenntnis zu diesem Markt und seinen besonderen Anforderungen kein Weg vorbei. Kleinere Kommunen und kleinere kommunale Arbeitgeber zeigen häufig schon dieselben konzeptionellen und fachlichen Ansprüche wie die großen Unternehmen.

Insofern ist dies zwar sicherlich der bAV-Wachstumsmarkt Nummer eins, allerdings nur für die echten Profis oder die, die es jetzt mit großem Einsatz sehr schnell werden.

Ein Beispiel für die konsequente Anwendung der Regeln der engpasskonzentrierten Strategie ist das im Jahr 2002 gegründete Versorgungswerk der deutschen Krankenhäuser „KlinikRente".[25]

Die überwiegende Mehrheit der Krankenhäuser ist in das System der öffentlichen und kirchlichen Zusatzversorgung eingebunden. Bis zum 31.12.2002 sicherte die Zusatzversorgung den Arbeitnehmern, die langfristig im öffentlichen oder kirchlichen Dienst tätig waren, unter Anrechnung der Leistungen aus der gesetzlichen Rente bzw. der Standesversorgung eine Altersversorgung in Höhe von 91,75 Prozent der letzten Nettobezüge. Zusätzliche Versorgung über eine Entgeltumwandlung aus dem Bruttoeinkommen war also weder notwendig noch möglich. Zum 1. Januar 2002 erfolgte die Umstellung der Zusatzversorgung auf das so genannte „Punktesystem": Im Ergebnis wurden die Leistungen aus der Zusatzversorgung deutlich reduziert. Bei dieser Systemumstellung erhielten die älteren Jahrgänge Bestandschutz. Für die Mehrheit der 1,1 Mio. Beschäftigten in den Krankenhäusern tat sich schlagartig eine Versorgungslücke auf. Ein neues Bedürfnis in einer für diesen Bereich neuen Zielgruppe. In den Jahren 2002 und 2003 wurden für den Hauptteil der Beschäftigten tarifliche Regelungen für die Entgeltumwandlung etabliert.

In dieser Zeit des Umbruchs wurde das im Jahr 2002 auf Initiative des Bundesverbandes deutscher Privatkrankenanstalten e.V. gemeinsam mit dem Fachverband Betrieblicher Versorgungswerke gegründete Versorgungswerk KlinikRente für Einrichtungen aller Trägerschaften geöffnet. Damit war der Grundstein für einen trägerübergreifenden Branchenstandard gelegt. Allerdings kein leichtes Unterfangen, wenn man sich die Vielfalt im Bereich der Krankenhäuser genauer betrachtet:

1. Unterschiedliche Trägerschaften (Kommunal, Bund und Land, katholisch, evangelisch, andere frei-gemeinnützige und private).

2. Unterschiedliche Tarifbedingungen (BAT Bund/Land, BAT kommunal, AVR- Caritas, AVR- Diakonie, Haustarifverträge und viele weitere Spielarten von Tarifgestaltungen)

3. Unterschiedliche Zusatzversorgungskassen. Die Finanzierung der Zusatzversorgung erfolgt über 25 verschiedene Kassen, die unter-

schiedliche Beiträge, Umlagen, Sanierungsgelder, Sanierungsbeiträge oder Eigenbeiträge erheben.

Wie genau sich das Versorgungswerk KlinikRente nach den Regeln der engpasskonzentrierten Strategie ausgerichtet hat, sehen Sie anhand der vier dazugehörigen Regeln:

1. KlinikRente konzentriert sich auf das Kundenbedürfnis „Altersversorgung":
   Die Arbeitnehmer in der Zielgruppe haben seit der Systemumstellung eine deutliche Verschlechterung ihrer Altersversorgung, also eine neue Versorgungslücke. KlinikRente bietet genau dafür eine effektive Lösung in Form der Entgeltumwandlung. Die hierfür notwendigen Produkte werden den jeweiligen gesetzlichen Gegebenheiten angepasst und können sich verändern. Die Produktgestaltung ist auf die optimale Erfüllung der Bedürfnisse der Zielgruppe ausgerichtet. Derzeit liegen die Schwerpunkte auf den Produkten Pensionskasse, Direktversicherung und Unterstützungskasse.

2. KlinikRente konzentriert sich auf die Tiefe des Fachgebietes: Die oben geschilderte schwierige Situation der unterschiedlichen Träger, die Tarifvielfalt und die hohe Anzahl verschiedener Zusatzversorgungskassen macht ein umfassendes Know-how für die Kundenberatung erforderlich. Das Versorgungswerk KlinikRente bietet den kooperierenden Beratern dieses Spezialwissen und stellt es über Internet und Schulungsveranstaltungen zur Verfügung. Die Vertiefung dieses Wissens bringt auch der Zielgruppe selbst umfangreichen Zusatznutzen: Mehr als 1.000 Führungskräfte und Personalverantwortliche aus Krankenhäusern besuchten seit 2002 die Fachseminare, die gemeinsam mit dem Fachverband für betriebliche Versorgungswerke veranstaltet wurden.

3. KlinikRente löst die Probleme von Teilzielgruppen.
   Innerhalb der Zielgruppe gibt es Teilzielgruppen mit speziellen Bedürfnissen:

   – Beispiel: Einrichtungen, die Mitglied in einer kirchlichen Zusatzversorgungskasse sind: Hier werden durch den Arbeitgeber Pflichtbeiträge gezahlt, die die Möglichkeiten zur Entgeltumwandlung in mehreren Durchführungswegen einschränken. KlinikRente bietet die optimale Ergänzung, damit auch hier die Arbeitnehmer ausreichend Entgeltumwandlung betreiben können.

– Beispiel: Versorgung von Ärzten und leitenden Mitarbeitern: Die Gruppe der so genannten Besserverdiener musste die größten Einbußen hinnehmen. Zusätzlich wird immer mehr bekannt, dass auch Ärzteversorgungswerke Finanzierungsprobleme haben. Die hohen Versorgungslücken dieser besser verdienenden Arbeitnehmer erfordern aber spezielle Lösungen – hierfür wurde KlinikRente plus geschaffen. Die seit Januar 2005 bestehende Kooperation mit dem Verband der leitenden Krankenhausärzte e. V. zeigt den großen Bedarf an diesen speziellen Angeboten.

4. KlinikRente bedient die „Lücke“:
   KlinikRente bedient eine Zielgruppe, in der die Mehrheit der Arbeitnehmer bis Ende 2001 keine Entgeltumwandlung durchführen konnte.

KlinikRente löst das brennendste Problem der Zielgruppe:

Die oben beschriebene große Heterogenität der Zielgruppe ist für alle Beteiligten eine große Herausforderung. Einerseits müssen die eingesetzten Durchführungswege die bereits vorhandenen unterschiedlichen Zusatzversorgungskassen berücksichtigen. Andererseits muss mit dem Wechsel von Arbeitnehmern zwischen Krankenhäusern unterschiedlicher Trägerschaft oder unterschiedlicher Tarifbedingungen umgegangen werden. Das schwierige und komplizierte Umfeld in Sachen betrieblicher Versorgung ruft geradezu nach einer standardisierten Lösung für die Entgeltumwandlung. Mit der gesetzlich vorgeschriebenen Portabilität für Neuzusagen ab dem 01.01.2005 verschärft sich das Problem. Der Gesetzgeber hat zwar die gesetzlichen Rahmenbedingungen für eine Portabilität geschaffen, jedoch müssen auch die hierfür notwendigen Arbeiten getan werden. Dieser Verwaltungsaufwand lässt sich nur mit einem Branchenstandard gering halten, denn je komplexer das Umfeld ist, umso wichtiger wird eine standardisierte Lösung. Man stelle sich vor, im Computerbereich hätte sich kein Standard der Betriebssysteme durchgesetzt. Auch Unternehmen, die sich diesem Standard anfänglich verweigert haben, sind mittlerweile Anwender von Windows. So wird Zeit und Geld gespart. Da immer mehr Verantwortliche in den Krankenhäusern dies genau so sehen, schließen sich die Krankenhäuser zunehmend der Branchenlösung an. So schrieb das Versicherungsjournal schon zur Jahresauftaktveranstaltung von KlinikRente im Januar 2005: „KlinikRente ist der unangefochtene Marktführer im Krankenhaus." Diese Marktführerschaft hat KlinikRente erreicht, weil das Versorgungswerk für alle Beteiligten ganz im Sinne von EKS ein „Mehr" bietet.

- *Für die Krankenhäuser und deren Arbeitnehmer:*
  - mehr Sicherheit durch ein Trägerkonsortium,
  - mehr Einfachheit bei einem Arbeitgeberwechsel,
  - mehr Schnittstellen zu anderen Branchenversorgungswerken,
  - mehr steuerliche Möglichkeiten durch KlinikRente plus,
  - mehr zielgruppenspezifische Gestaltungsmöglichkeiten.
- *Für die Vermittler:*
  - mehr Akzeptanz bei den Geschäftsleitungen,
  - mehr Akzeptanz bei den Arbeitnehmern,
  - mehr Beteiligung der Arbeitnehmer,
  - mehr Unterstützung für die Vermittler,
  - mehr Marketing in der Zielgruppe,
  - mehr Ausbildung auf höchstem Niveau,
  - mehr Einfachheit in der Abwicklung.

Ein umfassendes Beispiel also, wie man professionell neue Zielgruppen erschließen kann.

Der einzigartige Verkaufsvorteil in den Augen Ihres Kunden

Wenn Sie nun also einige Ideen, die ich Ihnen bislang nahe gebracht habe, umsetzen wollen, benötigen Sie unbedingt zwei Dinge, um erfolgreich betriebliche Altersversorgung zu verkaufen:

- Sie benötigen ein einflussreiches, vielseitiges Kontaktnetz.
- Sie benötigen eine positive, wirksam übermittelte Botschaft für Ihre Kunden. Die Amerikaner sagen hierzu *„Unique Selling Proposition (USP)"* was übersetzt bedeutet: „Der einzigartige Verkaufsvorteil in den Augen meines Kunden."

Zwei für Sie wesentliche Dinge haben wir geklärt:

1. Ihr Kontaktnetz haben wir zu Anfang dieses Kapitels bereits ausführlich analysiert und ausgewertet.
2. Vielleicht wissen Sie nun auch schon, welche Zielgruppe Sie bedienen möchten.

Kommen wir also nun zu Ihrer positiven, wirksam übermittelten Botschaft für Ihre Kunden. Bitte beantworten Sie sich die folgenden beiden Fragen:

✓ Was ist das Hauptinteresse meiner Zielgruppe?

✓ Welche Stärken heben mich vom Markt ab?

Wenn Sie Ihre Antworten auf diese Fragen gefunden haben, müssen Sie wiederum die beiden folgenden Fragen beantworten:

✓ Wie brennend ist das Problem meiner Zielgruppe, das ich löse?

✓ Wie groß ist der sichtbare Problemlösungsvorsprung, den ich erreiche?

Wenn Sie sich mit der Beantwortung dieser Fragen schwer tun, hilft Ihnen sicherlich das nun folgende Beispiel, das verdeutlicht, wie Sie tatsächlich einen Expertenstatus aufbauen und es hier zur „Meisterschaft" bringen können.

Beispiel

Vor einiger Zeit habe ich einen Versicherungsmakler in einer Kleinstadt bei Magdeburg gecoacht. Meine Aufgabe war der Aufbau eines Expertenstatus im Bereich der betrieblichen Altersversorgung in Magdeburg mit den folgenden Besonderheiten: Es galt die Entgeltumwandlung für die Mitarbeiter in der Zielgruppe zu realisieren, zudem sollten die Arbeitgeber meinen Kunden weiter empfehlen.

Die beiden Wunschzielgruppen, die mein Kollege angehen wollte, waren Rechtsanwälte und Steuerberater. Folgende Strategie habe ich entwickelt:

1. Magdeburg mit 230.000 Einwohnern ist aufgrund der Konkurrenzsituation zu groß, um schnell einen Expertenstatus aufzubauen: Dort arbeiten bereits Hunderte Vermittler von betrieblicher Altersversorgung. Der Makler selbst wohnt allerdings in einer Kleinstadt in der Nähe Magdeburgs mit nur rund 30.000 Einwohnern, und somit ist sein Standort ideal, denn Sie wissen ja: Lieber der erste im Dorf sein, als der Zweite in der Stadt.

2. Anstatt zwei Zielgruppen gleichzeitig anzugehen – was die Gefahr sich zu verzetteln in sich birgt – empfahl ich dem Makler, lediglich eine Zielgruppe auszuwählen. Wir einigten uns auf die Steuerberater und deren Mitarbeiter,

- da diese noch besser als Rechtsanwälte als Multiplikatoren und Empfehlungsgeber im Bereich der betrieblichen Altersversorgung in Frage kommen,
- und sie selbst wie auch ihre Mitarbeiter aufgrund ihres steuerlichen Fachwissens schnell von der Entgeltumwandlung zu überzeugen sein werden.

3. Ich empfahl meinem Kunden, zunächst ein Gespräch mit seinem eigenen Steuerberater zu führen und ihm die folgenden Fragen zu stellen:

- Welche aktuellen Entwicklungen gibt es in seiner Branche?

- Welche Probleme hat die Zielgruppe?
- Welche Fachzeitschriften lesen Steuerberater?
- Welches Netzwerk – Zulieferer, Kooperationspartner, Verlage – haben Steuerberater?
- Wie sieht die berufsständische Versorgung über die Steuerberaterkammer aus?

4. Für meinen Kunden galt es nun, Folgendes abzuklären:

- Wie viele Steuerberater gibt es in der Heimatstadt meines Kunden?
- Auf welche Fachgebiete haben sich die einzelnen Steuerberater spezialisiert?
- Wie viele Mitarbeiter beschäftigen sie jeweils?
- Wie ist deren Leumund?
- Welcher Versicherer bietet Steuerberatern und deren Mitarbeitern die besten Konditionen im bAV-Bereich?
- Bei welchen Verlagen kann ich die Fachzeitschriften der Steuerberater abonnieren?

All diese Informationen könnte mein Kunde sicherlich von seinem eigenen Steuerberater erhalten.

5. Folgendes war nun zu unternehmen: Es ist – unter Umständen mit der Hilfe eines freiberuflichen Journalisten – ein Artikel zu schreiben über die Vorteile der betrieblichen Altersversorgung in der Zielgruppe der Steuerberater. Danach ist der Chefredakteur der Fachzeitschrift anzurufen, die Steuerberater regelmäßig lesen. Dem Chefredakteur ist zu vermitteln, dass die Zielgruppe des Maklers Steuerberater sind und dass er das beste Produkt im Bereich der betrieblichen Altersversorgung für diese Zielgruppe hat. Danach bittet man den Chefredakteur, den Artikel zu veröffentlichen.

6. Sobald die Zeitschrift erschienen ist, ist der Präsident der örtlichen Steuerberaterkammer anzuschreiben. Folgender Text würde sich anbieten:

„Sehr geehrter Herr Präsident,
erlauben Sie mir zunächst, dass ich mich Ihnen kurz vorstelle: Als Versicherungsmakler in X-Stadt habe ich mich auf die Implementierung von betrieblicher Altersversorgung bei Steuerberatern spezialisiert. Vielleicht haben Sie in der letzten Ausgabe Ihrer Fachzeitschrift meinen hierzu veröffentlichten Artikel gelesen, den ich Ihnen beifüge. Gerne würde ich bei Ihrer nächsten Zusammenkunft mit allen Steuerberatern aus Ihrer Kammer einen kurzen Vortrag zu diesem Thema halten und möchte Sie höflich um eine Einladung bitten."

7. Nun ist der Präsident anzurufen, damit Sie sich diesem persönlich vorstellen und noch einmal um eine Einladung für die Versammlung bitten können.

8. Bei dieser Versammlung tauschen Sie nach Ihrem Vortrag beim Small Talk Visitenkarten mit den Anwesenden aus und bitten den Präsidenten nach der Tagung um eine Teilnehmerliste.

9. Danach besuchen Sie all die Steuerberater, die Sie bei dem Treffen kennen lernten und stellen Ihr Konzept im Detail vor.

10. In Amerika gibt es den Begriff des „Spokesman of the industry", was nichts anderes bedeutet, als dass sich dieser „Sprecher" quasi als Lobbyist für die Interessen seiner Zielgruppe einsetzt. Lassen Sie uns folgendes Beispiel konstruieren:

Angenommen, die Regierung plant die Gebührenordnung der Steuerberater drastisch abzuwerten, könnten Sie einen Brief an alle örtlichen Mitglieder des Bundestages schreiben mit der Aufforderung: „Machen Sie das Gesetzesvorhaben sofort rückgängig!" und versenden diesen Brief in Kopie an alle Steuerberater in dem Ort, in dem Sie arbeiten.

Nehmen wir an, Sie wären jetzt der Makler in der Nähe Magdeburgs und ich frage Sie, lieber Leser:

> *„Können Sie sich wirklich ernsthaft vorstellen, dass sich Steuerberater und deren Mitarbeiter künftig sicher nicht zur bAV von Ihnen beraten lassen?"*

Fachwissen zur bAV haben Sie sicherlich ausreichend, denn natürlich ist es die unabdingbare Voraussetzung, um erfolgreich betriebliche Versorgung zu verkaufen. Überlegen Sie nun bitte, welche Werkzeuge Ihnen bei der Entwicklung Ihrer positiven Botschaft, die Sie benötigen, helfen können. Folgende Tools bieten sich hierzu an:

Checkliste für Materialien, die Ihnen bei der Entwicklung Ihrer positiven Botschaft helfen

- ✓ Briefe von zufriedenen Kunden
- ✓ Kommentare, Karten und Nachrichten von Kunden
- ✓ Fotos von Ihrem Büro
- ✓ Fotos von Ihnen und Ihren Kunden
- ✓ Fotos von Ihnen und Ihren Mitarbeitern
- ✓ Auszeichnungen, Zertifikate
- ✓ Zeitschriftenartikel, in denen Sie erwähnt werden
- ✓ selbst verfasste und veröffentlichte Artikel
- ✓ ein einseitiges, per Fax versendbares Informationsblatt
- ✓ Kassetten oder Videos, die Sie aufgenommen haben
- ✓ alle veröffentlichten Ankündigungen neuer Produkte oder Pressemeldungen
- ✓ eine Liste Ihrer Mitgliedschaften und Zugehörigkeiten
- ✓ Ihre aktuellen Broschüren, Rundschreiben oder Datenblätter
- ✓ Fragebögen
- ✓ Logos, Handelsmarken, Muster oder Entwürfe, die Sie eingesetzt haben

- ✓ Briefkopf und Briefpapier
- ✓ Prospekte
- ✓ Newsletter, Kundenbriefe oder ähnliche Publikationen, die Sie versenden
- ✓ Ihr schriftlich ausformuliertes Motto, Ihre Firmenphilosophie oder ein Serviceversprechen
- ✓ Präsentationsunterlagen, Dias und Overhead-Folien
- ✓ Werbebriefe
- ✓ allgemeine Unterlagen von Ihrem Verband oder Ihrem Netzwerk
- ✓ Artikel über Trends, die für Ihren Markt relevant sind
- ✓ Poster, Ausstellungsmaterial u.ä., das Sie auf Messen verwendet haben

Auf dem Weg zum Top-Verkäufer

„Besser auf dem rechten Weg hinken, als festen Schrittes abseits wandeln."

Der Heilige Augustinus, Ordensvater, Bischof, Kirchenlehrer (354 - 430)

In meinem Büro hängt der folgende Sinnspruch:

> „Ich weiß, wie ich meine Ziele erreiche:
> Ich überlasse die Dinge nicht so gern dem Zufall.
> Das ist wohl meine Natur.
> Ich mache mir lieber vorher Gedanken und plane dann.
> So weiß ich, was mich erwartet."

Diesen Sinnspruch lese ich zwangsläufig jeden Tag mehrere Male und versuche entsprechend dem Inhalt dieses Kapitels mein Handeln auszurichten. Folgendes Raster, das die jeweiligen Typisierungen des bAV-

Verkäufers zum Thema hat, hilft Ihnen zielgerichtet zu verkaufen. Dieses Raster bildet die jeweiligen Typisierungen von uns bAV-Verkäufern ab:

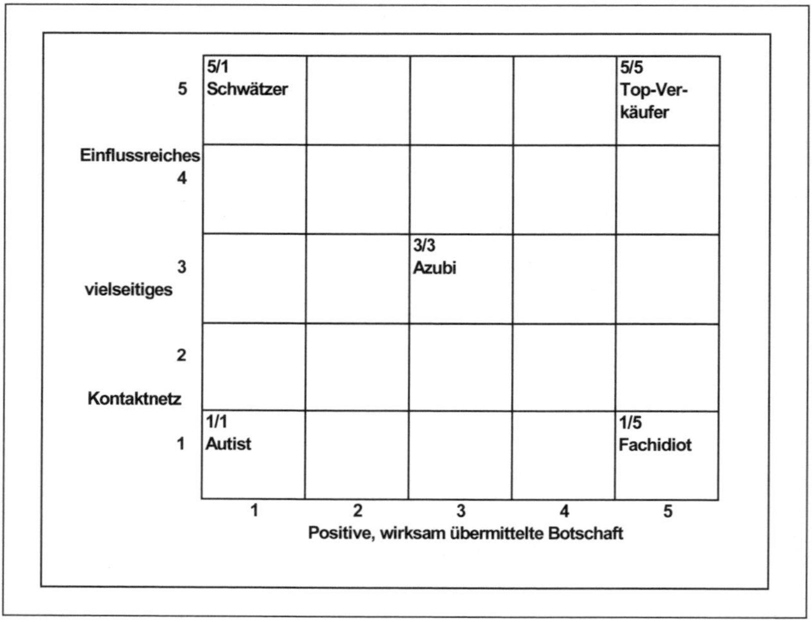

Quelle: Misner, Ivan R., Marketing zum Nulltarif – Mit Networking und Empfehlungsmarketing zu neuen Kunden, Moderne Industrie, Landsberg/Lech, 1999

Abbildung 10: Typisierung bAV-Verkäufer

Je nachdem, wie ausgeprägt Ihre Fähigkeiten im Bereich des Schaffens eines einflussreichen Kontaktnetzes und der Entwicklung einer positiven Botschaft bei Ihren Kunden sind, entwickeln sich folgende Ausprägungen:

- *Der „Autist“:*
  Der Autist hat weder Kontakte noch irgendeine Botschaft im Sinne von zielgruppenspezifischem Fachwissen und Nutzen für den potenziellen Kunden. Dieser „Autist“ ist im falschen Beruf und wird dies zwangsläufig bald erkennen müssen.

- *Der „Schwätzer“:*
  Beim „Schwätzer“ handelt es sich um den Typus des Versicherungsvermittlers, den man wohl von 10 bis 16 Uhr im Szene-Bistro antrifft: er kennt „Gott und die Welt“, kümmert sich jedoch beim Small Talk immer mehr um seine Selbstdarstellung als sich tatsächlich um Fachwissen, zielgruppenorientierte Ausrichtung und Akquise zu bemühen. Ihn wird das gleiche Schicksal ereilen wie den „Autisten“.

- *Der „Fachidiot“:*
  Der „Fachidiot“ hat wohl alle Fachbücher zur betrieblichen Altersversorgung gelesen, hat aber aufgrund seiner „autistischen“ Eigenschaften kein Kontaktnetz. Er will zwar große Beute machen, weiß aber nicht wo. Ihm kann man nur empfehlen, sich ein tragfähiges Beziehungsnetz aufzubauen und dann sukzessive zielgruppenorientiert vorzugehen.

- *Der „Azubi“:*
  Der „Azubi“ – der Name sagt es schon – ist auf dem richtigen Weg: er ist dabei, sich ein Beziehungsnetz aufzubauen und eignet sich auch sukzessive Fachwissen an. Mit dem „Azubi“ konnte ich mich vor vier Jahren, als ich mich selbstständig machte, identifizieren, weil ich versucht habe, Beziehungsnetz, Fachwissen und Zielgruppenorientierung sukzessive weiter zu entwickeln.

Haben Sie sich in den obigen Beschreibungen wieder gefunden? Dann können Sie nun gegebenenfalls Ihre Richtung korrigieren und den Weg zum Top-Verkäufer einschlagen.

Im folgenden Kapitel steht die Akquise im Vordergrund.

4. Akquise

„Das Leben ist eine Nuss. Sie lässt sich zwischen zwei weichen Kissen nicht knacken."

Arthur Miller, amerikanischer Dramatiker (1915 - 2005)

An die großen bAV-Geschäfte kommt man nicht, wenn man immer nur den leichtesten Weg wählt und einen hohen Arbeitsaufwand scheut. In Bezug auf das obige Zitat kann einem eine Nuss buchstäblich von oben in den Schoß fallen, wohingegen man Gold mühevoll schürfen und Diamanten tief aus der Erde holen muss. Aber wenn wir zum „Wesen" der Nuss vorstoßen wollen, müssen wir uns anstrengen, denn an den nahrhaften Kern gelangen wir nur, wenn wir den Widerstand der Hülle auf geeignete Weise überwinden. Dies gilt auch für die Akquise. So müssen wir auch die „Masken" der Menschen durchdringen, wollen wir das individuelle menschliche Wesen und seine Bedürfnisse verstehen. „Nüsse knacken" trainiert uns auf vielen Ebenen. Gelegenheiten dazu gibt es in unserem Beruf täglich!

In diesem Buch haben Sie bislang viel über Beziehungen zu Menschen gelesen, haben erfahren, wie wichtig Ihr Image für Ihren Erfolg ist und haben sich vielleicht nun bereits für eine Zielgruppe, die zu Ihnen und Ihrer Persönlichkeit passt, entschieden. In diesem Kapitel geht es nun um den wichtigsten Satz: den Umsatz! Jetzt gilt es, über die Firma, die Sie akquirieren möchten, möglichst umfassende Informationen einzuholen. Dies ist wichtig, um eine individuelle Ansprache des potenziellen Neukunden zu realisieren. Informationsquellen können Zeitungsartikel sowie eine Recherche im Internet sein. Abbildung 8 listet die möglichen Informationen sowie die sich daraus ergebenden Schlussfolgerungen auf.

Information	Mögliche Schlussfolgerung
Was verkauft bzw. welche Dienstleistung bietet das Unternehmen an?	Existieren hier Branchenlösungen zur bAV? Wie sehen diese aus?
Wer ist Mitglied der Geschäftsführung?	Gibt es im Internet weitere Informationen zu diesen Personen?
Wer ist kaufmännischer Leiter?	Dieser wird unter Umständen mein Ansprechpartner sein.
Wie viele Mitarbeiter beschäftigt das Unternehmen?	Lohnt sich die Akquise quantitativ überhaupt? Oder überfordert sie meine Vertriebskapazitäten?
Gibt es Tochterunternehmen?	Wo sind die Standorte? Sind diese für mich noch sinnvoll abzuarbeiten?
Ist das Unternehmen rechtlich selbstständig?	Falls nein, entscheidet gegebenenfalls die Mutter über den bAV-Abschluss
Welche Besonderheiten kennzeichnen das Unternehmen?	Darauf muss ich mich einstellen
Welche Gemeinsamkeiten gibt es zwischen mir und dem Unternehmen?	Hieran kann ich bei der Akquise anknüpfen

Quelle: Eigene Darstellung

Abbildung 11: Informationen und Schlussfolgerungen

Vielleicht kennen Sie auch jemanden, der Ihnen Insider-Infos geben kann. Wie knüpfen Sie den Kontakt zu Ihrem potenziellen Kunden? Es gibt drei Möglichkeiten, die im Folgenden vorgestellt werden.

4.1 Direktansprache

Ich sage es ganz offen: Die Direktansprache ist nicht unbedingt meine Sache. Wenn ich eine Rundfahrt durch ein Gewerbegebiet mache, aussteige und unangemeldet in einem Unternehmen erscheine, habe ich deutlich weniger Erfolgschancen als wenn ich einen anderen Weg wähle. Warum? Ganz einfach: Wenn bei mir im Büro jemand unangemeldet erscheint und mir etwas verkaufen will, sträuben sich mir die Nackenhaare. Ich halte es schlichtweg für unhöflich, jemanden ohne Termin zu belästigen. Und so geht es nicht nur mir. Außerdem hat die Direktansprache einen weiteren entscheidenden Nachteil: Sie haben nicht die Möglichkeit, im Vorfeld ein positives Vorurteil über Ihre Person im Kopf Ihres potenziellen Kunden zu „implementieren".

Manchmal allerdings kommt einem im Leben auch der Zufall zur Hilfe und man kann gar nicht anders – etwas Mut vorausgesetzt – als jemanden sofort, direkt und ohne Umschweife auf die betriebliche Altersversorgung anzusprechen:

Beispiel

Neulich hielt ich ein bAV-Verkaufstraining und neben den Aufzügen im Tagungshotel waren jeweils links und rechts Schilder angebracht, auf denen der Seminarraum benannt war sowie die jeweilige Firma, die dort tagte. Rechts neben dem Aufzug sah ich das Logo meines Auftraggebers mit dem Text „Betriebliche Altersversorgung". Links neben dem Aufzug sah ich ein Logo, das ich nicht kannte und auch nicht zuordnen konnte, worunter ebenfalls stand „Betriebliche Altersversorgung". Sofort drehte ich mich um, ging an die Rezeption und fragte, wer dort zum selben Thema schulen würde. Ich erhielt die Auskunft, dass dies ein Herr von der Universität Bamberg sei. Ich ging zurück zum Aufzug – ein Seminarteilnehmer begleitete mich – zeigte auf das Schild und sagte: „Schauen Sie, da findet eine ähnliche Veranstaltung statt." Während ich dies sagte, öffnete sich die Aufzugstür, ein älterer Herr stieg aus und sagte: „Das ist meine Veranstaltung." Ich gab dem Herrn lächelnd die Hand und sagte: „Herr Professor, mein Name ist Jürgen Hauser. Ich referiere hier nebenan zum selben Thema. Darf ich fragen, zu welchem speziellem Thema Sie referieren?". Der freundliche Professor klärte mich darüber auf, dass er Betriebsräte zur betrieblichen Altersversorgung schulen würde. Nun erinnern Sie sich sicherlich noch an die Networking-Regel „Wer kennt den, den ich gern kennen lernen würde?" Das war für mich in diesem Fall der freundliche Professor: Denn wenn er mir die Gelegenheit geben würde, vor Betriebsräten über die praktische Implementierung von betrieblicher Altersversorgung im Betrieb zu sprechen, bestünde ja immerhin die Möglichkeit, dass der eine oder andere Betriebsrat mich seinem Arbeitgeber als Vertragspartner vorschlagen würde. Und so bat ich den Professor um seine Geschäftskarte, gab ihm meinerseits meine Karte und schrieb ihn nach dem Seminar an: Ich stellte mich mit meinen beiden Firmen vor, legte eine Referenz- und meine Pressemappe bei und avisierte meinen Anruf.

Wenn Sie somit generell in „bAV-Kategorien" denken, wird Ihnen mehr potenzielles Geschäft „über den Weg laufen" als Sie vielleicht vermuten.

4.2 Kontaktaufnahme mittels Telefonanruf

Dies ist ein Weg, den ich ab und an gehe, aber auch hier gilt: Der potenzielle Kunde weiß noch nichts von Ihnen, und in aller Regel wird auch Ihr Anruf als Belästigung empfunden. Außerdem ist es für den Anrufer mit sehr viel Stress verbunden. Ich erlebe in meinen bAV-Verkaufsseminaren, die ich halte, immer wieder, wie schwer sich die Seminarteilnehmer tun, selbst im Kollegenkreis ein Termingespräch nur zu simulieren.

4.3 Kontaktaufnahme mittels Anschreiben

„Wenn man wo fremd ist, soll man zunächst einmal anklopfen."

Unbekannt

Erhalten auch Sie nahezu täglich ungebetene Werbesendungen? Ich bin mir sicher, es geht Ihnen genau so wie mir. Was tun wir mit dieser einfallslosen Werbung, die schon am Briefumschlag als solche erkennbar ist?

Die meisten dieser unpersönlichen Briefe wandern ungelesen in den Papierkorb. Dennoch halte ich die Vorgehensweise, schriftlich Kontakt mit jemandem aufzunehmen – wenn man es richtig anfängt! – für die erfolgversprechendste. Ich habe die besten Erfahrungen damit gemacht. Allerdings sollte Ihr schriftlicher Auftritt **einzigartig** sein! Wollen Sie tatsächlich die Aufmerksamkeit durch Ihre Postsendung erhalten, die Sie sich wünschen, so müssen Sie beachten, dass Ihre Briefsendung folgende vier entscheidende Faktoren berücksichtigen muss:

Seriösität & Kompetenz	***Kreativität***
Humor	***Vorteile nennen***

Quelle: Eigene Darstellung

Abbildung 12: Vier entscheidende Faktoren eines einzigartigen Briefes

Sollte es Ihnen gelingen, all diese Bausteine in Ihr Mail zu integrieren, werden Sie Aufmerksamkeit erregen und Ihr potenzieller Kunde wird neugierig auf den Absender – auf Sie – werden. Das ist Ihr einziges Ziel: Der potenzielle Kunde soll wissen, wer Sie sind, wenn Sie ihn anrufen, um einen Termin zu vereinbaren! Wie schaffen wir es nun, diese vier maßgebenden Komponenten in Ihr Anschreiben zu integrieren?

Nennen Sie Vorteile!

„Herzenswärme ist noch immer die zuverlässigste Energiequelle.“

Milovan Vitezović, serbischer Schriftsteller

Verlassen wir nur kurz das Thema der betrieblichen Altersversorgung: Briefe zur Kontaktaufnahme werden schon seit Jahrhunderten geschrieben – schlechte, gute und hervorragende. Ich möchte Ihnen einen solch hervorragenden Brief des jungen und damals noch unbekannten Dichters *Paul Celan* zeigen, der später zu den größten Lyrikern der deutschen Literatur gehörte und der Kontakt mit dem damals bereits berühmten Autor Ernst Jünger aufnehmen wollte, um ihn zu bitten, ihm bei der Suche nach einem Verleger für seine Gedichte behilflich zu sein.[26] Im Jahre 1951 schrieb *Paul Celan* seinen potenziellen Mentor *Ernst Jünger* mit den folgenden Zeilen an:

> Sehr geehrter Herr Ernst Jünger,
>
> wie schwer ist es doch, diesen Zeilen die Richtung zu geben, die in Ihre Nähe weist! Im Grunde können sie wohl nur die Hoffnung umschreiben, Sie möchten das beigeschlossene Manuskript an einer Stelle aufschlagen, die Ihrem Entgegenkommen zu danken weiß.
>
> Auf vielerlei Wegen habe ich zu Ihrer Welt hinübergedacht und Ihnen zu begegnen versucht – aber das Zeichen, unter das ich mich stelle, schien mir nicht recht zu denjenigen zu gehören, die es vermocht hätten, Ihr Auge auch für die Gestalt unter ihm zu gewinnen(…). Nun hat ein Freund – der einzige – es auf sich genommen, Sie um das zu bitten, was mir so schlecht gelingen will: sein Brief geht diesen Zeilen voraus. Dass dies geschieht, mag Ihnen nun merkwürdig erscheinen. Aber die Hand, die jetzt an meiner Statt an Ihre Tür klopft, gehört zu denjenigen, die man im Nu erkannt hat – hat man sie doch selber geformt! – die man ohne Zögern in Zuversicht ergreift. Nun darf auch ich kommen und meine Gedichte auf Ihren Tisch legen.
>
> In Dankbarkeit und Verehrung
>
> Ihr sehr ergebener
>
> Paul Celan

Was ist das Besondere an diesem Brief?

- Erstens ist dieser Brief in einer für die heutige Zeit antiquierten Sprache verfasst, die allerdings damals noch üblich war, die Rhetorik ist allerdings perfekt.
- Zweitens ist er kurz genug, dass er auch gelesen werden wird.
- Drittens ist er sehr empathisch verfasst, was Paul Celan auf Anhieb sympathisch macht.
- Paul Celan hat schon damals „Huckepack-Networking" betrieben, indem er seinen besten Freund, der Ernst Jünger kannte, bat, ebenfalls einen Brief an Herrn Jünger zu schreiben. Diesen Brief legte er dann seiner Postsendung bei, was dazu führte, dass Jünger, in dessen Nachlass der Brief Celans gefunden wurde, diesen auch tatsächlich gelesen hat.

Schauen wir uns nun an, wie wir die notwendigen Voraussetzungen schaffen können, damit Ihr Brief zur Kontaktaufnahme auch die Aufmerksamkeit erhält, die Sie sich wünschen:

Zunächst einmal schreiben Sie die Anrede mit einem guten Füllfederhalter handschriftlich, da dies sehr persönlich wirkt. Fangen Sie dann in der Betreffzeile mit einem ausdrucksvollen Satz oder Zitat an.

Beispiel

> „Der Kaufmann hat in der ganzen Welt die gleiche Religion."
>
> Heinrich Heine

Hiermit bringen Sie zum Ausdruck, dass jeder Kaufmann daran interessiert ist, Geld zu sparen, was ja über die betriebliche Altersversorgung mittels Entgeltumwandlung möglich ist. Sie können aber auch schreiben:

Beispiel

> Die Trümpfe liegen in Ihrer Hand!

Legen Sie vier Asse aus einem Kartenspiel bei und nennen Sie im Anschreiben vier Vorteile wie beispielsweise die Ersparnis von Lohnnebenkosten, die bessere Versorgung der Mitarbeiter im Alter, die Tatsache, dass die Mitarbeiter durch eine bessere Altersversorgung nicht gezwungen sein werden bis zum 67. Lebensjahr zu arbeiten oder die hohe staatliche Bezuschussung für die Mitarbeiter bei der Entgeltumwandlung.

Beispiel

> Darf ich Ihnen helfen, Ihre Lohnnebenkosten zu senken?

Das wirkt sympathisch, nicht aufdringlich und signalisiert sofort die Vorteile, die Sie bieten.

Wenden wir uns nun dem sich anschließenden Brieftext zu. Hier gibt es unzählige Möglichkeiten, wie Sie vorgehen können. Ihr Text muss allerdings zu Ihnen und Ihrem individuellen Auftreten passen! Lassen Sie mich Ihnen einige Anregungen geben:

Beispiel

> Sehr geehrter Herr Personalleiter,
>
> Frank Schirrmacher hat mit seinem Buch „Das Methusalem-Komplott“ in Deutschland für Furore gesorgt. Der Grund liegt nahe: Altersvorsorge ist in Deutschland *die zentrale Herausforderung* – für Sie, aber auch für Ihre Mitarbeiter. Als erfolgreicher Kaufmann können Sie Ihren Mitarbeitern geförderte Möglichkeiten der Altersversorgung zur Verfügung stellen. Als kluger Kaufmann sparen Sie dadurch pro Mitarbeiter 1.512,- € an Lohnnebenkosten ein. Sind Sie an weiteren Informationen interessiert? Ich rufe Sie an!
>
> Mit besten Grüßen
>
> P.S.: Ich wünsche Ihnen viele neue Erkenntnisse bei der Lektüre des Buches.

Die genannte Ersparnis berechnet sich aus der Annahme, dass ein Arbeitnehmer monatlich 210 € umwandelt und der Arbeitgeber vom 1. Januar 2006 bis zum 31. Dezember 2008 ca. 20 Prozent Sozialversicherungsabgaben einspart.

Beispiel

> Sehr geehrter Herr Personalleiter,
>
> wie oft hatten Sie in Ihrem Berufsleben Termine, die Ihnen einen *echten Gewinn* gebracht haben? Ich benötige 20 Minuten Ihrer Zeit, um Ihnen aufzuzeigen, wie Sie
>
> *449.280 € einsparen*
>
> können. Da ich mir sicher bin, dass Sie dieses Thema interessieren wird, werde ich Sie in den nächsten Tagen anrufen.
>
> Mit besten Grüßen

Im Internet oder in anderen Quellen haben Sie sich im Vorfeld über die Anzahl der im Unternehmen beschäftigten Personen erkundigt. Die Berechnung der Ersparnis an Sozialversicherungsabgaben erfolgt wie oben, allerdings multiplizieren Sie diese Zahl nun mit der Anzahl der Mitarbeiter, in diesem Fall also mit 300, falls das Unternehmen 500 Beschäftigte hat und Sie davon ausgehen, dass 60 Prozent der Belegschaft 4 Prozent der Beitragsbemessungsgrenze umwandeln werden.

Beispiel

> Sehr geehrter Herr Dr. Müller,
>
> aufgrund der hohen Resonanz unserer letzten Veranstaltung
>
> *„Informationskreis Personalwesen"*
>
> haben wir uns entschlossen, nochmals eine Veranstaltung mit unseren renommierten Gastreferenten, Herrn Steuerberater Dr. Meier, zum Thema
>
> *„Senkung von Personalkosten"*
>
> durchzuführen.
>
> Die Aussage einer Ihrer Kolleginnen nach dem letzten Vortrag lautete:

> *„Ich hätte nicht gedacht, dass in dieser Thematik so viel Nutzen für uns steckt!“*
>
> Deshalb bieten wir Ihnen hiermit die Möglichkeit, im exklusiven Kreis an diesem interessanten Fachvortrag teilzunehmen. Lassen Sie sich vom Ergebnis überraschen!
>
> Sollten Sie nicht teilnehmen können, bitten wir um Rückmeldung, da Ihr Platz für Sie reserviert ist. Wir freuen uns darauf, Sie persönlich kennen zu lernen!
>
> Mit den besten Grüßen

Ein Versicherungsmakler, den ich trainiert habe, hat mit diesem Brief eine gute Resonanz: Rund 20 Prozent der angeschriebenen Unternehmer erscheinen zu dem Vortrag, bei dem über die Vorteile der Entgeltumwandlung referiert wird.

Seien Sie kreativ!

Kreativität macht glücklich. Davon gehen jedenfalls Psychologen aus. *„Wer kreativ sei, genieße eine ganz besondere Form der Lebensfreude“*, sagt der Wissenschaftler *Eckehard Kuhlmei*[27]. Viele künstlerisch tätige Menschen gerieten in einen selbstvergessenen, glücklichen Zustand. Man lasse sich treiben, „fließen“, folge spontan seinen Ideen, vergesse phasenweise alles um sich herum. *Mihaly Csikszentmihalyi*[28], ein weltweit renommierter Psychologe, der sich mit der Erforschung des Glücks beschäftigt, fand in seinen Studien heraus, dass Menschen am glücklichsten sind, wenn sie ihre Gedanken so bündeln, sich so stark konzentrieren, dass ihre Energien frei fließen. Diesen Zustand, in dem man sich lustvoll im Vollzug seiner Talente und Möglichkeiten erlebt, nannte er das Flow-Erlebnis. Wir sollten die Welt immer mit neuen Augen sehen und immer wieder Neues im Altbekannten entdecken.

Nehmen wir an, Sie waren kreativ, haben Ihren eigenen Brief konzipiert, in dem Sie nun handfeste Vorteile genannt haben. Verstärken Sie diesen Effekt noch! Mein potenzieller Kunde erhält nicht nur lediglich ein Anschreiben, sondern eine Mappe zugeschickt. Die nächste Seite sieht wie folgt aus (siehe Beispiel; es wird die Ersparnis für die Firma xy ausgerechnet).

Beispiel

> Wenn 100 Ihrer Arbeitnehmer durchschnittlich monatlich € 150 in die Pensionskasse einzahlen, sparen Sie als Arbeitgeber für den Umwandlungsbetrag bis zum 31.12 2008 komplett die Sozialversicherungsabgaben:
>
> € 150 x 12 Monate x 2 Jahre (bis 31.12.2008 begrenzt)
>
> = € 3.600 Lohnsumme je Arbeitnehmer ohne Sozialversicherungsbeiträge
>
> = € 360.000 Lohnsumme bei 100 Arbeitnehmern ohne Sozialversicherungsbeiträge
>
> das bedeutet:
>
> € 72.000 Sozialversicherungs-Ersparnis des Arbeit*gebers* (20%)
>
> € 72.000 Sozialversicherungs-Ersparnis der Arbeit*nehmer* (20%)
>
> Das wird Sie interessieren:
>
> In den letzten vier Jahren habe ich meinen Kunden so nachweislich über € 2 Mio. Betriebsausgaben eingespart. Gerne können Sie Ihre Kollegen (siehe Referenzmappe) hierzu anrufen!
>
> Die künftige Ersparnis Ihres Unternehmens füge ich Ihnen bereits heute (symbolisch) bei.
>
> Beste Grüße
>
> Jürgen Hauser

Nun können Sie die Ersparnis für den Unternehmer folgendermaßen symbolisch beilegen:

Beispiel

> Kleben Sie einen echten 5-€-Schein unten auf das Blatt.
>
> Legen Sie einen nachgemachten Geldschein aus Kunststoff bei, der mit einem Likör gefüllt ist.
>
> Legen Sie ein „Brikett" aus geschredderten €-Scheinen bei (erhältlich bei den Landeszentralbanken).

Treten Sie humorvoll auf!

Beleuchten wir nun einmal einige mögliche Zielgruppen für die betriebliche Altersversorgung. Wollen wir einen möglichst hohen Grad an Aufmerksamkeit unseres Mails erreichen, bietet es sich an, Ihrem Text etwas beizulegen, das zu der Zielgruppe passt.

Zielgruppe	Text	Give-away
Krankenhäuser	Ich kappe Ihre Lohnnebenkosten	Skalpell
Sicherheitsfirma	*Als Unternehmer sind Sie in der Haftung!* (Einen Tag später wird ein Brief mit folgendem Text übersandt:) *Ich helfe Ihnen aus der Haftung heraus*	Handschellen Passende Schlüssel
Druckerei	Ich helfe Ihnen, Ihre Lohnnebenkosten zu „pressen"!	Schraubzwinge

Quelle: Eigene Darstellung

Abbildung 13: Zu welcher Zielgruppe passt welches Give-away?

Überlegen Sie immer, zu welcher Zielgruppe sich welcher Text und welches „Give-away" eignen würde, um die gewünschte Aufmerksamkeit zu erzielen. Es geht darum, die Aufmerksamkeit des potenziellen Kunden zu gewinnen. Der mögliche Kunde soll wissen, wer Sie sind, wenn Sie anrufen.

Seien Sie seriös und zeigen Sie Kompetenz!

Im Laufe der vergangenen vier Jahren habe ich meine Kunden in der betrieblichen Altersversorgung, die Arbeitgeber, nach den Einzelberatungen jeweils gebeten, mir ein Empfehlungsschreiben auszustellen. Da meine Kunden mit meiner Arbeit zufrieden waren, haben sie mir diesen Wunsch gerne erfüllt. Im zweiten Kapitel haben Sie aus meiner mittlerweile umfangreichen Sammlung von 16 Briefen bereits drei meiner Referenzschreiben gesehen. Sicherlich ist Ihnen aufgefallen, dass alle drei Empfehlungsschreiben aus derselben Zielgruppe, nämlich der der „Medienfachleute", stammen. Wenn Sie bislang noch nicht zielgruppenorientiert gearbeitet haben, so können Sie trotzdem zufriedene Kunden aus unterschiedlichen Zielgruppen um deren schriftliche Referenzen bitten und sich dann sukzessive entsprechende Empfehlungsschreiben aus *einer* Zielgruppe geben lassen. Sie wissen: gute (und schlechte!) Dienstleistungen sprechen sich innerhalb einer Kommunikationsgemeinschaft wesentlich schneller herum als über Zielgruppenschranken hinweg. Der Vorteil von schriftlichen Referenzen liegt auf der Hand: Sie können über sich selbst und Ihre Leistungen noch so schwärmen, nichts wird den Kunden jedoch so beeindrucken wie das, was andere über Sie an Positivem zu berichten haben. Manche Menschen glauben, dass „Eigenlob stimmt". Ich denke aber eher, dass Eigenlob nach wie vor „stinkt". Bemühen Sie sich also ab sofort um Empfehlungsschreiben von zufriedenen Kunden! Gehen Sie dann folgendermaßen vor: Scannen Sie die Schreiben ein, drucken Sie diese farbig aus und heften Sie die Referenzen in Ihre Mappe, die Sie versenden. Vergessen Sie nicht, Ihre Imagebroschüre beizulegen.

Mit dieser Referenzmappe habe ich garantiert (!) Aufmerksamkeit erregt, denn alle maßgebenden Faktoren, wie

- die Nennung von Vorteilen,
- Kreativität,
- Humor,
- Seriosität und Kompetenz,

habe ich ausreichend gewürdigt. Außerdem ist es die absolute Ausnahme, dass ein Personalleiter ein Paket statt eines Briefes erhält. Dieses wird im Vorzimmer geöffnet und somit zur Kenntnis genommen.

Ich möchte Ihnen exemplarisch zwei Reaktionen aufzeigen, die ich aufgrund der Zusendung meiner Mappe erfahren habe:

- *Der unverhoffte Geschäftsabschluss*
  Als ich meine Mappe an einen großen Verlag versendete, rief mich am nächsten Tag die Sekretärin des Geschäftsführers an, sagte, sie hätte meine Post erhalten und fände den gesamten Auftritt außerordentlich sympathisch. Da ihr Arbeitgeber jedoch partout keine betriebliche Al-

tersversorgung – zumindest zum jetzigen Zeitpunkt – einführen wolle und auch hier keinerlei Verhandlungen Sinn machen würden, möchte sie sich gerne bei mir privat absichern. Meine Gesprächspartnerin war eifrige „Finanztest"-Leserin und sagte mir sofort, welchen Tarif sie abschließen wolle und wie hoch die Höhe der Berufsunfähigkeitsrente sein müsste, die sie abgesichert haben wolle. Am übernächsten Tag war ich abends bei ihr zu Hause und erfüllte ihre Wünsche. Selbstverständlich blieb ich am Thema der bAV für diesen Verlag mit 1.000 Mitarbeitern am Ball!

- *Eine Reaktion von prominenter Seite*

Wenige Tage nachdem ich meine Mappe versendet hatte, erhielt ich das folgende E-Mail vom PR-Berater Moritz Hunzinger:

Sehr geehrter Herr Hauser,

vielen Dank für Ihre informative und kreative Postsendung. Leider sind wir schon aus Zeiten … rundum versorgt.

Ich empfehle Sie aber gerne weiter und berichte auch Dr. Hans-Christoph Dölle, Direktor Vertrieb Zentralbereich xy-Versicherungs-AG, von Ihrer sympathischen und kompetenten Ansprache.

Mit freundlichen Grüßen

Moritz Hunzinger

Es ist also bewiesen: Wenn Deutschlands bekanntester Berater in Public-Relations-Fragen mir den „Ritterschlag" erteilt, muss der Auftritt positiv ankommen!

Sie haben nun Ihren eigenen Brief entwickelt, haben diesen versandt und haben acht Tage ins Land gehen lassen. Wie bekommen Sie nun einen Termin bei Ihrem potenziellen Kunden?

5. Terminieren

„Furcht besiegt mehr Menschen als irgendetwas anderes auf dieser Welt.“

Ralph Waldo Emerson, amerikanischer Philosoph und Dichter (1803-1882)

5.1 Ohne Termin kein Umsatz

In der Einleitung habe ich es bereits zugegeben: Nichts macht mir in meinem so schönen Beruf weniger Spaß als wildfremde Menschen anzurufen um Termine zu vereinbaren. Und aus vielen Jahren im Vertrieb weiß ich, dass es den meisten Kollegen genauso geht. Trotzdem telefoniere ich regelmäßig und auch erfolgreich, denn ohne Termine hätte ich keinen Umsatz. Was ist der Grund dafür, dass diese Tätigkeit bei uns Verkäufern von betrieblicher Versorgung so unbeliebt ist? Angst! Aber Angst wovor? Nähern wir uns diesem für uns so unangenehmen Gefühlszustand doch einmal wissenschaftlich:

Haben Sie Angst vor Ablehnung?

„Wer das Unheil voraussieht, leidet zweimal.“

Unbekannt

Wer Angst vor Kaltakquise mittels Telefon hat, sollte sich intensiv mit der Frage beschäftigen woher diese Angst kommt. In aller Regel wird es die Angst vor Ablehnung sein: Wir Menschen wollen schließlich akzeptiert, gemocht, ja geliebt werden. Angst, im Sinne dieser Angst, ist Angst vor Begegnung oder im Kontakt mit Menschen, Angst vor dem Sprechen mit Menschen oder in der Öffentlichkeit, Hemmungen beim Auftreten in Gruppen – je nach Ausprägung in Verbindung mit körperlichen und gedanklichen Symptomen. Diese Symptome können zum Beispiel Erröten oder Herzklopfen sein. Oder es steigen Gedanken auf wie beispielsweise *„Das schaffe ich nie!"* Diese unangenehmen Symptome der Angst führen häufig zu Vermeidungsverhalten: Man möchte diese Situation nicht noch einmal erleben. Das wiederum verhindert, von der Umwelt Belohnungen in Form von positivem Feedback zu erhalten. So erscheint Angst als unüberwindbar und führt zu immer weiterem Aufbau von Hemmungen.

„Man kennt sich selbst erst richtig, wenn man weiß, was Angst ist und sie überwunden hat."

*Reinhold Messner, Extrembergsteiger (*1944)*

Goethe hatte als Folge einer schweren Lebenskrise mit verschiedenen Ängsten zu kämpfen, wie er in seiner Autobiografie schreibt. Um dieser Herr zu werden, setzte er sich bewusst und wiederholt den Situationen aus, die ihm Furcht bereiteten. Beispielsweise bestieg er in regelmäßigen Abständen den Turm des Straßburger Münsters, um sich von seiner Höhenangst zu befreien. Er blieb von Mal zu Mal ein wenig länger oben und wagte sich stets weiter an die Brüstung vor, obwohl er dabei anfangs fast in Ohnmacht fiel. Da er seine Grenzen langsam erweiterte, überwog letztendlich das Gefühl der wachsenden Meisterschaft und die Angst konnte überwunden werden. Dieses Prinzip wird noch heute in der Verhaltenstherapie angewandt. Geben wir also der Angst eine Stimme in unserem Leben, aber lassen wir sie nicht alles übertönen!

Zum Thema Angst gibt es eine schöne Weisheitsgeschichte aus dem Tierreich:

Es war einmal ein Hund, der großen Durst hatte. Doch jedes Mal wenn er im See trinken wollte und dabei sein Spiegelbild im Wasser erblickte, erschrak er vor dem vermeintlich fremden Hund und wich voller Angst zurück. Irgendwann aber war sein Durst so unerträglich, dass er seine

Furcht überwand und mit einem großen Satz ins Wasser sprang. Und tatsächlich: Der andere Hund war verschwunden!

Auch wir verhalten uns oft wie das geschilderte Tier. Wir trauen uns nicht zu überprüfen, ob die Bedrohung, vor der wir geflüchtet sind, überhaupt bestanden hat und warten, bis das Telefon klingelt um zu erleben, dass es tatsächlich funktioniert. Wie viel Erfolgspotenzial wird so vergeudet!

„Ein Teil des Talents entsteht in der Courage."

Bertolt Brecht, deutscher Dichter (1889-1956)

Ich habe aber auch eine gute Nachricht für Sie: Sie sind in Ihrem Kopf der Boss! Die schlechte Nachricht ist: Sie allein sind der Boss. Das heißt, niemand anderer kann im Reich Ihrer Gedanken und Gefühle die Kontrolle für Sie übernehmen. Ihr Partner ebenso wenig wie Ihre Kinder. Ihr Chef nicht, Ihre Kunden nicht und die Gesellschaft schon gar nicht. Sie sind der Boss, und das Ergebnis Ihrer bisherigen Führungsarbeit im Kopf lässt sich leicht daran ablesen, wie Sie es schaffen, den berühmten inneren Schweinehund zu überwinden. Seine Angst zu überwinden, bedeutet sich seinen Ängsten bewusst zu werden und diese zu benennen. Doch vor allem geht es darum, sich seinen Ängsten zu stellen. Angst ist per se nichts Schlechtes. Laut *Prof. Panse*[29] motiviert Angst und macht Höchstleistungen erst möglich. Lampenfieber bringt uns dazu, uns auf eine Präsentation zur bAV vor der 300 Personen zählenden Belegschaft gründlich vorzubereiten. Die Angst vor Fehlern treibt uns an, die Unterlagen für ein wichtiges Verkaufsgespräch sorgfältig zu kontrollieren. Ist die Aufgabe erledigt, ist die Angst verschwunden. Wer von Angst gepeinigt ist, muss sich einen Plan machen. Er muss sich überlegen, welches Denken und Handeln am besten zum Ziel führt. Das beginnt damit, dass der Betroffene mit möglichst kühlem Kopf abschätzt, welche Gründe für die Ängste realistisch und welche unrealistisch sind. Dann sollte er sich aus der Distanz heraus Gegenmaßnahmen überlegen und diese konsequent verfolgen. Hilfreich kann es ein, sich das Umlernen zu portionieren. Das würde im Fall von uns bAV-Verkäufer bedeuten: Sie rufen zunächst pro Tag nur einen potenziellen Kunden an und steigern Ihr Pensum kontinuierlich.

Auch Sieger haben Ängste

„Der kleine Geist bedenkt erst, was ihn hindern kann,
und furchtsam wagt er nicht ans Werk zu gehen.
Die Macht des eigenen Zweifels raubt ihm dann das Licht,
das hehre Ziel noch mal zu sehen.
Doch wahrhaft groß im Tun wird der genannt,
der niemals seinen Blick vom Ganzen wendet.
Der im zu Schaffenden die Kräfte fand
auf sich vertrauend so vollendet."

Anonymus

Einer meiner engsten Freunde ist *Andreas Niedrig*. Er war jahrelang heroinsüchtig, wurde straffällig und unterzog sich schließlich einer Therapie. Danach begann er Sport zu treiben. Heute gehört Andreas Niedrig zu den weltbesten Triathleten. Über sein Leben wurde das Buch „Vom Junkie zum Ironman"[30] geschrieben und sein Leben wird derzeit für das Kino verfilmt. Anlässlich eines kürzlich gemeinsam durchgeführten Verkaufstrainings sagte er zum Publikum:

„Du bist immer für Dich selbst verantwortlich. Erziehe Deinen Körper und Deinen Geist selbst. Übernimm Verantwortung und entdecke, was in Dir ist, dann kannst Du alles schaffen. Man setzt sich selbst zu viele Grenzen. Klare Ziele und Mut sind wesentlich auf dem Weg der Angstüberwindung. Angstüberwindung gelingt durch die Auseinandersetzung mit den Ängsten, durch das Annehmen der Ängste. Indem man sich zu ihnen bekennt und sich ihnen stellt. Ziehe das Positive aus Deinen Ängsten. Frage Dich: Was ist das Schlimmste, das mir passieren kann?"

Ich habe nur eine vage Vorstellung davon, wie viel Angst vor dem Leben jemand hat, wenn er diese Angst durch Heroin betäuben muss. Auch kann ich mir nur ungefähr vorstellen, wie viel Angst ein drogenabhängiger Mensch, der über viele Monate hinweg eine Entziehungskur durchlebt, vor dem Rückfall haben muss. Aber – und nur das zählt! – Andreas Niedrig hat es geschafft seine Ängste zu überwinden und von ganz unten nach ganz oben zu kommen!

Falls Sie Angst haben am Telefon Kaltakquise zu betreiben, dann schauen wir uns jetzt an wie Sie dennoch erfolgreich terminieren werden.

5.2 So wird Ihr Telefongespräch ein Erfolg!

Stimmt Ihre Einstellung?

„Der Mensch legt oft die Eier, die man ihm an den Kopf wirft.“

Jean Paul, französischer Schriftsteller (1763-1825)

Voraussetzung für ein professionelles Verhalten am Telefon ist die eigene positive Einstellung zu sich selbst,[31] gegenüber seinem Unternehmen, seiner Tätigkeit, seinen Produkten und Dienstleistungen und vor allem seinen Kunden und Gesprächspartnern. Menschen, die sich beispielsweise nicht mit ihrem Produkt identifizieren können, werden dies unterschwellig ihren Gesprächspartnern kommunizieren. Dies belastet die Atmosphäre des Gesprächs und erschwert das Erreichen des Gesprächszieles. Überprüfen Sie also Ihre Einstellung zur betrieblichen Altersversorgung!

Das unpersönliche Medium Telefon

Der Umgang mit dem Telefon ist für uns zur Selbstverständlichkeit geworden und nur selten denken wir über die besonderen Kommunikationsbedingungen nach. Der größte Unterschied zu einer Face-to-face-Situation ist: Wir sehen unseren Gesprächspartner nicht. Das klingt banal, hat jedoch weit reichende Konsequenzen, denn die bei einem Gespräch mit einem direkten Gegenüber vorhandene Körpersprache fällt weg: am Telefon sehen wir weder Gestik noch Mimik. Das Fehlen dieser nonverbalen Informationen muss durch eine verstärkte Konzentration auf den Inhalt des Gesagten und vor allem durch den Klang der Stimme ausgeglichen werden.

Wie klingt Ihre Stimme?

Mit unserer Stimme bringen wir auch Gefühle und Stimmungen zum Ausdruck, vermitteln, ob uns ein Gesprächspartner sympathisch oder eher unangenehm ist. Tonfall und Sprachmelodie, Tempo und Klang sagen oft mehr als die Worte selbst.[32] Nicht selten sorgen Missverständnisse auf dieser emotionalen Ebene dafür, dass ein Dialog unglücklich verläuft. Dabei sind es oft nur Kleinigkeiten, die ein Telefonat in die richtige Bahn lenken können und Sie schneller und effektiver zum gewünschten Ziel führen werden – oder eben doch in die Sackgasse. Was Sie sagen und wie Sie es sagen, sollte also gut überlegt sein. Der Klang Ihrer Stimme wirkt auf den potenziellen Kunden freundlich und entspannt, wenn Sie während des Gesprächs lächeln. Das Aufstellen von Familienfotos oder Motivationsbildern erleichtert Ihnen das Lächeln. Achten Sie auch darauf, dass Ihnen beim Sprechen nicht die Luft ausgeht: sitzen Sie deshalb aufrecht und klemmen Sie nicht den Hörer zwischen Wange und Schulter ein.

Die fünf Phasen des professionellen Telefonats

Ein Telefongespräch besteht aus fünf Phasen.

1. Die erste Phase dient der Gesprächsvorbereitung, was natürlich nur bei ausgehenden Telefonaten zu berücksichtigen ist – es sei denn, Sie erwarten einen Rückruf. Fragen Sie sich: Was will ich erreichen? Wen will ich sprechen? Welche Unterlagen benötige ich? Welche – auch inhaltlichen – Widerstände habe ich zu erwarten? Warum sollte mein Gesprächspartner mir zuhören?

2. In der zweiten Phase steht die Kontakt- oder Gesprächseröffnung im Vordergrund: Hier gilt es besonders auf der Beziehungsebene zu kommunizieren. Formulieren Sie einige Neuigkeiten, geben Sie Ihrem Partner die Möglichkeit, sich an den Klang Ihrer Stimme, an Ihre Aussprache sowie gegebenenfalls auf Ihren Dialekt einzustellen.

3. Die dritte und entscheidende Phase ist das Gespräch selbst: Legen Sie sich Ihre stärksten Argumente schriftlich zurecht.

4. In der vierten Phase verabschieden Sie sich mit einem freundlichen „Auf Wiederhören“ und nennen den Namen Ihres Gesprächspartners und einem Dank für seine Zeit. Bitte legen Sie erst nach ihm auf, um sicherzustellen, dass Ihnen Ihr Gesprächspartner auch tatsächlich nichts mehr sagen wollte.

5. Die fünfte und letzte Phase dient der Nachbereitung des Gesprächs. Fertigen Sie hierzu aus den bereits während des Telefonats mitgeschriebenen Informationen ein Protokoll an, worin Sie den Namen mit der korrekten Schreibweise und Aussprache, der Firma und Telefonnummer, dem Namen der Person, die das Gespräch entgegen genommen hat und die getroffenen Vereinbarungen notieren. Überdenken Sie, wie das Gespräch verlaufen ist, ob Sie Ihr Gesprächsziel erreicht haben, wo Sie sich gut verhalten haben und was Sie bei dem Telefonat hätten besser machen können.

Wichtig: Ihre Gesprächsvorbereitung

Die folgenden sieben Regeln gelten für die wichtige Vorbereitung eines jeden Termingesprächs:

1. Versuchen Sie Ärger und Stress für die Dauer des Telefonats abzustellen. Ihr Gesprächspartner weiß meist nichts von Ihren Problemen und kann deswegen Ihre Stimmungen nicht nachvollziehen. Greifen Sie deshalb nie direkt nach einer unangenehmen Auseinandersetzung zum Hörer.

2. Konzentriertes Telefonieren erfordert Ruhe. Schalten Sie deshalb alle Störfaktoren in Ihrem Arbeitsumfeld aus.

3. Sorgen Sie dafür, dass eventuell benötigte Dritte sofort geholt werden können.

4. Schaffen Sie Platz auf Ihrem Schreibtisch und legen Sie Papier und Bleistift bereit. Notieren Sie während des Telefonats alle wichtigen Stichpunkte, die im persönlichen Gespräch von Bedeutung sind. Sonst haben Sie nach dem nächsten Telefonat alles wieder vergessen.

5. Legen Sie alle nötigen Unterlagen in greifbare Nähe. Hierzu gehört auch ein Gesprächsleitfaden mit Ihren wichtigsten Argumenten sowie Ihr Terminkalender.

6. Versuchen Sie sich schon vor dem Telefonat auf den Gesprächspartner zu konzentrieren. Manchmal kennt man diesen bereits und weiß um seine Stärken und Schwächen, Neigungen und Vorlieben.

7. Bereiten Sie jedes Gespräch so gut wie möglich gedanklich vor. Wenn Sie Namen und Durchwahl Ihres Gesprächspartners besorgen können, tun Sie es. Jede im Vorfeld übersprungene Hürde erleichtert den Einstieg und schont Ihre Nerven.

Sie eröffnen das Gespräch

Wenn Sie eine Telefonzentrale anrufen, reicht die Nennung Ihres Namens. Werden Sie schließlich mit Ihrem Gesprächspartner oder dessen Assistenz verbunden, stellen Sie sich natürlich auch mit Ihrer Firma vor.

Bedenken Sie bitte: Ihr Gegenüber war noch eine Sekunde vor dem Klingeln mit seinen Gedanken weit weg von der bAV-Welt! Sprechen Sie also langsam und deutlich. Bei komplizierten Namen bietet sich die Wiederholungstechnik an: *„Herr Meier, guten Tag. Firma bAV-Meister, Hülsendünn am Apparat, Johann Hülsendünn. Herr Meier, ich rufe Sie an, weil…“.*

Nennen Sie unbedingt zuerst den Namen Ihres Gesprächspartners: Sie werten diesen dadurch auf und das macht Sie sympathisch.

Geben Sie im Gespräch das Ruder nicht aus der Hand!

„Verwandle Deine Wunden in Weisheit."

*Oprah Winfrey, amerikanische Fernsehmoderatorin (*1954)*

Diese sechs Regeln werden Ihnen helfen dem Gespräch die gewünschte Richtung zu geben:

1. Wenn es Personen gibt, die Sie beide – Ihr Gesprächspartner und Sie – kennen, können Sie diese nennen. Das ermöglicht einen Übergang von der Begrüßung zu den Inhalten. Oft weiß man etwa von den Vorzügen der bAV durch Dritte, die Ihrem Gesprächspartner bekannt sind. Das schafft Vertrauen und Nähe: *„Herr Geber von der Firma Beck hat mir Ihre Person als Ansprechpartner benannt. Von ihm weiß ich…."*

2. Hören Sie Ihrem Gegenüber zu und geben Sie ihm Rückmeldung. Kommentieren Sie seine Äußerungen ab und an mit *„Ja."*, *„Genau!"* oder *„Das sehe ich auch so."* Denken Sie daran: Ihr Gesprächspartner kann nicht sehen, ob Sie nicken, lächeln oder auf eine andere Art und Weise Ihr Wohlwollen ausdrücken.

3. Lassen Sie Ihrem Gesprächspartner die Möglichkeit zur Selbstdarstellung. Grundsätzlich gilt: Ein Partner, der sich gleichberechtigt fühlt, ist viel eher bereit, auf Ihre Wünsche und auf Ihre Ideen einzugehen.

4. Steuern Sie Ihren Vortrag mit Fragen, die möglichst nur eine Antwort zulassen. So kommt Ihr Gesprächspartner immer wieder zu Wort und unterstützt automatisch Ihre Äußerungen. Wenn Sie einen endlosen Monolog halten, schaltet Ihr Gegenüber schnell ab.

5. Verwandeln Sie negative Begriffe und Aussagen in positive. Das demonstriert Stärke und Selbstvertrauen: *„Ich möchte Ihnen ungern etwas Falsches sagen"* wird zu *„Ich möchte sichergehen, dass Sie die richtige Auskunft bekommen." „Ich regle das hier im Hause für Sie"* ersetzt *„Da muss ich intern noch dafür sorgen, dass nichts schief läuft."*

6. Vermeiden Sie Formulierungen im Konjunktiv. „Könnten", „würden", „wären" klingt unsicherer und ungenauer als „kann", „wird" oder „sind". Man traut Ihnen einfach mehr zu, wenn Sie Dinge konkret statt vage darstellen.

Arbeiten Sie an der wirkungsvollsten Sprachtechnik

- Sprechen Sie am Telefon langsam und deutlich, damit Ihr Gesprächspartner am anderen Ende auch mitdenken kann.
- Verwenden Sie keine unglaubwürdigen Superlative oder unnötige Fremdwörter. Schließlich wollen Sie verstanden werden. *„Ich zeige Ihnen, wie Sie über die betriebliche Altersversorgung Lohnnebenkosten einsparen werden."* klingt deutlich ehrlicher, überzeugender und verständlicher als *„Glauben Sie mir, die Entgeltumwandlung nach § 3.63 über unsere regulierte Pensionskasse ist die imponierende Novität in diesem extrem relevanten Markt."*
- Benutzen Sie deshalb auch nur kurze, klar formulierte Sätze ohne Verschachtelungen. Ihr Gesprächspartner kann Ihre Äußerungen nicht nachlesen und sollte nie nachfragen müssen, wie Sie etwas meinen. Als Faustregel gilt: Ein Gedanke pro Satz mit jeweils maximal 15 Worten!
- Nuscheln Sie nicht und achten Sie auf eine saubere Aussprache von Anfangs- und Endsilben.
- Mundart zu sprechen ist eine schöne Tradition, vorausgesetzt Ihr Gesprächspartner spricht die gleiche Sprache. Ansonsten sollten Sie sich um ein hochdeutsches Idiom bemühen.

- Essen und Trinken während des Telefonats sind genauso tabu wie zu Rauchen: Ihr Gesprächspartner würde dies jeweils hören.
- Schneuzen, Husten und Niesen erzeugt vielleicht Mitleid, aber kein positives Gesprächsklima. Bleiben Sie lieber im Bett und kurieren Sie sich aus statt zu arbeiten!
- Verwenden Sie den Namen Ihres Gesprächspartners zu Beginn und gegen Ende des Gesprächs und auch in der Phase des Informationsaustauschs. Dies zeigt Ihrem Gegenüber, dass Sie ihn achten und ernst nehmen.
- Praktizieren Sie das so genannte „aktive Zuhören", das aus zwei Komponenten besteht. Zum einen aus „Zuhören" und zum anderen aus dem „Signalisieren des Zuhörens". Das heißt, Sie wiederholen Aussagen Ihres Gesprächpartners, fassen zusammen, geben Verständigungssignale wie „Mhm", „Ja", „Ich verstehe".
- Setzen Sie die Fragetechnik ein, denn der Satz: „Wer fragt, der führt!" bewahrheitet sich immer wieder. Von Gesprächspartnern, die nicht genau wissen, was sie wollen, erfahren Sie dies am einfachsten mit gezielten Fragen. Grundsätzlich unterscheidet man zwischen offenen und geschlossenen Fragen. Sie fahren mit einer Mischung aus beiden Kategorien am besten, da dies abwechslungsreicher und angenehmer ist.
- Animieren Sie Ihren Gesprächspartner dazu, die Lösung mit Ihnen zusammen zu finden. Ein gemeinsam erreichtes Ergebnis wirkt immer besser als pure Überzeugungsarbeit.
- Wiederholen Sie das Erreichte am Ende zusammenfassend: *„Schön, Frau Kremer, verbleiben wir also so: Ich mache mir eine Aktennotiz über den Inhalt unseres Gespräches und werde mich in vier Wochen wieder bei Ihnen melden..."* Bedanken Sie sich bei Ihrem Partner für das angenehme Gespräch. Das ist zugleich der beste Gesprächseinstieg für das nächste gemeinsame Telefonat.
- Da kein Sichtkontakt vorhanden ist, müssen Ihre Stimme und Ihre Aussagen zum Ziel führen. Gestik hilft hier nicht!
- Aus Amerika stammt die *KISS-Formel*: *Keep It Simple and Stupid!* Also: Sprechen Sie in kurzen Sätzen, stellen Sie den Sachverhalt einfach dar statt hochgestochen zu formulieren, denn Sie haben nur wenige Minuten Zeit.

- Reden Sie nicht ständig von sich! Das Wort *Sie* ist das stärkste Wort, das Ihr Telefonat enthalten muss.
- Hohe Fachkompetenz bei niedrig ausgeprägter sozialer Kompetenz hinterlässt den Eindruck der Inkompetenz. Ohne soziale Kompetenz werden Sie keinen Erfolg haben. Lassen Sie deshalb den potenziellen Kunden spüren, dass er Ihnen wichtig ist.
- Behandeln Sie ihn nicht untertänig, aber mit Respekt und Wertschätzung.
- Machen Sie zwei konkrete Terminvorschläge: *„Passt es Ihnen am...um... oder besser am... um...?“*

Formulieren Sie diplomatisch und bauen Sie keine Barrieren durch ablehnende Formulierungen auf. Folgende Abbildung gibt einen Überblick über einige positive Formulierungen.

Statt	**Besser**
Da haben Sie mich falsch verstanden	Da habe ich mich unklar ausgedrückt
Sie müssen doch begreifen...	Könnte es nicht sein, dass...
Das ist doch völlig unmöglich	Das überrascht mich
Das gibt es doch nicht	Sind Sie da sicher?

Quelle: Eigene Darstellung

Abbildung 14: Beispiele für positive Formulierungen

So entkräften Sie die gängigsten Vorwände!

„Die Menschen irren aber nicht, weil sie etwas nicht wissen, sondern weil sie sich für wissend halten.“

Jean-Jacques Rousseau, französischer Philosoph (1712-1778)

Wie Recht doch Rousseau hat Angenommen, Ihr Gesprächspartner weiß um die laut tickende Zeitbombe mit der Aufschrift „demografische Entwicklung“ und nehmen wir ebenfalls an, er weiß um die Vorteile der bAV für seine Mitarbeiter und für sich, dann kann die Antwort Ihres potenziellen Kunden auf Ihr noch so miserables Termingespräch nur lauten: *„Gott sei Dank, dass Sie anrufen! Können Sie bitte heute noch vorbeikommen?!“* Aber Ihr Gesprächspartner ist in der Regel unwissend. Deshalb nennt Ihr Gesprächspartner Ihnen keine Einwände – die wären ja sachlich! -, sondern Vorwände. Will er denn abblocken, wird er Ihnen in der Regel immer die gleichen zehn Vorwände nennen, um Ihnen keinen Termin zu geben. Lernen Sie die Argumentation auf diese Vorwände auswendig und trainieren Sie täglich: Schon nach kurzer Zeit ist Ihnen die Vorwandbehandlung in Fleisch und Blut übergegangen.

Beispiel

„Ich habe kein Interesse!“
„Das verstehe ich gut, da Sie die Vorteile der Entgeltumwandlung ja noch nicht kennen können. Ich verspreche Ihnen: Wenn wir uns 20 Minuten unterhalten haben, werden Sie begeistert sein….“

„Die bAV brauchen wir nicht.“
„Denken Sie doch bitte einmal an diejenigen Ihrer Mitarbeiter, mit denen Sie am meisten Probleme haben. Was für ein Gefühl stellt sich bei Ihnen ein, wenn diese bis zum 67. Lebensjahr arbeiten müssen, weil Sie es sich nicht leisten können, früher in Rente zu gehen? Die Mitarbeiter in diesem Alter sind häufig krank, in Kur und unproduktiv….“

„Die bAV haben wir schon.“
„Wie viele Ihrer Mitarbeiter sind denn beigetreten….“

„Um die bAV kümmert sich mein Versicherungsvertreter.“
„Wie zufrieden sind Sie denn mit der Beitrittsquote der Mitarbeiter….“

„Ich habe keine Zeit!“
„Sie haben Recht: Zeit ist Geld! Wenn ich für Sie in 30 Minuten 188.912 € erwirtschaften könnte, wäre das für Sie ein interessanter Stundenlohn….“
„Dann müssen wir das Thema anpacken damit es vom Tisch ist….“

„Ich habe dafür kein Geld!“
„Genau deswegen rufe ich Sie an: Ich werde Ihnen helfen, Lohnnebenkosten zu sparen….“

„Das Thema nimmt die Belegschaft nicht an“ oder *„Meine Mitarbeiter haben daran kein Interesse!“*
„Ich zeige Ihnen, wie ich Ihre Belegschaft nicht nur informiere, sondern begeistern werde… Ich weise Ihnen nach, dass ich Beitrittsquoten von bis zu 70 Prozent erziele.“

„Dafür ist mein Steuerberater zuständig!“
„Prima, dann legen Sie doch nach unserem Gespräch Ihrem Steuerberater mein Konzept vor!“

„Jede Woche rufen fünf Ihrer Kollegen an!“
„Daran sehen Sie wie aktuell und wichtig das Thema für Sie ist! Was haben Sie denn bei diesen fünf Kollegen bislang gemacht…? Nächste Woche rufen wieder fünf Kollegen an: Lassen Sie uns das Thema deshalb jetzt angehen.“

„Die Mitarbeiter haben kein Geld!“
„Deswegen rufe ich Sie an: Ihre Mitarbeiter bekommen vom Staat Geld geschenkt und Sie sparen Lohnnebenkosten ein…Außerdem werden Ihre Mitarbeiter Ihnen dankbar sein, wenn Sie jedem zu Tausende von € an Steuergeschenken verhelfen.“

„Alles, was man im Leben braucht, sind Ignoranz und Selbstvertrauen.“

Mark Twain, amerikanischer Schriftsteller (1835-1910)

Ich möchte Ihnen noch einen Akquisetipp geben:

Mobilisieren Sie Arbeitnehmer, die Sie kennen: Informieren Sie diese zu den Vorteilen der bAV und lassen Sie die Arbeitnehmer Informationen zu eventuell bereits bestehenden Gruppenverträgen bei deren Arbeitgeber einholen. Danach lassen Sie sich den Namen des Personalchefs geben und rufen diesen an. Wie schätzen Sie die Wahrscheinlichkeit ein, einen Termin zu erhalten, wenn Sie folgendermaßen formulieren?

Beispiel

> Herr Müller, schönen guten Tag, mein Name ist Hauser, Jürgen Hauser vom bAV-Paradies. Herr Müller, ich habe eine Anfrage von einem Ihrer Mitarbeiter, der gerne eine betriebliche Altersversorgung über Entgeltumwandlung abschließen würde. Dazu muss ich Ihnen – weil das nur über den Arbeitgeber möglich ist – einige Informationen zum Betriebsrentengesetz geben. Passt es Ihnen am … um … oder besser am … um?"

Sie haben Ihren Gesprächspartner nicht erreicht

In größeren Unternehmen ist Ihr Ansprechpartner bekanntlich häufig in Besprechungen oder auf Dienstreise. Der Vorteil in größeren Unternehmen ist jedoch der, dass Sie es in der Regel mit einem weiblichen Vollprofi als Assistentin zu tun haben. Gehen Sie jetzt folgendermaßen vor: *„Frau Grafe, schade, dass ich Herrn Karolus nicht erreiche. Ich würde in dieser Angelegenheit gerne mit Ihnen direkt zusammenarbeiten. Für wann können wir denn einen Telefontermin mit Herrn Karolus vereinbaren?"* Ich habe hier in Bezug auf die Zuverlässigkeit von Top-Sekretärinnen die allerbesten Erfahrungen gemacht!

Zu guter Letzt: die Nachbereitung

Falls Sie den gewünschten Termin bekommen und auch ein angenehmes Gespräch geführt haben, dann sollten Sie das abschließend zum Ausdruck bringen. Der potenzielle Kunde wird sich freuen, schließlich geschieht das selten! Da Sie nun einen Termin vereinbart haben, empfehle ich Ihnen, diesen dem potenziellen Kunden schriftlich zu bestätigen. Warum? Er rechnet nicht mit so viel Sorgfalt und Ihr Ruf wird schon vor dem ersten Kennen lernen optimiert.

Wenn Sie keinen Termin vereinbaren konnten und verabredet haben, dass Sie sich zu einem späteren Zeitpunkt noch einmal melden werden, fertigen Sie eine Aktennotiz an, in der Sie alle relevanten Informationen aus dem Telefonat zusammenfassen, und legen Sie sich diese auf Wiedervorlage. Vervollständigen Sie eventuell akademische Titel oder die Berufsbezeichnung.

Welches Fazit ziehen wir?

„Halte die Fähigkeit zur Anstrengung in Dir lebendig durch ein wenig freiwillige Übung jeden Tag."

William James, amerikanischer Philosoph und Psychologe (1842-1910)

Stellen Sie sich beim Telefonieren selbst immer wieder die folgenden Fragen:

- Wie ist die Einstellung meinem Produkt, meinem Hause und nicht zuletzt meinem Kunden gegenüber?
- Welches Bild will ich überhaupt nach außen vermitteln?
- Wie würde ich selbst gerne behandelt werden, wenn ich hier anriefe?

Die Antworten zeigen Ihnen den Weg zu einem professionellen Verhalten am Telefon.

Und: Sie müssen es einfach tun! Übung macht bekanntlich den Meister.

Und zum Schluss noch eine Bitte. Fragen Sie am Telefon niemals: *„Wie war doch gleich Ihr Name?"*, denn in aller Regel lebt Ihr Gesprächspartner ja hoffentlich noch!

Im nächsten Kapitel geht es nun darum, wie Sie Kontakt zu Ihrem potenziellen Kunden halten können, falls kein Termin vereinbart werden konnte – was nun eigentlich nur noch in Ausnahmefällen vorkommen sollte. Das wünsche ich Ihnen zumindest von Herzen!

6. Halten Sie Kontakt mit dem Entscheider

„Nichts auf der Welt geht über Beharrlichkeit. Talent nicht: Es wimmelt von gescheiterten Existenzen mit Talent. Genie nicht: Das „verkannte Genie“ wurde zum Synonym für Erfolglosigkeit. Erziehung nicht: Allerorten finden sich gut erzogene Versager. Alleine Zielstrebigkeit und Ausdauer verbürgen den Erfolg.“

Calvin Coolidge, 30. amerikanischer Präsident (1872 – 1933)

Ein so komplexes Produkt wie die bAV verkaufen Sie in der Mehrzahl der Fälle nicht bei einem ersten Besuch. Also gilt es für Sie nach Ihrem ersten Gesprächstermin den Kontakt zu halten.

In den letzten drei Jahren war ich erst ein einziges Mal in der glücklichen Lage, bei einem Erstbesuch eines potenziellen, mir bislang noch unbekannten Kunden sofort eine Unterschrift unter den Antrag zu einem Gruppenvertrag zur betrieblichen Altersversorgung zu erhalten. Ich nehme an, dass es Ihnen in der Vergangenheit ähnlich ergangen ist und Sie somit wie ich in aller Regel einen zweiten, wahrscheinlich sogar einen dritten Termin benötigen, um vom Arbeitgeber eine Entscheidung zu bekommen. Wenn Sie Kontakt mit Ihrem potenziellen Kunden halten wollen, ist es unabdingbar, dies möglichst empathisch zu tun. Und: Nennen Sie Vorteile, Vorteile, Vorteile!

„Lieber Gott, gib mir Geduld, und zwar sofort.“

Oren Arnold, amerikanischer Journalist und Humorist (1900-1980)

Um Ihre Chancen zu verbessern, überhaupt einen Folgetermin beim Arbeitgeber zu erhalten, müssen Sie sich bei ihm in regelmäßigen Abständen positiv ins Bewusstsein bringen. Wie können Sie das tun?

Lassen Sie sich eine Karte drucken, die so aussieht:

Quelle: Eigene Darstellung

Abbildung 15: „Für-Sie-entdeckt"-Karte

Mit der „Für-Sie-entdeckt!"-Karte versehe ich häufig interessante Zeitungsartikel, die ich meinen Kunden ohne ein weiteres Anschreiben zuschicke und so den Kontakt halte. Selbstverständlich müssen Sie darauf achten, dass diese Artikel von hohem Interesse für den Kunden sind.

Hier ein Beispiel:

DER SPIEGEL

Nr. 38/15.9.03
Deutschland: 3,00 €

Peer Steinbrück, 56, Ministerpräsident von Nordrhein-Westfalen und sein Stellvertreter, Sportminister **Michael Vesper,** 51, vertraten sich in der Halbzeitpause beim Spiel Deutschland–Schottland in der VIP-Lounge des Dortmunder Westfalenstadions die Beine. Da entdeckten die

Vesper, Blüm, Steinbrück

rot-grünen Bündnispartner den ehemaligen Bundesarbeits- und -sozialminister **Norbert Blüm,** 68, der offenbar nicht unbedingt das Gespräch mit den beiden suchte, hinter einer Zimmerpalme versteckt. Etwas vorlaut machte der Grüne seinen Ministerpräsidenten aufmerksam: „Guck mal, da steht Florida-Norbert“ und deutete auf Blüm, der von dem Gewächs fast völlig verdeckt wurde. Blüm, lustiger Geselle wie immer und nie um einen noch so blöden Spruch verlegen, sprang hinter der Pflanze hervor und konterte unter dem Gelächter der Umstehenden: „Und ich sag euch, die Rente ist sicher.“

Quelle: Spiegel Nr. 38, September 2003

Abbildung 16: Norbert Blüm: „ ..die Rente ist sicher“

Beispiel

> **Betriebliche Altersversorgung**
>
> Sehr geehrter Herr Personalleiter,
>
> die betriebliche Altersversorgung ist ein weites Feld: Andreas Buttler hat mit seinem Buch
>
> *„Einführung in die betriebliche Altersversorgung“*
>
> (erschienen im Verlag Versicherungswirtschaft) ein Standardwerk geschrieben. Das beigefügte Exemplar ist vom Autor signiert. Ich überlasse es Ihnen gerne!
>
> Beste Grüße
>
> Jürgen Hauser

Zugegebenermaßen kostet Buttlers Buch 37 €. Was ist jedoch dieser Betrag im Verhältnis zu den Umsatzmöglichkeiten, die ich in dieser Firma habe? (Vor kurzem habe ich Andreas Buttler zehn Exemplare seines Buches zusammen mit einer Flasche Champagner zugeschickt und ihn gebeten, mir die Bücher signiert zurückzusenden, was er gerne tat.)

Den folgenden Brief schickte ich an den Personalvorstand eines Unternehmens, in dem ich mich bislang vergeblich um einen Termin bemüht hatte:

Beispiel

> *„Der Kaufmann hat in der ganzen Welt die gleiche Religion.“*
>
> Heinrich Heine
>
> Sehr geehrter Herr Dr. Meyer,
>
> mit Ihren Mitarbeitern Frau Liesenhoff in Wiesbaden, Herrn Wasser in Heidelberg und Frau Bär in Berlin habe ich in den letzten Monaten intensive Gespräche zur betrieblichen Altersversorgung über Entgeltumwandlung in Ihrem Unternehmen geführt.

Bei der XY-Zeitung, die bislang ebenfalls keine Entgeltumwandlung angeboten hatte, habe ich in den letzten drei Wochen 17 Prozent der 1.000 Mitarbeiter einzeln im Halbstundenrhythmus beraten und jeweils die Steuer- und Sozialversicherungsersparnis individuell berechnet: Daraus resultiert für den XY-Verlag eine Ersparnis von Sozialversicherungsbeiträgen in Höhe von 266.716 €, die ich Ihnen, sehr geehrter Herr Dr. Meyer, symbolisch beilegen darf.

Ich verspreche Ihnen ebenso kurzfristig mindestens die gleiche Erfolgsquote, was in Ihrem Hause zu einer Ersparnis in Höhe von € 440.640* führen wird!

Ich bin sehr gespannt auf die Entscheidung Ihres Hauses hinsichtlich meiner Vorschläge!

Beste Grüße

Jürgen Hauser

Beigefügt habe ich geschreddertes Geld in Brikettform.

„Nein! Nicht aufgeben!
Es kommt immer anders, wenn man denkt“.

Anonymus

Beispiel

Einmal erhielt ich von einem sehr erfolgreichen Fachanwalt für Arbeitsrecht eine Empfehlung: Ich sollte Kontakt mit einem großen Ingenieurbüro, welches als Aktiengesellschaft firmiert, aufnehmen und die Entgeltumwandlung installieren. Der Anwalt, so schrieb er mir in seiner E-Mail, sei dort Aufsichtsrat und ich solle den Personalchef namens Fischer anrufen. Der Entscheider sei aber der Vorstand, Herr Schrank. Aufgrund des Einflusses meines Netzwerkpartners in dieser AG, dem Rechtsanwalt, hielt ich das Geschäft für quasi bereits getätigt. Weit ge-

---

* 180 € monatlicher Durchschnittsbeitrag x 12 Monate x 2 Jahre x 3.000 Mitarbeiter x 17 % kurzfristige Beitrittsquote x 20 % Sozialversicherungsbeiträge = 440.640 €.

fehlt! Ich rief Herrn Fischer an, stellte mich vor und berichtete, dass ich auf Empfehlung des Aufsichtsrates anrufe und wollte einen Termin vereinbaren. Ich reagierte mit Verblüffung, als Herr Fischer sagte: „Danke, in Versicherungsangelegenheiten werden wir bereits von Herrn Müller zu unserer absoluten Zufriedenheit betreut." Ich entgegnete: „Nun, da sind Sie ja in den allerbesten Händen. Der Kollege hat sicherlich im Bereich der Sach- und Haftpflichtversicherungen alles bestens für Sie geregelt. In diesem Feld kenne ich mich nun überhaupt nicht aus, da ich mich ausschließlich auf die betriebliche Altersversorgung spezialisiert habe. Dies ist auch der Grund, warum Ihr Aufsichtsrat mich bat, unbedingt einen Gesprächstermin mit Ihnen zu vereinbaren!" Diese Argumentation führte zum Erfolg, nämlich zum ersten Gesprächstermin. Als ich den Termin in der Firma hatte, präsentierte ich Herrn Fischer meinen Tisch-Flipchart-Vortrag zur bAV. Als ich fast fertig war, ging die Tür auf und ein durchtrainierter, drahtiger Mann trat völlig verschwitzt in Sportbekleidung in den Raum. Herr Fischer stand auf: „Herr Hauser, darf ich Ihnen unseren Vorstand, Herrn Schrank, vorstellen?". Ich begrüßte den Vorstand: "Herr Schrank, Respekt! Sind Sie Marathonläufer?". Herr Schrank bejahte dies und ich fragte ihn, ob er sich auch für Triathlon interessiere. Er sagte: "Ja, aber mir fehlt einfach die Zeit, hierfür entsprechend zu trainieren." Ich fragte Herrn Schrank, ob er Andreas Niedrig kenne, der in seiner Jugend heroinabhängig war und heute zur Weltspitze im Triathlon gehöre. Herr Schrank bejahte und entgegnete: „Warum fragen Sie, Herr Hauser?". Ich antwortete, ich sei mit Herrn Niedrig befreundet. Der Vorstand war beeindruckt! Als ich die Firma schließlich verließ, hatte ich nicht den Eindruck, dass der Personalchef sich für meine Person stark machen würde, da mir die Konkurrenzsituation meines Kollegen zu übermächtig schien, denn dieser hatte bereits kürzlich ebenfalls Gespräche zur bAV in der Firma geführt. Was war zu tun? Ich rief nach Verlassen der Firma noch auf der Fahrt ins Büro meinen Freund Andreas Niedrig an und bat ihn, mir noch am selben Tag ein Exemplar seines Buches *„Vom Junkie zum Ironman"* zuzuschicken – versehen mit einer Widmung für Herrn Wilfried Schrank und einer Signatur sowie einer Autogrammkarte. Dieses Buch leitete ich mit einem netten Satz an Herrn Schrank weiter. Drei Tage später kam der Anruf von Herrn Fischer, in dem er mir mitteilte, dass sich Herr Schrank für meine Person als Partner für die Einrichtung der betrieblichen Altersversorgung entschieden hatte. Ich bin fest davon überzeugt, dass meine empathische Geste, das Verschenken des Buches, den Ausschlag für die Entscheidung von Herrn Schrank gab, den ich gerade einmal fünf Minuten gesprochen hatte.

Kann Ihr Kunde sich auch nach mehreren Gesprächen partout nicht entscheiden, ob er Sie mit der Einführung der bAV betrauen will und sind alle sachlichen Argumente ausgetauscht, so können Sie ihm den so genannten „decision maker", also eine „Entscheidungshilfe", zuschicken. Wenn er an dessen Kugel dreht, wird diese bei den Feldern „No", „Yes", „Maybe", „Ask Mom", „Buy" und anderen Optionen stehen bleiben. So haben Sie zumindest wieder humorvoll an den Kontakt angeknüpft und können vielleicht das Gespräch so wieder konstruktiv aufnehmen.

„Graben Sie Ihren Brunnen, bevor Sie durstig werden. Denn es ist besser, Deiche zu bauen als darauf zu warten, dass die Flut allmählich Vernunft annimmt!"

Unbekannt

Das Fazit, das wir hieraus ziehen können ist, dass Sie sich kreativ und mit Einfühlungsvermögen in regelmäßigen Zeitabständen wie zum Beispiel alle vier Wochen in das Gedächtnis Ihres potenziellen Kunden rufen müssen.

Genauso verfuhr ich auch bei einer überaus sympathischen Personalleiterin eines Textilunternehmens. Schließlich rief diese mich an und bedankte sich sehr herzlich für die ihr zugeschickten Artikel und berichtete, dass sich der Geschäftsführer ihres Unternehmens für meine Gesellschaft entschieden hätte – nicht aber für meine Person als Vermittler, sondern für den Kollegen, der bislang die Sachversicherungen des Unternehmens betreut und mit dessen Arbeit man zufrieden sei. Eine Enttäuschung, keine Frage. Lieber Leser, was tun Sie jetzt in einer solchen Situation? Die Enttäuschung offen zeigen? Nein. Was würde dies ändern? Bleiben Sie souverän! Ich habe der Personalleiterin den folgenden Brief geschrieben und einen Würfel beigelegt, der auf jeder Seite mit sechs Augen versehen ist:

Einführung der betrieblichen Altersversorgung in Ihrem Hause

Sehr geehrte Frau Wörz,

es hat mich sehr gefreut, dass Sie mir telefonisch signalisiert haben, dass Sie sich wohl für meine Person als Partner für die Einführung der betrieblichen Altersversorgung in Ihrem Hause entschieden hätten. Leider ist es im Leben häufig so, dass man nicht alle Vorstellungen als Angestellte durchsetzen kann. Diesen Sachzwang sehe ich durchaus ein.

Dennoch möchte ich Ihnen gratulieren, dass sich Ihr Vorgesetzter hinsichtlich der betrieblichen Altersversorgung für das Haus Pfefferminzia entschieden hat:

Damit haben Sie garantiert 6 Richtige!

Sollten Sie hinsichtlich der Einführung der betrieblichen Altersversorgung Fragen haben oder meinen Rat benötigen, so bin ich jederzeit gerne für Sie da.

Für Ihre weitere Tätigkeit möchte ich Ihnen alles Gute wünschen und bin sicher, dass Sie dank Ihrer höchst empathischen Charakterzüge sicherlich noch eine steile Karriere vor sich haben.

Herzliche Grüße

Ihr Jürgen Hauser

Die Antwort ließ nicht lange auf sich warten:

„Was können wir verlieren, wenn wir gewinnen?“
Werner Höfer, deutscher Journalist und Fernsehmoderator (1913 -1997)

Sehr geehrter Herr Hauser,

vielen Dank für Ihre netten Zeilen, die mich heute zusammen mit dem Glückswürfel erreicht haben. Er liegt auf meinem leider noch immer etwas provisorischen Schreibtisch und erinnert mich an Ihre gute Unterstützung und Ihr Engagement.

Auch über Ihr Angebot, mich mit Fragen jederzeit an Sie wenden zu dürfen, habe ich mich sehr gefreut. Das zeigt wahre Größe!

Im Leben begegnet man sich bekanntlich immer (mindestens) zweimal. Darauf vertraue ich – und sei es „nur" auf einen Kaffee, wenn Sie einmal in der Nähe sind und vielleicht einen Geschäftstermin mit einem Einkaufsbummel in unserem Factory Outlet verbinden.

Herzliche Grüße

Jasmin Wörz

Wie hoch schätzen Sie meine Erfolgschancen hinsichtlich der Einführung der bAV ein, falls Frau Wörz einmal den Arbeitgeber wechseln sollte? Ich auch!

Im nächsten Kapitel steht das wichtige Verkaufsgespräch mit dem Entscheider im Vordergrund.

7. Ihr entscheidendes Entscheidergespräch

„Auch ein Genie kann ein Verkäufer werden – vorausgesetzt, er ist bereit, hart zu arbeiten!"

Unbekannt

Die vier Phasen einer erfolgreichen Verhandlung

Ein Verkaufsgespräch zur bAV ist nichts anderes als eine Verhandlung. Und gleichgültig, um welche Verhandlung es sich im Leben handelt – jede zielorientierte Verhandlung durchläuft vier Phasen und jede dieser Phasen hat ihre eigenen Regeln.[33] Um den bAV-Abschluss zu generieren, müssen Sie folgende Regeln kennen und befolgen.

1. Erstklassige Vorbereitung
2. Ihr erster Gesprächstermin:
   - Signale empfangen
   - sich einen ersten Eindruck machen
   - in das Thema einsteigen
   - diskutieren und sondieren
3. Ihr Verkaufsgespräch:
   - die richtigen Fragen stellen
   - effizient Verhandeln
   - Vorschläge unterbreiten
   - Einwände entkräften

4. Ihr Vertragsabschluss:
   - den Vertrag aushandeln, abschließen
   - und das Besprochene schriftlich festhalten.

7.1 Erstklassige Vorbereitung

„Wer den Erfolg gut behandelt, dem läuft er nach wie ein Hund.“

Mark Twain, amerikanischer Schriftsteller (1835-1910)

Stellen Sie sich bitte die folgende Situation vor: Sie schauen einem bAV-Verkäufer im Erstgespräch mit einem Arbeitgeber zu. Der Verkäufer hat den Entscheider vor sich, er hat fundiertes Fachwissen, beherrscht überzeugend die Darstellung der Vorzüge der Entgeltumwandlung, die Besprechung findet in ansprechender Umgebung statt und es treten keine Unterbrechungen auf. Beide Parteien argumentieren, diskutieren, hören einander aufmerksam zu – und dennoch endet das Gespräch unvermittelt und ohne eine konkrete Vereinbarung getroffen zu haben.[34] Für Sie als Außenstehenden jedoch klangen alle Argumente nachvollziehbar. Soweit die rationale Ebene. Kennen Sie dieses Dilemma?

Betrachten wir jedoch einmal die gefühlsmäßige Ebene: Die Emotionen sind an Entscheidungen weit mehr beteiligt als die Ratio! Sie hatten bestimmt auch schon Gespräche, in denen von der Sache her alles logisch und klar war, wäre da nicht diese wechselseitige Antipathie gewesen, die den Abschluss verhindert hat. Warum geschieht dies und welche Möglichkeiten bestehen, derart unbefriedigende Ergebnisse zu verhindern? Ihre Aufgabe besteht darin, zunächst Arbeitgeber und dann deren Mitarbeiter von den Vorzügen der Entgeltumwandlung zu überzeugen. Um erfolgreich zu sein, brauchen Sie möglichst viele wichtige Informationen, denn nur so sind Sie in der Lage, an Ihre potenziellen Kunden auch wirklich menschlich „heranzukommen“ und dann zielgerichtet zu argumentieren. Zur Vorbereitung auf Ihr Gespräch haben sich Fragen und Überlegungen bewährt, die Sie sich selbst stellen und beantworten müssen. Überlegen Sie bitte:

1. Wie ist Ihre Ausgangsposition? Existieren beispielsweise rabattierte Gruppenverträge in der Branche des potenziellen Kunden? Haben Sie Informationen darüber, dass ein Mitbewerber bereits einen Gruppenvertrag installiert hat, dem allerdings nur wenige Mitarbeiter beigetreten sind?
2. Bevor Sie in eine Verhandlung treten, sollten Sie die Inhalte der Verhandlung schriftlich fixieren.
3. Außerdem benötigen Sie Informationen über die aktuellen Bedürfnisse Ihres Gesprächspartners.
4. Mit welchen negativen Reaktionen Ihres potenziellen Kunden müssen Sie rechnen?
5. Wie können Sie diesen Reaktionen konstruktiv begegnen?
6. Welche Interessen haben Sie bezogen auf die einzelnen Verhandlungsgegenstände? Ich verhandle zum Beispiel gerade mit einer Holding, deren einzelne Unternehmen 15.000 Mitarbeiter beschäftigen: Ich wäre dankbar, wenn ich in einer der kleinsten Firmen mit wenigen Hundert Mitarbeitern zunächst meine Leistung unter Beweis stellen könnte statt gleich den ganzen Kuchen haben zu wollen.
7. Welche Ihrer Stärken können für das Gespräch besonders nützlich sein?
8. Wie genau wollen Sie diese Stärken einsetzen?
9. Was wollen Sie auf jeden Fall vermeiden?
10. Welche Ziele sind für Sie unabdingbar?
11. Zugegebenermaßen nicht einfach, aber Sie müssen sich empathisch Klarheit über die gegenwärtige emotionale Verfassung Ihres Gesprächspartners verschaffen – und das möglichst schnell.
12. Was muss geschehen, damit Sie die Verhandlung abbrechen?

Erst wenn Sie sich hierüber Klarheit verschafft haben, sollten Sie sich mit Ihrem potenziellen Kunden treffen. Dann müssen Sie natürlich bestens ausgerüstet sein, um:

- Ihr unsichtbares Produkt zu visualisieren,
- den potenziellen Kunden zu überzeugen,
- Einwände zu entkräften,
- und abzuschließen.

Ich schreibe mir vor dem Termin für das Gespräch ein „Drehbuch“: Dieses Drehbuch ist ein Blatt auf dem die Punkte in der Reihenfolge stehen, in der ich diese ansprechen möchte. In genau dieser Reihenfolge nenne ich Ihnen nun die weiteren Unterlagen, die ich mitnehme:

Beispiel

Ich habe meine Referenzmappe mit den gesammelten Empfehlungsschreiben dabei.

Ich nehme das „*Gesetz zur Verbesserung der betrieblichen Altersversorgung*“ mit, das ich meinem Gesprächspartner zeige. Gegebenfalls kann ich aus dem § 1 zitieren, falls mein Gegenüber am verbrieften Recht der Mitarbeiter auf Entgeltumwandlung zweifelt.

Mit Hilfe einer Tischflipchart, die ich aufklappe und auf den Tisch stelle, kann ich mit einem entsprechendem Vortrag zum Thema informieren. Wie genau dieser Vortrag aussieht, sehen Sie im nächsten Kapitel, Selbstverständlich benötige ich in dem Gespräch auch Prospektmaterial zu meinen Vorschlägen.

Mit einem Taschenrechner kann ich die Höhe der Lohnnebenkosten kalkulieren, die ich für meinen möglichen Neukunden einsparen möchte.

Und ich habe das so genannte „Implementierungsmanagement“ dabei, das ich Ihnen in diesem Kapitel noch vorstellen werde: Hiermit zeige ich dem Arbeitgeber meine diversen Dienstleistungen im Rahmen der Entgeltumwandlung auf, die ich für ihn erbringe.

> Da in der Regel ein Folgetermin vereinbart werden muss, nehme ich selbstverständlich meinen Terminkalender mit.

Diese exakte Vorbereitung ist für mich das A und O, um in das Gespräch zu gehen: Zum einen fühle ich mich so ausgestattet sicher und zum anderen führe ich das Gespräch – statt selbst geführt zu werden. Ausnahmen bestätigen die Regel: Als ich einen 78-jährigen Verleger besuchte, der sein großes Unternehmen sehr patriarchalisch führte, legte ich wie üblich das Gesetz vor und sagte: *„Herr Bauer, nach dem ‚Gesetz zur Verbess...'"*. Er unterbrach mich mit den Worten: „Junger Mann, in diesem Hause mache ich meine eigenen Gesetze!" Ich stellte konsterniert fest, dass ich nicht in der Lage war, diesen Herrn davon zu überzeugen, dass für die Gesetzgebung in Deutschland die Legislative zuständig ist, brach an dieser Stelle ab und verabschiedete mich von „Gottvater", wie ihn seine Mitarbeiter nannten.

7.2 Ihr erster Gesprächstermin

„Fremde sind Freunde, die man noch nicht kennt."
Unbekannt

Schalten Sie alle Antennen auf Empfang

Wir telefonieren, faxen, mailen, versenden Memos – und verzichten so auf die vielen so wertvollen Eindrücke und Informationen, die wir nur aus der direkten persönlichen Kommunikation gewinnen können: Gesichtsausdruck, Aussehen, Haltung, Motorik, Geruch, Händedruck, Stimmlage und Kleidung verraten uns viel mehr als wir durch eine noch so moderne Kommunikationstechnik erfahren können.[35] Wenn es ein Geheimnis guter Menschenkenntnis gibt, dann basiert es auf Unvoreingenommenheit, Aufmerksamkeit, Beobachtungsgabe, Empathie und Übung, Übung, Übung!

Menschenkenntnis lässt sich nur im Umgang mit Menschen trainieren. Sie können also lernen, andere Menschen richtig zu „lesen". Erfahrene Verkäufer arbeiten ständig daran, die Beziehung zu ihrem Kunden so persönlich und intensiv wie möglich zu gestalten, weil ihnen dann die benötigten Informationen nahezu automatisch zufließen. Wenn Sie erreicht haben, dass ein Arbeitgeber zu Ihnen Vertrauen gefasst hat, wird er offen über die jeweils aktuelle Situation in seinem Unternehmen sprechen und häufig auch seine Gefühlswelt für Sie öffnen. So ist es für Sie ein leichtes, Ihre Verkaufschancen auszuloten.

Machen Sie sich einen ersten Eindruck

Jede Kundenbeziehung beinhaltet einen Beziehungsaspekt und einen Inhaltsaspekt. Beide Aspekte beeinflussen sich gegenseitig, sind also miteinander verwoben. Diese Vermischung führt im Gespräch dann zu Problemen, wenn Gesagtes von beiden Partnern unterschiedlich bewertet wird. Daraus ergibt sich der wesentliche Grundsatz für die Interaktion: Sie müssen zunächst immer das positive Gesprächsklima auf der Beziehungsebene herstellen! Erst dann können Sie den Sachverhalt auf der Inhaltsebene konstruktiv klären, denn die Beziehungsebene ist die Basis für jede erfolgreiche Argumentation. Wenn fremde Menschen zusammentreffen, neigen sie in aller Regel dazu, nicht sofort Wesentliches von ihrem Inneren preiszugeben, sondern setzen oft eine „Maske" auf, um sich zu schützen. Beobachten Sie daher im Kundengespräch Ihren Gesprächspartner genau und registrieren Sie alles, was für einen erfolgreichen Verlauf der Unterredung wesentlich sein könnte. Dazu zählen die Ausdrucksweise und Wortwahl des potenziellen Kunden, sein körperliches Verhalten, sein Umgang mit Mitarbeitern und Kollegen sowie die räumliche Umgebung. Beim ersten Kontakt mit einem neuen möglichen Kunden müssen Sie Ihr Gegenüber mit gezielten Fragen „öffnen". Die Art, wie sich Ihr Gesprächpartner ausdrückt, welche Fachbegriffe er verwendet, wie er über den Betriebsrat und Mitanbieter spricht, all das gibt Ihnen höchst interessante Hinweise und hilft Ihnen, sich ein genaues Bild von seiner „Landkarte" und den Bedürfnissen dieses potenziellen Kunden zu machen. Ein weiterer aufschlussreicher Indikator für das Persönlichkeitsbild eines Menschen ist dessen Umgang mit Mitarbeitern, Kollegen und Vorgesetzten. Wie ist der Umgangston? Wird dem Gesprächspartner Respekt entgegengebracht oder wird er herablassend behandelt? Duzt man sich gar? Schließlich müssen Sie auch die Arbeitsstelle Ihres Gesprächspartners intensiv ins Auge fassen. Denn auch hier zeigt sich viel vom tatsächlichen Status, aber auch den persönlichen Interessen des Gesprächspartners. Der Verkaufsstratege weiß, dass er nur durch detaillierte Kenntnisse des Unternehmens das vertrauensvolle Verhältnis schaffen kann, das er benötigt, um eine stabile Kundenbeziehung zu knüpfen, die den Attacken des Wettbewerbs dauerhaft widersteht.

Eine hohe Kunst: Ihr gelungener Einstieg in das Gespräch

Sie wissen ja: Für einen ersten Eindruck gibt es keine zweite Chance. Dieser erste Eindruck bestimmt ganz maßgebend, ob Sie die bAV installieren werden oder nicht. Aber warum ist der erste Eindruck für uns so wichtig? Nähern wir uns diesem Phänomen einmal wissenschaftlich: Die folgenden psychologischen Erklärungen[36] zeigen auf, warum dies so ist und worauf Sie deshalb achten müssen:

- Ur-Instinkte des Menschen, die auch heute noch in jedem von uns verankert sind, bestimmen besonders bei der ersten Begegnung mit einem fremden Menschen das Verhalten beider Gesprächspartner. Beim dynamisch auftretenden bAV-Verkäufer könnte der Angriffsinstinkt in den Vordergrund treten, was beim eher zurückhaltenden Arbeitgeber einen Fluchtinstinkt auslösen könnte. Treten Sie deswegen in der Phase des Erstkontaktes nicht zu forsch auf!
- Für uns bAV-Verkäufer liegt im Folgenden eine Stolperfalle: Bei der Begegnung mit fremden Menschen können in unserem Unterbewusstsein Programme ablaufen, die wir nicht beeinflussen können und Ängste, Unsicherheit oder das Bedürfnis nach Abgrenzung auslösen. Da un-

sere Gefühle durch unsere entsprechende Ausstrahlung und durch vielleicht unsicheres Verhalten für unseren Gesprächspartner erkennbar sind, werden hierdurch negative Eindrücke bei ihm verursacht. Solche automatisch ablaufende Negativprogramme lassen sich durch Training „an der Front" im Laufe der Zeit beseitigen.

- Jeder Kontakt mit einem bislang fremden Menschen löst im Gegenüber die Mechanismen des Vergleichens und Assoziierens aus. Hierfür sind Ihre äußere Erscheinung und Ihre Verhaltensmuster die Auslöser. Je nach den Erfahrungen, die Ihr Gesprächspartner bislang in seinem Leben gemacht hat, schätzt er Sie ein. Solche Einschätzungen, also der berühmte erste Eindruck, lassen sich durch eine gepflegte Erscheinung, angemessene Kleidung und durch offenes, freundliches Auftreten positiv beeinflussen.

Ein bAV-Verkaufsgespräch ist einer mündlichen Prüfungssituation[37] ähnlich, in der wir uns ja ebenfalls positiv präsentieren möchten. Unsere größte Befürchtung besteht ja häufig darin, uns im Gespräch zu blamieren. Falls wir unter dieser Angst leiden, errichten wir unbewusst „Angstabwehrfassaden" die entweder in einer „Imponiertechnik" oder einer „Fassadentechnik", münden.

- Unter einer *Imponiertechnik*, also der überzogenen Selbstdarstellung, versteht man die folgenden Verhaltensweisen:
  - Bemühungen, die „Schokoladenseite" zu zeigen, um Pluspunkte zu sammeln,
  - zu lautes Sprechen,
  - übertriebene Ausdrucksformen,
  - imponierende „Kostümierung",
  - der Versuch des Beweises auf einem Spezialgebiet überlegen zu sein.
- Die „*Fassadentechnik*", also eine schwache Selbstdarstellung, beinhaltet die folgenden Verhaltensweisen:
  - das Bemühen, besondere Persönlichkeitsanteile zu verbergen,
  - Schweigen, Zeigen eines „Pokerfaces",
  - Gefühle und Schwächen verbergen,
  - gefühlsarme Sachlichkeit in der Sprache.

Klar, dass die oben geschilderten Verhaltensweisen im bAV-Verkauf nicht gut ankommen. Wenn Sie so viele Erstkontakte wie möglich knüpfen, verlieren sich diese Automatismen aber sehr schnell.

Natürlich wollen Sie eine gute Beziehung zu Ihrem potenziellen Neukunden aufbauen: Dazu dient die Aufwärmphase im Gespräch. Versuchen Sie zunächst, die volle Aufmerksamkeit Ihres Gesprächspartners zu erhalten. Beginnen Sie ein Gespräch immer mit den Dingen, die Sie beide menschlich verbinden. Hinweise hierauf finden Sie vielleicht im persönlichen Arbeitsumfeld des Arbeitgebers. Zeigen Sie während des Gespräches immer wieder Ihr deutliches, ehrliches Interesse an Ihrem Gegenüber. Greifen Sie seine Wünsche auf und versuchen Sie, daraus bereits ein mögliches Angebot zu formulieren, das für Ihren Kunden interessant ist. Es gilt mit Überzeugungskraft, Fachkompetenz und Ihrer Persönlichkeit die Probleme des Kunden zu definieren und Lösungen zu präsentieren.

Überlegen Sie bitte: Welche Faktoren sind für Ihren potenziellen Kunden von so enormer unternehmerischer Bedeutung, dass Ihnen seine ungeteilte Aufmerksamkeit sofort sicher ist? Ich möchte Ihnen zwei Beispiele nennen, die wunderbar zur betrieblichen Altersversorgung über Entgeltumwandlung passen, denn:

„Schlechte Zeiten sind gute Gesprächsthemen.“

*Wolf Wondratschek, deutscher Lyriker (*1943)*

1. Wenn Sie ahnen können, dass ihr Kunde der Kostensenkung in seinem Unternehmen große Bedeutung beimisst, dann sollten Sie Ihr Verkaufsgespräch mit einem Kostensenkungsversprechen beginnen. Folgende einleitende Worte können Sie wählen:

Beispiel

> „Frau Wehrle, ich habe Ihnen eine Idee mitgebracht, die Sie interessieren wird! Ich habe kalkuliert wie viel Geld Sie sparen können. Das Ergebnis lautet: 69.812 €. Darf ich Ihnen hierzu einige Details zeigen?“

2. Jeder Unternehmer ist an einer möglichst hohen Produktivität seiner Mitarbeiter interessiert. Diesen Ansatz können Sie wie folgt nutzen:

Beispiel

> „Herr Dr. Stadler, wir können täglich in der Presse lesen, dass das Renteneintrittsalter teilweise schon auf 67 Jahre angehoben wurde. Fakt ist aber nun einmal, dass ältere Arbeitnehmer durch höhere Fehlzeiten weniger produktiv sind als jüngere. Die meisten Ihrer älteren Mitarbeiter werden es sich allerdings aufgrund der desolaten Situation der gesetzlichen Rentenversicherung nicht leisten können, früher als mit 67 Jahren in Rente zu gehen. Ich habe Ihnen eine Idee mitgebracht, wie dies dennoch möglich sein wird."

Diskutieren und sondieren Sie zielorientiert

Ob mit Kollegen, Vorgesetzten, ob mit Bekannten, mit dem netten Nachbarn oder mit dem Partner: Wie ein Gespräch verläuft und welche Ergebnisse Sie dabei erzielen, hängt immer auch von Ihnen ab. Andere Menschen werden Ihnen immer auf das antworten, was Sie aussenden. Gespräche sind oft das einzige, was zwei Menschen verbindet. Sie sind deswegen auch oft das einzige, was zwei Menschen gemeinsam weiterbringt. Deshalb sollten Sie der Kommunikation die Wichtigkeit zukommen lassen, die diese hat und sich über Methoden, sie positiv zu beeinflussen, Gedanken machen. Überlegen Sie unbedingt, was Ihr Gesprächspartner will, welche Erwartungen er an Sie hat. Hören Sie Ihrem Gesprächspartner aufmerksam zu. Sie können sehr viel von dem, was dieser sagt, später wieder in den Gesprächsverlauf einfließen lassen. Durch die Informationen, die Sie durch Ihren Gesprächspartner bekommen haben, können Sie ihm ganz gezielt vermitteln, dass Sie ihn verstanden haben und auf seine Vorstellungen auch eingehen. Betrachten und behandeln Sie Ihr Gegenüber somit nicht immer nur als Firmenchef und Kaufmann, sondern als Mensch, der sie oder er nun einmal – auch hinter allen fachlichen Diskussionspunkten – ist. Sie steuern das Gespräch und erhalten wertvolle Informationen von Ihrem und über Ihr Gegenüber. Arbeiten Sie beim Gespräch in regelmäßigen Abständen Gemeinsamkeiten heraus. Fassen Sie wichtige Gesprächsabschnitte immer wieder zusammen, so dass Sie beide bis zu einem genau festgelegten Punkt übereinstimmen. Dann wird es am Schluss auch einfacher, das Ergebnis festzuhalten.

Es wird immer wieder Situationen geben, in denen das Gesprächziel nicht auf direktem Wege erreicht werden kann. Es wird Ihnen manchmal auch zu lange dauern, bis ein Erfolgserlebnis spürbar wird. Dies kann zu Aggression und Frustration führen. Betrachten Sie bitte beide unangenehmen Gefühlzustände als ganz „normale" emotionale Vorgänge, mit denen Sie umzugehen lernen müssen. Menschen haben Erwartungen, nicht immer unbedingt die gleichen und doch kann es gelingen, beide Erwartungen im Rahmen einer konsequenten und sinnvollen Gesprächskultur zu vereinigen. Am einfachsten ist es, sich in jedem Gespräch einmal „auf den Stuhl des anderen zu setzen".

Beachten Sie die folgenden für konstruktive Gespräche so wichtigen Regeln:[38]

1. Sprechen Sie immer so, dass Sie verstanden werden: Angenommen Ihr Gesprächspartner blickt auf seine Uhr und sagt: *„Gut, Herr Szilagyi, schießen Sie los!"* und Sie beginnen folgendermaßen: *„Ich erkläre Ihnen jetzt die Zusammenhänge: Durch die demografische Entwicklung, die Einführung des Nachhaltigkeitsfaktors sowie die desaströsen Auswirkungen des Alterseinkünftegesetzes kommen Ihre Mitarbeiter gar nicht umhin von der Möglichkeit der Entgeltumwandlung gemäß §1 des Gesetzes zur Verbesserung der betrieblichen Altersversorgung Gebrauch zu machen – und zwar unbedingt in Höhe von vier Prozent der BBG plus 1.800 € p. a., vorausgesetzt, es bestand bislang keine Direktversicherung!"* Auch ein aufmerksamer und per se eher wohl gesonnener Zuhörer wird eine derartige Form der Darlegung als Verbalattacke empfinden und das Gespräch mit dem bAV-Berater „Herrn Schlau" ganz schnell beenden.

2. Streuen Sie in Ihrem Gespräch positive Wörter ein und betonen sie diese, auch durch Einsatz von Gestik, Mimik und Stimme. So kommt beim Empfänger eine positive Botschaft auch an. Als po-

sitive Wörter gelten „vertrauenswürdig“, „bewährt“, „vorteilhaft“, „beliebt“ und viele weitere.

3. Verwenden Sie ähnliche Sprachmuster wie Ihr Gesprächspartner, weil diese Ihre Argumentation nahezu „unwiderstehlich“ machen. Achten Sie auf die Art und Weise wie Ihr Kunde spricht: Machen Sie Sprechpausen wie Ihr Kunde, eignen Sie sich das Sprechtempo und die Lautstärke der Sprache Ihres Gesprächspartners an.

4. *Kin Hubbard*, *US-amerikanischer Humorist (1868-1930),* sagte einmal: *„Manche Leute kann man nur unterhalten, indem man ihnen zuhört.“* Einer der Gründe, weswegen man so selten Menschen begegnet, mit denen man vernünftige und angenehme Gespräche führen kann, ist, dass viele nur an das denken, was sie selbst sagen möchten statt genau auf das zu antworten, was man ihnen gesagt hat. Der Philosoph *Georg Lichtenberg* formuliert es noch drastischer: *„Es gibt Menschen, die reden soviel, dass sie sich selbst ins Wort fallen.“* Falls unser potenzieller Kunde zu dieser Kategorie Mensch gehört, nutzen Sie Ihre Chance und hören Sie ihm zu!

So vorbereitet, haben Sie eine gute gemeinsame Ausgangsbasis mit Ihrem potenziellen Neukunden geschaffen, fühlen sich sicher und können nun voller Selbstvertrauen in Ihr Verkaufsgespräch einsteigen.

7.3 Ihr Verkaufsgespräch

„Der Verkäufer hat die längste Lehre. Er lernt nie aus.“

Unbekannt

Stellen Sie die richtigen Fragen!

Warum ist es besser zu fragen, als zu behaupten? Behauptungen werden oft nicht akzeptiert, sondern fordern Widerspruch heraus, verletzen das Prestige Ihres Gesprächspartners, können Ärger verursachen und zu Streitgesprächen führen. Worin hingegen liegen die Vorteile des Fragens? Eine unter Verkäufern altbekannte Weisheit lautet: „Wer fragt, der führt!“ Denn: Wer fragt, behauptet nicht, sondern aktiviert und beteiligt den Gesprächspartner und regt ihn somit zu Antworten an. Wer fragt, spricht nicht zu viel und zeigt Interesse an seinem Gegenüber. Wer fragt, erhält die nötigen Informationen schneller und spart somit Zeit und Kosten. Wer fragt, ermöglicht dem Gesprächspartner sich selbst zu korrigieren. Beim Kundengespräch können verschiedene Frageformen angewendet werden. Ich empfehle Ihnen die so genannten „W“-Fragen, die normalerweise mit einem Satz beantwortet werden müssen. Verwenden Sie im Dialog deshalb offene „W“-Fragen:

- „Warum konnte Sie bislang noch niemand von der Entgeltumwandlung überzeugen?“
- „Wie würden Sie sich fühlen, wenn ich Ihnen 166.812 € Lohnnebenkosten einsparen würde?“
- „Weshalb sagt Ihnen mein Vorschlag nicht zu?“

Diese so genannten „offenen Fragen“ führen dazu, dass der Kunde Ihnen eine umfassendere Antwort gibt, als wenn Sie eine geschlossene Frage gestellt hätten, auf die er nur mit „Ja“ oder „Nein“ hätte antworten können. Die Beantwortung dieser Auswahl an W-Fragen wird die Situation, in der sich der Arbeitgeber befindet, sehr schnell klären und Ihnen so den Dialog erleichtern. Die Antworten können bereits Informationen geben, die Sie später im Gespräch nicht mehr einzuholen brauchen. Diese Fragen werden für den potenziellen Kunden auch Denkanstöße geben und ihm selbst Problemlösungen aufzeigen, die eine straffere und effektivere und somit eine zielgerichtete Gesprächsführung erlauben. Vor allem die Fragen nach dem „Wie“ hat die Antworten mit dem höchsten Informationswert zur Folge: *„Wie hoch schätzen Sie die Ersparnis an Lohnnebenkosten ein, die ich für Sie erwirtschaften kann?“* Bei Fragen nach dem „Wie“ wird Ihr

Gesprächspartner aufgefordert, Ihnen seine eigenen Gedanken und Assoziationen mitzuteilen. *„Was halten Sie von den Vorteilen der Entgeltumwandlung?“* Diese Fragestellung hat einen aktivierenden Effekt. Sie erreichen damit, dass der Partner Ihnen Aufmerksamkeit schenkt und inhaltlich bei Ihnen ist. So genannte geschlossene Fragen, also solche, die nur mir „Ja“ oder „Nein“ beantwortet werden können, sind nicht ungefährlich. Denn diese Art der Befragung könnte den Kunden argwöhnisch machen und in ihm den Verdacht wecken, dass er ausgehorcht werden soll – zu Recht. Wenn er sich in eine Ecke gedrängt fühlt, ist Ihr Gegenüber nicht mehr offen, sondern könnte im Gegenteil ablehnend reagieren. Geschlossene Fragen sollten im Laufe eines Gespräches erst gestellt werden, wenn der Abschluss bereits fixiert ist und es jetzt nur noch um die Umsetzung der Entgeltumwandlung geht. Und diese kann mit der folgenden kleinen Serie von eindeutig mit „Ja“ zu beantwortenden Fragen eingeleitet werden:

Beispiel

„Denken Sie auch, dass wir das Thema Ihren Mitarbeitern am effektivsten nahe bringen, wenn wir eine 30-minütige Präsentation veranstalten?“

„Glauben Sie auch, dass die Akzeptanz am höchsten ist, wenn ich die Einzelberatungen während der Arbeitszeit durchführe?“

„Es ist doch sicher in Ihrem Sinne, dass ich die *Vereinbarungen über die Umwandlung von Arbeitsentgelt in Versicherungsschutz* gleich für Sie unterschreiben lasse?“

Sie geben mir nun sicher Recht, wenn ich behaupte: „Wer fragt, der führt!“ Also fragen Sie beim nächsten Verkaufsgespräch einfach Ihren Kunden, welche Probleme er momentan hat, welche Ziele er verfolgt und wie Sie ihm bei der Lösung helfen können.

Mit ausgefeilten Verhandlungstechniken zum Erfolg

Viele bAV-Verkäufer hoffen darauf, dass der gesetzliche Anspruch der Mitarbeiter auf Entgeltumwandlung und das richtige Produkt ausreichen um den potenziellen Kunden zu überzeugen. Dem ist aber leider in aller Regel nicht so! Aus diesem Grunde sollten Sie professionelle Verhandlungsstrategien[37] in Ihr Gespräch integrieren. Folgende Möglichkeiten bieten sich an:

1. Alternativen schaffen: Wenn Sie etwas Teures verkaufen wollen, stellen Sie etwas noch Teureres dazu. Und das kann bei uns so funktionieren: Bekanntlich lassen sich bei Pensionskassen und Direktversicherungen Gehaltsbestandteile nur gedeckelt umwandeln, die Unterstützungskasse jedoch bietet die Möglichkeit einer nahezu unbegrenzten Gehaltsumwandlung, hat aber den Nachteil, dass der Arbeitgeber Beiträge für den Pensionssicherungsverein bezahlen muss. Wenn Ihr Ziel ist, die Gehaltsumwandlung grundsätzlich im Betrieb einzuführen, unabhängig vom Durchführungsweg, können Sie folgendermaßen vorgehen: *„Sie können den Rechtsanspruch Ihrer Mitarbeiter auf betriebliche Altersversorgung durch eine Unterstützungskasse lösen oder durch eine Pensionskasse. Die Unterstützungskasse hat allerdings den Nachteil, dass Sie Beiträge an den Pensionssicherungsverein bezahlen müssen...“*. Der gewünschte Effekt ist der, dass der Arbeitgeber nicht mehr darüber nachdenkt, ob er die bAV installiert, sondern nur noch über den Durchführungsweg entscheidet.

2. Visualisieren Sie Ihr Produkt: Immer hängen Entscheidungen davon ab, wie sehr unser Gegenüber von deren Richtigkeit überzeugt ist und wie wertvoll das Vorgehen für den jeweiligen Partner ist. Um komplexe Zusammenhänge nachvollziehbar und verständlich zu machen, ist es notwendig, die Vorteile sichtbar zu machen. Da Sie Leistungsversprechen, also unsichtbare Produkte, verkaufen, müssen Sie diese visualisieren: *„Herr Grüne, schauen Sie bitte: Ich habe Ihnen einen Scheck über 78.712 € mitgebracht. Wenn ich Ihnen diesen nun im Auftrag des*

Finanzministers überreichen – also schenken – würde, würden Sie ihn einreichen?“

3. Verweisen Sie auf eine „höhere Instanz“: *Ralph Johnson Bunch*, amerikanischer Bürgerrechtler und Friedensnobelpreisträger (1904-1971) sagte: *„Wenn Du eine Idee weitergeben willst, wickle sie in eine Person ein.“* Werfen Sie deshalb das Gewicht von Autoritäten und Fachleuten in die Waagschale. Es gibt überwältigende Beweise dafür, dass viele Menschen sich von Titeln und Funktionen beeinflussen lassen. „Ihr Nachbar hier im Gewerbegebiet, Herr Niederer, der ja als großer Spediteur sehr erfolgreich ist, hat die Angebote der leistungsfähigsten Mitbewerber durch seinen Steuerberater sorgfältig prüfen lassen und sich schließlich für uns entschieden…“ Durchschauen Sie umgekehrt gleichzeitig den Vorwand einer höheren Instanz bei Ihrem potenziellen Kunden, indem Sie genaue Fragen dazu stellen.

4. Fragen Sie nach der Meinung Ihres Gesprächspartners: Haben Sie in einer Verhandlung schon einmal die Frage gestellt: *„Was schlagen Sie vor?“* Nutzen Sie die Möglichkeit diese Frage zu stellen! Die Antwort auf diese Frage verrät Ihnen, welche Motivation er hat, um etwas zu tun oder eben nicht zu tun und wie seine Strategie der Entscheidungsfindung aussieht.

5. Bereiten Sie Ihre Argumentationskette vor: Überlegen Sie in der Vorbereitung nicht nur, welche Argumente Sie einsetzen, sondern auch, wann Sie diese jeweils einsetzen, um einen optimalen Verhandlungserfolg zu erzielen.

6. Bereiten Sie „Beweise“ vor: Stellen Sie nicht nur Behauptungen auf, sondern belegen Sie diese jeweils einzeln schriftlich. Verwenden Sie hierzu neutrale Quellen wie beispielsweise Zeitungsartikel. So werden Ihre Argumente schneller verstanden und akzeptiert.

7. Nennen Sie Beispiele erfolgreicher Entgeltumwandlung: Berichten Sie Ihrem potenziellem Kunden, dass die Entgeltumwandlung „üblich“ ist. Nennen Sie Beispiele und belegen Sie diese wiederum schriftlich. Denn die Menschen haben eine starke Tendenz, sich an der Mehrheit zu orientieren. Barkeeper, Toilettenfrauen und Bettler präparieren ihr

Trinkgeldglas schließlich auch mit Silberlingen, um die Menschen zur Nachahmung zu motivieren.

8. Machen Sie glaubwürdige Komplimente: Machen Sie Ihrem Gesprächspartner ernst gemeinte Komplimente. Es gibt kaum eine Überdosis! Alle Menschen kommen eher dem Wunsch von Leuten entgegen, die ihnen sympathisch sind.

9. Betonen sie Ihre Stärken: *„Aus reinem Felsquellwasser gebraut!“* Mit diesem Slogan wirbt eine Brauerei für ihr Bier, obwohl wir wissen, dass fast alle deutschen Brauereien ihr Bier mit Wasser aus „reinem Felsquell“ brauen. Diese Tatsache erklärt bereits die Methode der „Felsquellstrategie“. Sie müssen oftmals gar nicht besser sein als ihr Mitbewerber, Sie müssen Ihre Stärke nur besser kommunizieren: *„Herr Kunde, ich mache mir die Mühe und berate jeden Ihrer 300 Mitarbeiter im 30 Minuten-Rhythmus einzeln und berechne jeweils auch individuell die Steuer- und Sozialabgabenersparnis!“*

Dass die Entgeltumwandlung in einem großen Unternehmen mit sehr viel Arbeit verbunden ist, versteht sich für uns von selbst – der Kunde weiß dies jedoch nicht! Definieren Sie deswegen zunächst Ihre einzelnen Arbeitsschritte und visualisieren Sie diese danach. Ich selbst spreche nicht vom „Verkauf“ der bAV, sondern zeige meinem Kunden anhand der nun folgenden Schritte detailliert auf, welche umfangreichen Dienstleistungen ich für ihn erbringe und kommuniziere so erfolgreich, was zwar alle bAV-Verkäufer tun müssen, aber dem Kunden nicht klar ist:

Quelle: Hanspeter Lehmann, Allianz

Abbildung 17: Dienstleistung: Implementierungsmanagement

Quelle: Hanspeter Lehmann, Allianz

Abbildung 18: Umsetzung der bAV in Ihrem Unternehmen – Entscheidungsprozess

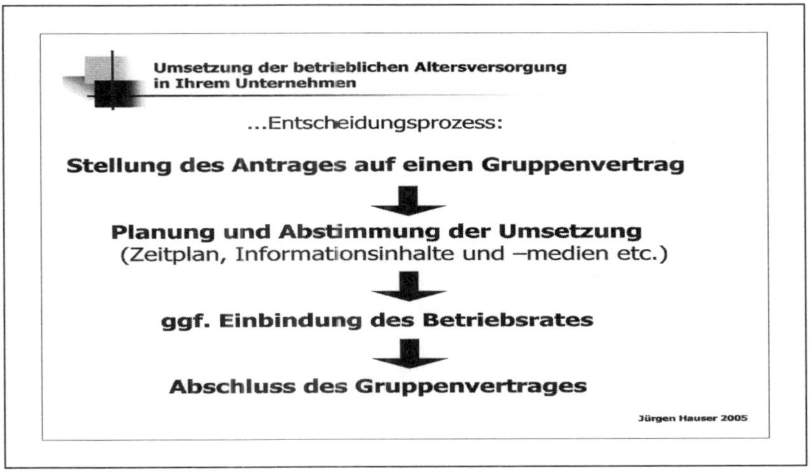

Quelle: Hanspeter Lehmann, Allianz

Abbildung 19: Umsetzung der bAV in Ihrem Unternehmen – Entscheidungsprozess- Fortsetzung

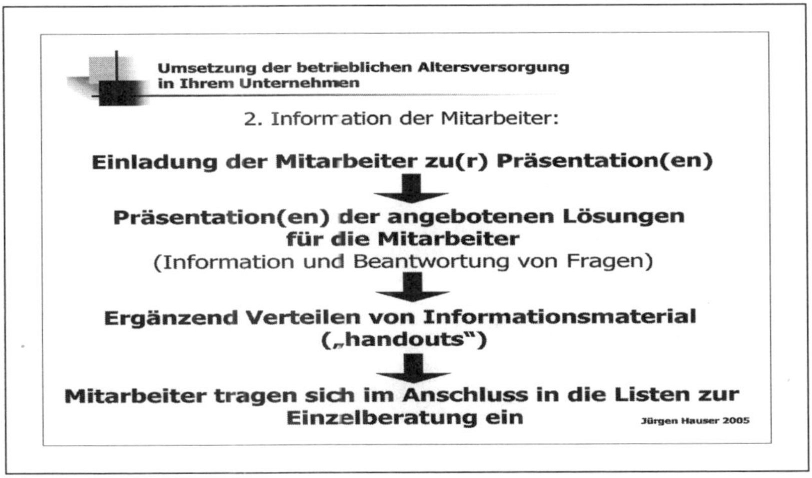

Quelle: Hanspeter Lehmann, Allianz

Abbildung 20: Umsetzung der bAV in Ihrem Unternehmen – Information der Mitarbeiter

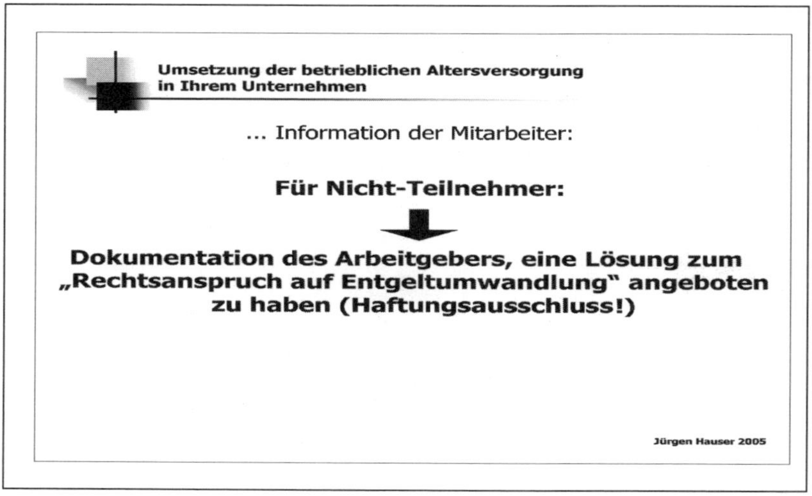

Quelle: Hanspeter Lehmann, Allianz

Abbildung 21: Umsetzung der bAV in Ihrem Unternehmen – Information der Mitarbeiter- Fortsetzung

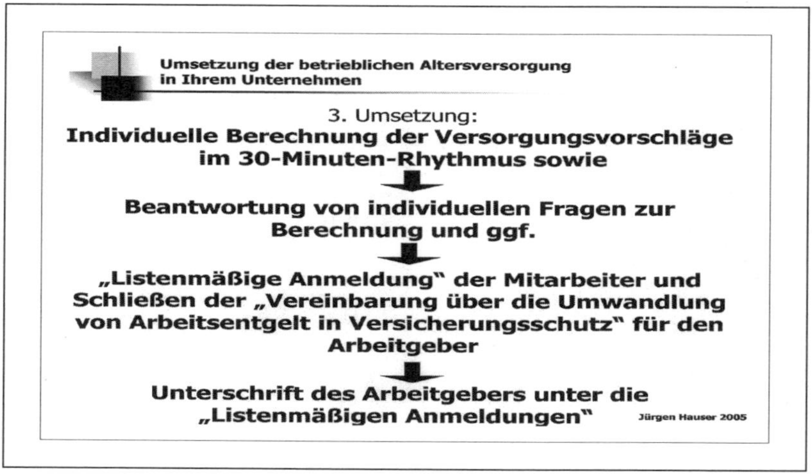

Quelle: Hanspeter Lehmann, Allianz

Abbildung 22: Umsetzung der bAV in Ihrem Unternehmen – Umsetzung

Quelle: Hanspeter Lehmann, Allianz

Abbildung 23: Umsetzung der bAV in Ihrem Unternehmen – Umsetzung-Fortsetzung

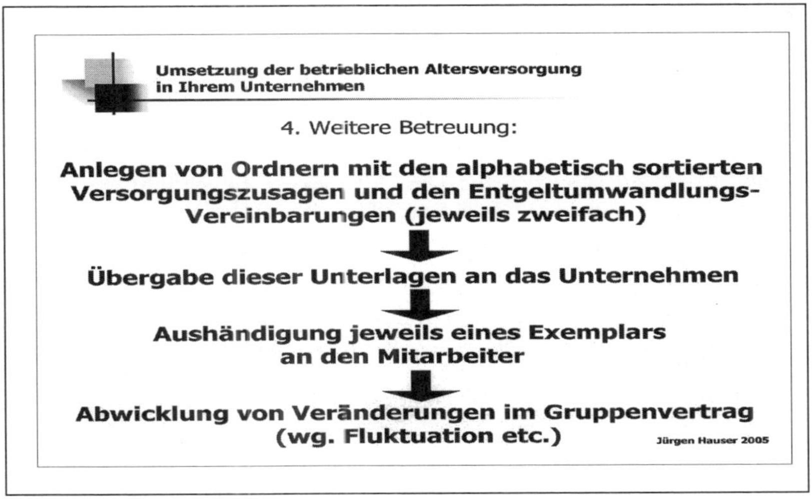

Quelle: Hanspeter Lehmann, Allianz

Abbildung 24: Umsetzung der bAV in Ihrem Unternehmen – weitere Betreuung

Unterbreiten Sie Vorschläge

„Jeder Satz sollte ein Maßanzug für das Gesagte sein“.

Friedrich Sieburg, deutscher Schriftsteller und Lyriker (1893-1964)

Es ist für Sie unabdingbar zu klären, warum dem Partner bestimmte Dinge wichtig sind. Stellen Sie hierfür die notwendigen Rückfragen; schließlich benötigen Sie möglichst viele Informationen! Führen Sie nicht zu viele Argumente ins Feld und bewegen Sie sich mit diesen nicht im Kreis: Ihr potenzieller Kunde würde sehr schnell merken, wenn Ihnen „die Munition“ ausgeht! Lassen Sie schwache Argumente weg, denn Ihr Gesprächspartner vergrößert mit diesen seine Angriffsfläche auf Sie. Nach der Klärung der jeweiligen Positionen ist es wichtig, dass Sie auf die Signale achten, die der Partner hinsichtlich seiner Verhandlungsspielräume gibt. Loten Sie aus, wie weit Sie mit Ihren Vorschlägen gehen können. Es bietet sich an, die folgenden Techniken einzusetzen:

- „Laufen Sie in den Schuhen“ Ihres Gesprächspartners.
  Wie ist die Sichtweise Ihres Gesprächspartners? Danach gilt es, Ihr Ziel zu definieren, aus dem Maßnahmen zur Zielerreichung, also „der Weg“, abgeleitet werden. Zielfördernde und zielhemmende Faktoren müssen dabei berücksichtigt werden. Bieten Sie beim Weg zum Ziel neue Ideen an. Mit Fragen wie beispielsweise: „Wie gefällt Ihnen mein Konzept?“ lässt sich der Gesprächspartner natürlich eher zu Veränderungen bewegen als mit Belehrungen.
- Überzeugen Sie „Überleger“: Versuchen Sie noch verborgene Einwände herauszufinden beziehungsweise dem Kunden klarzumachen, dass es keine sachlichen Einwände mehr gibt. Wenn der Kunde sagt: „Ich weiß nicht so recht. Ich will es mir noch einmal überlegen.“, können Sie nun wie folgt antworten: „Gut, welche Fragen haben Sie denn noch?“
- Provozieren Sie Kaufsignale: Führen Sie Entscheidungen herbei, zum Beispiel durch die folgende Frage: „Sie möchten doch wie jeder Unternehmer Geld sparen, oder nicht?“
- Fassen Sie die Vorteile zusammen: Sie können folgenden Dreiklang herstellen: *„Gut, Herr Sidki, fassen wir noch einmal zusammen: Sie*

sparen ca. 72.116 € an Lohnnebenkosten ein, haben dem gesetzlichen Anspruch Ihrer Mitarbeiter auf Entgeltumwandlung genüge getan und zusätzlich ein Instrument geschaffen, mit dem Ihre Mitarbeiter nicht gezwungen sein werden bis zum 67. Lebensjahr zu arbeiten."

- Bieten Sie Alternativen an: Sie bieten verschiedene Handlungsalternativen an und fragen nun wie folgt: *„Soll der Gruppenvertrag zum 1. Mai oder lieber am 1. Juni in Kraft treten?"* Die Möglichkeit nicht zu kaufen wird dabei ausgeschlossen.
- Nutzen Sie Gesprächspausen: Immer, wenn Sie Fragen formuliert, richtige Behauptungen aufgestellt oder Fakten benannt haben und wirklich auf eine Antwort warten, dann lassen Sie Ihrem Gegenüber genügend Zeit – warten Sie auf die Antwort: *„Herr Stadler, wir haben nun alles besprochen, ich habe Ihnen all Ihre Fragen korrekt und profund beantwortet. Schenken Sie mir Ihr Vertrauen?"* Nutzen Sie die Macht des Schweigens, selbst wenn es manchmal geradezu schmerzhaft ist, denn:
  „Eine Gelegenheit, den Mund zu halten, sollte man nie vorübergehen lassen."
  Curt Goetz, deutscher Schauspieler, Dramatiker und Aphoristiker (1888-1960)

So entkräften Sie Einwände

„Stirn: Um sie zu bieten, braucht man Köpfchen!"

Graffito

Es ist Alltag für uns mit Einwänden umzugehen. Beachten Sie aber, dass Ihr Gesprächspartner Ihnen zwar sachliche Einwände, aber auch unsachliche Vorwände nennen wird. Schauen wir uns die sechs grundsätzlichen Arten von Ein- und Vorwänden an:

Sechs Muster von Einwänden:[37]

1. Der objektiv gerechtfertigte Einwand:
   Hier müssen Sie feststellen, dass der Kunde Recht hat. Werfen Sie jedoch auf keinen Fall die Flinte ins Korn, sondern versuchen Sie den objektiv gerechtfertigten Nachteil durch entsprechende Vorteile auszugleichen: *„Sie haben völlig Recht. Sie als Arbeitgeber haften zwar für die Erfüllung der Rentenansprüche bei der Entgeltumwandlung. Bedenken Sie jedoch, dass Pensionskassen durch die strengen Auflagen des Versicherungsaufsichtsgesetzes in ihrer Geldanlagestrategie stark reglementiert sind. Außerdem sparen Sie ja erheblich an Lohnnebenkosten ein.“*

2. Der subjektiv gerechtfertigte Einwand:
   Der Kunde hat von seiner Warte aus Recht mit seinem Einwand. Geben Sie ihm zu verstehen, dass sie mit seiner Argumentation einverstanden sind und dass sie das aus seiner Sicht ähnlich beurteilen würden: *„Ich verstehe Sie gut. Wenn ich mit meinen Betriebsrat auch so im Clinch läge, würde ich mir ebenfalls ernsthaft überlegen, die schlechteste Pensionskasse anzubieten. Bedenken Sie jedoch bitte, dass Sie sich damit als Arbeitgeber keinen Gefallen tun, weil schlussendlich ja Sie als Arbeitgeber später für die Rentenleistungen haften müssen.“*

3. Das Vorurteil:
   Vorurteile und Klischeevorstellungen sind schwer zu bekämpfen. Zu oft und zu stark darauf einzugehen, zeigt nur, dass das Pseudoargument eine gewisse Wahrheit beinhaltet. Vielleicht braucht der Kunde ein Erfolgerlebnis oder eine Streicheleinheit und Sie können ihn danach geschickt zum sachlichen Teil zurückführen: *„Ja, in der Tat! Mit den Glaspalästen der Versicherungsgesellschaften sprechen Sie etwas Wahres an! Allerdings sind wir gesetzlich verpflichtet unsere Kundengelder sicher anzulegen, also auch in Immobilien.“*

4. Die Ausrede:
   Der Kunde möchte, aus Gründen, die Sie nicht kennen oder die Sie vielleicht vermuten, nicht bei Ihnen abschließen. Deshalb müssen Sie durch eine geschickte Fragetechnik Hintergrundinformationen einho-

len. Fragen Sie folgendermaßen: *„Herr Herweh, was müsste ich tun, damit wir ins Geschäft kommen?"* oder „Herr Stolz, was habe ich falsch gemacht?"

5. Der unsachliche Einwand:

Der Kunde versucht Sie unsachlich und nach Ihrer Meinung völlig ungerechtfertigt in die Enge zu treiben. Holen Sie erst einmal tief Luft und überprüfen Sie die Einwände Ihres Gegenübers. Hat Ihr Gesprächspartner wirklich so Unrecht? Interpretieren Sie vielleicht etwas in seine Aussage hinein, was er so nicht meint? Sollte es sich nach entsprechender Überprüfung tatsächlich um einen unsachlichen Einwand handeln, so gelten folgende Punkte:

- Streiten Sie auf keinen Fall! Ich kenne keinen Verkäufer, der schon einmal ein Streitgespräch mit einem Kunden gewonnen hat.
- Stellen Sie den Sachverhalt deutlich klar und belegen Sie Ihre Argumentation.
- Übertreiben Sie scherzhaft. Vielleicht merkt der Kunde dann, dass er hier überzogen hat.
- Überhören Sie einen unsachlichen Einwand. Folgendes ist mir widerfahren: Ein leitender Mitarbeiter eines großen Unternehmens wollte nach der Einrichtung meines Gruppenvertrages die Personalabteilung unbedingt dazu bewegen einen weiteren Gruppenvertrag mit einem anderen Anbieter abzuschließen, um diesem beizutreten, was die Personalabteilung ablehnte. Im Gespräch mit mir sagte das „Rauhbein": „Herr Hauser, mit der Entgeltumwandlung hat man den Versicherungsvertretern doch nur eine Spielwiese geschaffen, mit schlechten Produkten viel Geld zu verdienen!" Ich blieb ruhig und entgegnete lächelnd: *„Das kann man so sehen wollen. Fakt ist aber, dass Sie etwas für Ihre Rente tun müssen und hier hohe staatliche Zuschüsse erhalten."* Das Gespräch war zu Ende. Nie hätte ich damit gerechnet, dass der Kunde die bereits ausgefertigte Versorgungszusage unterschreibt. Nach dem Anruf des Personalers war ich freudig staunend eines Besseren belehrt!

6. Der Einwand um des Einwands willen:
   Hier ist Ihr Gesprächspartner ein arroganter Besserwisser, der sich wichtig machen will. Er belehrt Sie laufend während des Verkaufsgesprächs.
   Ein Beispiel: *„Junger Mann, was wollen Sie mir denn in meinem Alter über die Rente erzählen?!"* „Danke für den Hinweis, Herr Schlau, Sie haben natürlich vollkommen Recht mit dem Hinweis, dass Sie früher in Rente gehen werden als ich. Deswegen unterhalten wir uns ja über dieses wichtige Thema." Ich weiß, es mag schwer fallen, aber betrachten Sie solche Äußerungen des Kunden als belebendes Gesprächselement und nehmen Sie es mit Humor. Seien Sie unbedingt großzügig und geben Sie ruhig einmal in für Sie unwichtigen Fragen nach. Es macht sich gerade bei diesem Kundentyp bezahlt.

Diese sechs grundsätzlichen Einwandarten werden Sie in Zukunft schneller erkennen und beantworten können.

So entkräften Sie Einwände professionell

Folgende Grundregeln sind bei der Behandlung von Einwänden zu beachten:

1. Bleiben Sie ruhig und sachlich. Bringen Sie nicht schon durch Ihre Mimik, Gestik und Körperhaltung Ihren Unwillen über den Einwand zum Ausdruck.

2. Lassen Sie den anderen unbedingt ausreden und hören Sie ihm inter--essiert zu.

3. Um Zeit zu gewinnen, können Sie sogleich eine Gegenfrage stellen oder legen Sie eine Denkpause ein bevor Sie antworten. Dies zeigt, dass Sie sich mit dem Einwand Ihres Kunden auseinander setzen.

4. Antworten Sie knapp und präzise.

5. Schließen sie eine Frage an, damit Ihr Kunde antworten muss, denn Sie wissen ja: „Wer fragt, der führt!".

6. Die meisten Einwände des Kunden beginnen mit einem „Aber...". Ein „Aber" verneint immer das, was Sie zuvor gesagt haben. Machen Sie in Zukunft aus jedem „Aber" Ihres Gesprächspartners ein „Genau" und paraphrasieren Sie seine Sätze lösungsorientiert zu Ende. Wenn er zum Beispiel sagt: *„Ich finde Ihre Präsentation nicht schlecht, aber ich glaube die Mitarbeiter nehmen das Thema nicht an."*, können Sie zum Beispiel erwidern: *„Genau. Sie finden meine Ausführungen also vom Grundsatz her positiv und brauchen noch Argumente, die die Mitarbeiter von der Notwendigkeit überzeugen werden. Habe ich Sie da richtig verstanden?"*

7. Wenn Ihr Gesprächspartner besonders kritisch ist und das sogar direkt äußert, indem er zum Beispiel sagt: *„Also, ich weiß nicht, Herr Meier, ob Sie mich überzeugen können..."*, dann empfiehlt es sich zu erwidern: *„Herr Magersuppe, es ist nicht leicht Sie als intelligenten und gebildeten Menschen als Kunden zu gewinnen, weil Sie im Gegensatz zu den meisten Menschen wirklich alle wichtigen Details im Auge haben. Was müsste ich denn genau tun, um Sie zu überzeugen?"* Wenn Ihr Gesprächspartner antwortet, brauchen Sie nur noch genau hinzuhören und auf seine Äußerungen hin die passenden Antworten liefern.

Behandeln Sie alle Einwände nüchtern und sachlich. So wird es Ihnen leichter fallen, auf diese professionell zu reagieren.

7.4 Der Vertragsabschluss

In der letzten Phase des Gespräches geht es nun darum, zum Abschluss zu kommen und das Ergebnis festzuhalten. Ziel ist natürlich der Antrag, auf den Sie so intensiv hingearbeitet haben. Argumentieren Sie wenig, aber gezielt. Ausschlaggebend ist nicht die Anzahl der Argumente, sondern die Qualität. Und was Qualität ist, definiert der Kunde. Ihre Argumente müssen zum Kunden passen wie der Schlüssel zum Schloss und natürlich sind nur kundenbezogene Argumente der Schlüssel zum Erfolg. Fassen Sie die drei wichtigsten Punkte Ihres Gespräches zusammen und formulieren Sie immer positive Begriffe, und beschreiben Sie immer den Nutzen der Lösung. Haben Sie sich gemeinsame Ziele gesetzt, vereinbaren Sie am Besten gleich, wer was bis zu welchem Zeitpunkt erledigt und vereinbaren Sie einen Folgetermin. Skizzieren Sie, wie es in der Betreuung weitergeht.

Mittels des Implementierungsmanagements habe ich umfassenden Service versprochen. Aus diesem Grunde maile ich dem Arbeitgeber für seine Belegschaft eine Einladung zur Präsentation. Dies hat zwei Vorteile:

1. Zum einen kann ich mit der Formulierung des Textes dafür sorgen, dass bei den Arbeitnehmern Interesse geweckt wird
2. Zum anderen ist der Arbeitgeber dankbar, wenn ich ihm diese Arbeit abnehme. So sieht die Einladung aus:

Beispiel

Datum

An alle
Mitarbeiterinnen und Mitarbeiter

Einführung einer betrieblichen Altersversorgung für alle Mitarbeiter

hier: Ihre persönliche Einladung

Sehr geehrte Damen und Herren,

nach dem neuen

„Gesetz zur Verbesserung der betrieblichen Altersversorgung (BetrAVG)“

hat seit kurzem jeder Arbeitnehmer die Möglichkeit auf Abschluss einer betrieblichen Altersversorgung durch seinen Arbeitgeber über Entgeltumwandlung.

Dies beinhaltet für Sie folgende finanzielle Vorteile:

- Aufbau einer zusätzlichen Altersversorgung mit
- staatlichen Subventionen (zwischen 30 und 48 Prozent des Beitrages)

Wir haben dem neuen Gesetz – dieses hat *nichts* mit der Riester-Rente zu tun! – in Ihrem Sinne Rechnung getragen und mit der Pfefferminzia-Versicherungs-AG einen Rahmenvertrag geschlossen, dem Sie zu rabattierten Sonderkonditionen beitreten können.

Um Sie über nähere Einzelheiten zu informieren, laden wir Sie für

Tag, den um Uhr

zu einer ca. 30-minütigen Informationsveranstaltung in.................... ein.

Im Nachgang haben Sie am selben Tag die Möglichkeit, sich individuell in einer 30-minütigen Einzelberatung während Ihrer Arbeitszeit Ihre ganz persönliche Steuer- und Sozialversicherungs-Ersparnis berechnen zu lassen.

Berater ist der Herr Jürgen Hauser. Herr Hauser hat sich auf die betriebliche Altersversorgung spezialisiert und entsprechende Referenzen anderer Unternehmen vorgelegt. Sie haben sicherlich die aktuelle Diskussion über die desolate Lage der gesetzlichen Rentenversicherung in den Medien verfolgt.

Nutzen Sie die Möglichkeit, sich unverbindlich zu informieren. Damit Herr Hauser Ihnen Ihre staatlichen Zuschüsse ausrechnen kann, ist es erforderlich, dass Sie Ihre letzte Gehaltsabrechnung mitbringen sowie eventuell bereits bestehende Policen zur Altersversorgung.

Beste Grüße

Die Geschäftsleitung

Nach dem Gespräch ist es für Sie wichtig, die Ergebnisse, Vereinbarungen und die weiteren Schritte in allen Details in einer Aktennotiz festzuhalten. Warum? Nun, erstens können Sie sich bei komplexen Sachverhalten nicht alle Details merken und beugen so späteren Missverständnissen vor und schließlich wirkt dies auf den Arbeitgeber sehr professionell. Diese Aktennotiz kann so aussehen:

Beispiel

Aktenvermerk

Zum

am 11.07.2005

mit

Herrn Hemmerich, Leiter Personalabteilung, und

Herrn Lührig, Ressortleiter Entgeltabrechnung der Fa. Müller und Söhne GmbH,

geführtem Gespräch:

1. Es wurde Einigkeit darüber erzielt, dass zum 1. September 2005 eine arbeitnehmerfinanzierte Pensionskasse eingerichtet wird.

2. Die Einzelberatungen können während der Arbeitszeit stattfinden und hierfür sind jeweils 30 Minuten angesetzt. Der Unterzeichner (UZ) erhält hierzu einen Raum mit Stromanschluss zur Verfügung gestellt.
Vereinbart wurden folgende Termine:
25. bis 29.07.2005
01. bis 05.08.2005

3. Die arbeitgeberfinanzierte betriebliche Altersversorgung bei Müller und Söhne sieht derzeit so aus:

- Für alle Mitarbeiter, die bis einschließlich dem Jahre 2000 eingetreten sind:
Direktzusagen: Für jedes Beschäftigungsjahr 1 Prozent des Bruttogehaltes an Altersrente, maximal 20 Prozent des durchschnittlichen Gehaltes der letzten 3 Jahre (ungedeckelt).

- Für alle Mitarbeiter, die ab dem 01.01.2001 eingetreten sind: 5 Prozent des Bruttogehaltes werden in eine Direktzusage abgeführt, welche mit 5,5 Prozent verzinst wird. Die Mitarbeiter können diese um maximal

5 Prozent aufstocken (steuer- und sozialversicherungsrechtliche Handhabung gemäß Einkommensteuergesetz § 3 Absatz 63).

Hier sind von den insgesamt rund 150 Mitarbeitern ca. 40 Mitarbeiter berechtigt, die ab dem 01.01.2001 neu bei Müller und Söhne beschäftigt sind – davon wandeln ca. 14 Mitarbeiter aus eigenen Mitteln Entgeltbestandteile um.

4. Die Herren Hemmerich und Lührig verblieben mit dem UZ so, dass dieser hierzu nähere schriftliche Informationen erhält, um die Mitarbeiter optimal beraten zu können.

5. Weitere Vorgehensweise:

Herr Hemmerich wird ein E-Mail an alle Mitarbeiterinnen und Mitarbeiter schicken und zur Präsentation am 18.07.2005 um 10 Uhr in die Kantine einladen. Den Text für dieses E-Mail stellt der UZ Herrn Hemmerich zur Verfügung.

6. Gruppenvertrag:

Der UZ verblieb heute mit der Banania Pensionskasse so, dass der Gruppenvertrag bereits in wenigen Tagen – voraussichtlich in der 29. Kalenderwoche – vorliegen wird. Sobald dieser erstellt ist, wird der UZ Kontakt mit Herrn Hemmerich aufnehmen und den Gruppenvertrag zur Unterzeichnung zu Müller und Söhne bringen.

7. Mitarbeiter-Informationsbroschüren:

Der UZ händigte den Herren Hemmerich und Lührig 150 Informationsbroschüren für die Mitarbeiter aus: Herr Hemmerich wird den UZ informieren, sobald er weitere Informationsbroschüren benötigt.

Hockenheim, den 12.07.2005

Jürgen Hauser
Banania Pensionskasse AG
Schwetzinger Str. 18 a
68766 Hockenheim

Fon (06205) 28 42 30
Fax (06205) 28 42 32

Verteiler:

Herrn Hemmerich, Leiter Personalabteilung bei Müller und Söhne

Herrn Lührig, Ressortleiter Entgeltabrechnung bei Müller und Söhne

Jeder der Beteiligten weiß nun genau, wie die weitere Vorgehensweise aussieht.

Nachdem wir nun den Arbeitgeber von den Vorteilen der Entgeltumwandlung überzeugt haben, wollen wir uns im nächsten Kapitel anschauen, wie wir die Mitarbeiter in einer Präsentation begeistern können.

8. Die Präsentation vor der Belegschaft

„Besser in einer Kunst etwas können, als tausend Künste kennen.“

Indisches Sprichwort

Die betriebliche Altersversorgung müssen Sie bekanntlich immer zweimal verkaufen: Wenn Sie den Arbeitgeber von der Einführung der Entgeltumwandlung überzeugt haben, kommt es anschließend darauf an, bei der Belegschaft eine möglichst hohe Abschlussquote zu erzielen. Insofern sollten Sie Ihren Kunden, den Arbeitgeber, unbedingt dazu bewegen, dass er Ihnen die Möglichkeit einer Präsentation vor den Mitarbeitern einräumt. Aus diesem Grunde müssen Sie fragen, ob Ihnen der Arbeitgeber einen Raum in ausreichender Größe zur Verfügung stellen kann. Und Sie benötigen das notwendige Equipment wie einen Laptop, einen Beamer, Verlängerungskabel und eine weiße Wand bzw. eine Leinwand, die Sie gegebenenfalls mitbringen müssen.

Da der Arbeitgeber ja in Abhängigkeit von der Beitrittsquote der Mitarbeiter erheblich an Lohnnebenkosten einsparen kann, sollte diese Präsentation als Pflichtveranstaltung während der Arbeitszeit in der Firma stattfinden. Sollte der Arbeitgeber zögern, so rechnen Sie ihm seine Ersparnis je Mitarbeiter aus: *„Herr König, Sie sparen durch jede Gehaltsumwandlung eines Mitarbeiters in Höhe von 210 € Lohnnebenkosten vom Jahr 2007 bis 2008 in Höhe von 1.008 € ein. Bedenkt man, dass ich für die Präsentation und die Einzelberatung insgesamt pro Mitarbeiter lediglich eine Stunde benötige, erzielen Sie dabei einen beachtlichen Stundenlohn je Arbeitnehmer!“*

Damit die Mitarbeiter spüren, wie wichtig das Thema betriebliche Altersversorgung ist, bitten Sie den Arbeitgeber unbedingt bei der Präsentation dabei zu sein.

Das Thema der betrieblichen Altersversorgung ist komplex: Handeln Sie deswegen nach der *„KISS-Formel“*, die da heißt: *„Keep it simple and stupid“*, also stellen Sie den Sachverhalt so einfach wie möglich dar. Bedenken Sie bitte: Sie haben es nicht mit Fachleuten, sondern mit Arbeitnehmern zu tun, die in einem ganz anderen Bereich als Sie tätig sind. Insofern dürfen Sie die Belegschaft keinesfalls „beschulen", sondern das komplexe Thema Entgeltumwandlung so darstellen, dass es auch wirklich von jedem verstanden wird. Und: Ihre Präsentation sollte nicht länger als 30 Minuten dauern, um Ihr Publikum nicht zu langweilen.

Wollen Sie die Akzeptanz Ihrer Person optimieren, passen Sie Ihre Kleidung der Zielgruppe an: Wenn Sie beispielsweise in einem Handwerksbetrieb referieren, können Sie getrost auf eine Krawatte verzichten. Ein schwarzer Anzug kommt sicherlich nicht so gut an wie eine Kombination. Und Damen dürfen hier getrost eine Jeans anziehen.

Bevor Sie nun Ihre eigene Präsentation konzipieren, bedenken Sie bitte Folgendes: Ein guter Redner zeichnet sich nicht zuletzt auch durch die Fähigkeit aus, den Fokus seiner Wahrnehmung gleichzeitig auf zwei Aspekte zu richten:

1. Aspekt: *Wie verhalten Sie sich*?

   – Was möchten Sie erreichen und was ist Ihr Redeziel?
   – Wie fühlen Sie sich?
   – Sind Sie authentisch?
   – Ist Ihr Vortrag kongruent?
   – Sind Sie in der Zeit?

2. Aspekt: *Wie verhält sich Ihr Publikum?*

   – Beobachten Sie Ihr Publikum.
   – Wie kommt Ihr Vortrag an?
   – Versteht jeder, wovon Sie sprechen?
   – Haben Sie alle Zuhörer „im Boot“?

Da die betriebliche Altersversorgung ein unsichtbares Produkt ist, bedenken Sie bitte, dass Sie möglichst viele Dinge visualisieren müssen, wollen Sie die ungeteilte Aufmerksamkeit der Mitarbeiter gewinnen. Insofern empfehle ich, möglichst viel an Material dabei zu haben. Folgendes empfiehlt sich mitzunehmen:

- die Gehaltsumwandlungs-Vereinbarung
- eine Muster-Zusage
- das „Gesetz zur Verbesserung der betrieblichen Altersversorgung“
- das Buch „Das Methusalem-Komplott“, um daraus zu zitieren.

Bedenken Sie immer: Informieren Sie die Mitarbeiter nicht nur, sondern versuchen Sie, diese zu begeistern!

Nachfolgend möchte ich Ihnen mein Vorgehen vorstellen. Und Sie auffordern, sich dann eine Präsentation zu erarbeiten, die individuell auf Ihre Person zugeschnitten ist und somit zu Ihnen passt.

Quelle: C.H. Beck

Abbildung 25: Gesetz zur Verbesserung der betrieblichen Altersversorgung

„Keine Sorge, ich werde Ihnen jetzt nicht aus dem Gesetz vorlesen, sondern Ihnen auf andere Art und Weise veranschaulichen, wie die betriebliche Altersversorgung funktioniert. Wer von Ihnen kann mir bitte diesen 10-Euro-Schein in einen 5-Euro-Schein wechseln?" Die Mitarbeiter glauben in aller Regel, sie hätten sich verhört. Deshalb wiederhole ich gegebenenfalls meine Frage, halte meinen 10-Euro-Schein in die Höhe und gehe dann auf denjenigen zu, der einen 5-Euro-Schein parat hat und frage ihn, ob er wechseln möchte was immer bejaht wird. Währenddessen haben andere Mitarbeiter ebenfalls 5-Euro-Scheine aus dem Portemonnaie gezogen, und ich wiederhole den Vorgang noch zweimal mit jeweils anderen Personen. Die Aufmerksamkeit aller Mitarbeiter ist mir nun sicher! *„Das ist übrigens die Rückseite des „Gesetzes zur Verbesserung der betrieblichen Altersversorgung:"* Hier habe ich mir aus dem Internet ein Foto vom Finanzminister herunter geladen und dieses auf das Gesetz geklebt.

Quelle: Internet

Abbildung 26: Der Finanzminister hat das Geld

„…und der Finanzminister hat das Geld, das er Ihnen schenkt, direkt ins Gesetz hinein gesteckt!“ Nun schlage ich das Gesetz auf und hole einige 100-Euro-Scheine heraus, die ich hochhalte und zeige.

Quelle: Gabler Verlag

Abbildung 27: Networking für Verkäufer

„So funktioniert das Ganze also: Sie geben etwas und bekommen dafür das Doppelte zurück. Aber erlauben Sie mir zunächst, dass ich mich vorstelle: Mein Name ist Jürgen Hauser. Da ich ebenfalls noch als Autor tätig bin, habe ich mich auf die Zielgruppe der Medienfachleute spezialisiert...“

Quelle: Eigene Darstellung

Abbildung 28: Betriebliche Altersvorsorge für Medienfachleute

„...und bei Ihren Kollegen in diesen Verlagen bereits die betriebliche Versorgung eingeführt.“

Quelle: Eigene Darstellung

Abbildung 29: Betriebliche Altersvorsorge außerhalb von Verlagen

„Aber ich bin ab und an auch außerhalb von Verlagen tätig."

Themenüberblick:

- **Grund der Rentenreform und deren Auswirkungen**
- **Vorteile der betrieblichen Altersversorgung (bAV)**
- **steuerliche Auswirkungen**

Quelle: Eigene Darstellung

Abbildung 30: Themenüberblick des Vortrages

„Heute geht es um die größte Rentenreform überhaupt, die Vorteile der betrieblichen Versorgung und darum, welche Steuergeschenke Sie erhalten. Ich habe an Sie die Bitte, mich gleich zu unterbrechen, falls Sie Fragen haben sollten.“

Anspruch aus der Gesetzlichen Rentenversicherung

Rentenreform - noch größere Versorgungslücke

Brutto Gehalt	Netto St.Kl. I	Netto St.Kl. III	Rente mit 62	Rente mit 65
2.000,00 €	1.260,00 €	1.514,00 €	571,00 €	686,00 €
2.500,00 €	1.486,00 €	1.799,00 €	714,00 €	845,00 €
3.000,00 €	1.896,00 €	2.029,00 €	844,00 €	990,00 €
3.500,00 €	2.121,00 €	2.262,00 €	931,00 €	1.090,00 €
4.000,00 €	2.334,00 €	2.539,00 €	986,00 €	1.154,00 €
4.500,00 €	2.334,00 €	2.813,00 €	1.018,00 €	1.191,00 €
5.000,00 €	2.536,00 €	3.081,00 €	1.035,00 €	1.209,00 €

Quelle: Eigene Darstellung

Abbildung 31: Anspruch aus der Gesetzlichen Rentenversicherung

„Angenommen, Sie sind verheiratet und verdienen brutto 3.000 €, dann haben Sie ein Nettoeinkommen von 2.029 €. Sollten Sie tatsächlich 45 Berufsjahre arbeiten, erhalten Sie mit 65 Jahren eine Altersrente in Höhe von 990 €. Gehen Sie drei Jahre früher in Rente, bleiben Ihnen nur noch 844 €. Wenn Sie bis zum Rentenalter nur 30 Jahre gearbeitet haben, sinkt Ihre Rente um ein Drittel. So weit, so schlecht. Zum 1. Januar 2005 ist das Alterseinkünftegesetz (AltEinkG) in Kraft getreten, von mir „AEG“ abge-

kürzt. Das übersetze ich aber nicht mit „Aus Erfahrung gut.“, sondern leider mit „Alles echt grauenhaft!“. Denn von Ihrer Rente müssen Sie später seit neuestem Steuern bezahlen! Das bedeutet für Sie: Die Differenz zwischen Ihrem letzten Nettoeinkommen und Ihrer Rente ist gewaltig!“

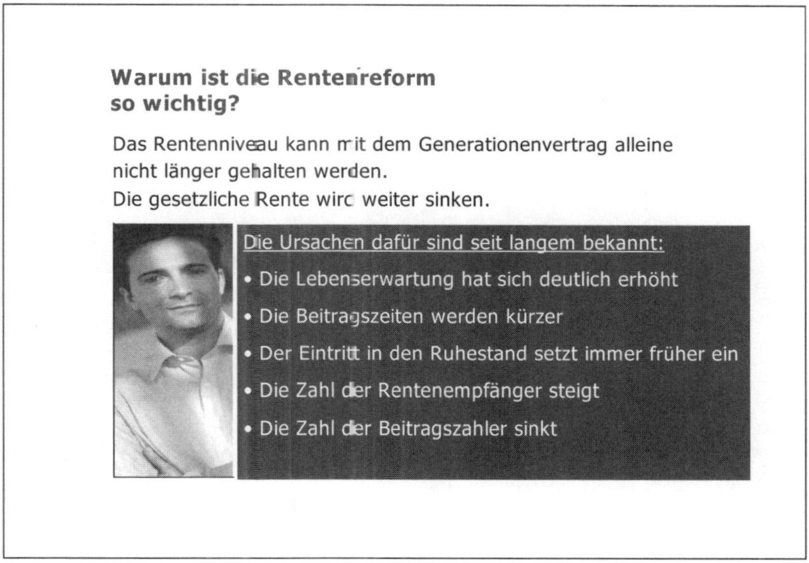

Quelle: Allianz Versicherungs-AG

Abbildung 32: Warum ist die Rentenreform so wichtig?

„Warum ist das so?“ Nun, Gott sei Dank hat sich die Lebenserwartung drastisch erhöht. Deswegen hat meine Oma immer gesagt: *„Wer die Alten nicht mag, soll sich jung aufhängen!“* Zweitens zahlen die Deutschen für immer kürzere Zeit in die Rentenkassen ein, gehen aber drittens immer früher in Rente. Viertens steigt die Zahl der Rentner und vor allem ist die Zahl derjenigen, die überhaupt Beiträge einbezahlen, dramatisch gesunken. Wie gravierend sich dies in den letzten Jahren ausgewirkt hat, möchte ich Ihnen jetzt zeigen.

Quelle: Eigene Darstellung

Abbildung 33: Zahlenverhältnis Arbeitnehmer – Rentner in Deutschland: 1910

„Im Jahre 1910 haben neun Arbeitnehmer die Rente dieses Rentners bezahlt. Kein Problem.“

Quelle: Eigene Darstellung

Abbildung 34: Zahlenverhältnis Arbeitnehmer – Rentner in Deutschland: 1965

„1965 war das Verhältnis immer noch sieben zu eins. Immer noch kein Problem."

Quelle: Eigene Darstellung

Abbildung 35: Zahlenverhältnis Arbeitnehmer – Rentner in Deutschland: 1985

„1985 waren es nur noch vier Arbeitnehmer, die die Rente des Rentners bezahlen mussten.“

Quelle: Eigene Darstellung

Abbildung 36: Zahlenverhältnis Arbeitnehmer – Rentner in Deutschland: 2005

„Heute kommen rechnerisch nur noch zwei erwerbsfähige Personen auf einen Rentner. Warum? Es gibt einfach zu wenige junge Leute in Deutschland. Das schmerzt, nicht wahr? Und außerdem sind diese beiden noch längst keine Beitragszahler. Hier sind nämlich alle erwerbsfähigen Personen eingerechnet – also auch Arbeitslose, Hausfrauen, Selbstständige und Beamte, die keinen Cent in die Rentenkassen einzahlen. Also gibt es in Deutschland heute nur noch 27 Mio. Beitragszahler, aber 19 Mio. Rentner.

Im Verhältnis kommen also auf einen Rentner nur noch 1,4 Beitragszahler."

Quelle: Eigene Darstellung

Abbildung 37: Zahlenverhältnis Arbeitnehmer – Rentner in Deutschland: Dringender Handlungsbedarf

„Kaufmännisch gerundet ernährt also jeder Arbeitnehmer seinen eigenen Rentner. Das kann doch gar nicht mehr funktionieren! Deswegen sagt der Kabarettist Mathias Richling: „Entscheiden Sie sich: Leben oder Rente. Beides zusammen geht nicht!"

Quelle: Eigene Darstellung

Abbildung 38: Zahlenverhältnis Arbeitnehmer – Rentner in Deutschland: Geld ist nötig fürs Alter

„Wenn wir jetzt dieser Arbeitnehmer sind, haben wir also zwei Probleme: Erstens zahlen wir jetzt hohe Beiträge für diesen Rentner. Und zweitens: was möchten wir im Alter alle haben außer Gesundheit? Genügend Geld!“

Bundesversicherungsanstalt für Angestellte

Renteninformation 2002

Versicherter:	Hauser, Jürgen
Versicherungsnummer:	23 210961 H 063

1. Grundlage der Rentenberechnung

Die Höhe einer Rente richtet sich im Wesentlichen nach dem Arbeitsverdienst bzw. den eingezahlten Pflicht- oder freiwilligen Beiträgen. Diese rechnen wir in Entgeltpunkte um. Daneben können Sie aber auch Entgeltpunkte für bestimmte Zeiten erhalten, in denen Sie keinen Arbeitsverdienst erzielt haben.

Insgesamt haben Sie bisher **26,1529** Entgeltpunkte erworben. Diese ergeben sich, weil Sie

als Arbeitnehmer oder selbständig tätig waren	25,9114
arbeitslos oder arbeitsunfähig waren	0,1273
beitragsfreie Zeiten (z.B. Schule oder Studium) zurückgelegt haben	0,1142

2. Rente wegen voller Erwerbsminderung

Würden Sie heute voll erwerbsgemindert sein, bekämen Sie eine Rente von: **1.137,69 EUR**

3. Hochrechnungen Ihrer künftigen Altersrente

Ihre bislang erreichten Rentenanwartschaften würden nach heutigem Stand einer Altersrente von **676,31 EUR** entsprechen. Sollten Sie bis zur Vollendung des 65. Lebensjahres jährlich 1,9019 Entgeltpunkte (wie im Durchschnitt der letzten fünf Kalenderjahre) erwerben, bekämen Sie ohne Berücksichtigung von Rentenanpassungen eine Altersrente von: **1.908,90 EUR**

Ihre Rente wird aber aufgrund künftiger Rentenanpassungen tatsächlich höher ausfallen. Leider können auch wir die Entwicklung nicht vorhersehen. Deshalb haben wir zwei Varianten für Sie gewählt:

Beträgt der jährliche Anpassungssatz **1,5 Prozent**, so beliefe sich Ihre Rente zum Rentenbeginn auf:	**2.728,27 EUR**
Beträgt der jährliche Anpassungssatz **3,5 Prozent**, so beliefe sich Ihre Rente zum Rentenbeginn auf:	**4.360,36 EUR**

Diese Beträge werden jährlich weiter angepasst.

4. Versicherungszeiten

In Ihrem Rentenkonto (Stand 23.10.2002) sind Zeiten für Sie vom 01.03.1980 bis einschließlich 31.01.2002 gespeichert.

5. Rentenbeiträge

Bisher haben wir für Ihr Rentenkonto folgende Beiträge erhalten:

Von Ihnen	60.686,94 EUR
Von Ihrem/n Arbeitgeber/n	60.686,94 EUR
Von öffentlichen Kassen (z.B. Krankenkassen, Arbeitsamt)	693,52 EUR

Quelle: BfA

Abbildung 39: BfA-Bescheid I des Autors

„Ich habe Ihnen heute meinen BfA-Bescheid mitgebracht. Darf ich fragen: Wer von Ihnen hat ebenfalls bereits eine Rentenauskunft erhalten?“ Es melden sich immer einige Mitarbeiter. *„Gut, Sie sehen also, dass mein Arbeitgeber und ich jeweils über 60.000 € in die Rentenkasse eingezahlt haben. Würde ich heute in Rente gehen, bekäme ich 676 € Altersruhegeld. Die BfA schreibt mir: Wenn ich weiterhin Beiträge in der bisherigen Größenordnung bezahle, erhalte ich später einmal 1.908 € Altersruhegeld. Sollte die BfA die Rente jährlich um 1,5 Prozent erhöhen, werden es 2.728 €. Wird die Rente jährlich um 3,5 Prozent angepasst, erhalte ich später monatlich € 4.360. Mit anderen Worten: Mit 65 Jahren bin ich ein gut situierter Herr!“*

Quelle: Capital, 24/2003

Abbildung 40: Lebensversicherer im Test

„Von wegen: die Wahrheit sieht leider umgekehrt aus: Der dunkle Balken links symbolisiert einen Mann mit einem jährlichen Bruttoeinkommen von 70.000 €. Der helle Balken stellt seine Frau dar, die 30.000 € im Jahr verdient. 1990 schreibt die Rentenversicherung dem Ehepaar, dass er bei gleich bleibendem Einkommensniveau einmal 2.884 € und seine Frau 1.468 € Altersruhegeld erhalten wird. Also zusammen 4.353 €. Nicht schlecht, oder? Dann jagte eine Rentenreform die nächste. Sie sehen genau wie rapide bei weiterer Einzahlung in die Rentenkasse die Prognose wie Butter in der Sonne schmilzt. Darf ich fragen wer von Ihnen nach dem 16. Lebensjahr die Schule besucht oder auch zusätzlich studiert hat?" Es melden sich immer einige Mitarbeiter. „Wer von Ihnen hat bereits vor 2004 eine Rentenauskunft erhalten?" Wieder melden sich einige Personen. „Ich habe die traurige Nachricht, dass die dort angegebene Höhe der Rente nicht mehr stimmt. Denn seit dem 01.01.2004 wirken Schul- und Hochschulausbildung nicht mehr Renten steigernd. Wer also tatsächlich Abitur und Studium absolviert hat, muss von seiner im Bescheid ausgewiesenen Rente rund 55 € abziehen. Und so wird es weitergehen."

Wirkung von Inflation und Rentensenkung

Hochgerechnete Rente nach heutigem Wert (siehe z.B. Renteninformation)	**1.599,00 €**
Volle Jahre bis zum Rentenbezug	27
Unterstellte Rentensenkung pro Jahr um (Prozent) (z.B. wegen Leistungskürzungen durch Rentenreformen)	2,0 %
Die hochgerechnete Rente reduziert sich dadurch auf einen Gegenwert von	**936,79 €**
Unterstellte Inflationsrate pro Jahr (Prozent)	2,5 %
Die hochgerechnete Rente reduziert sich dadurch auf einen Gegenwert von	**480,95 €**

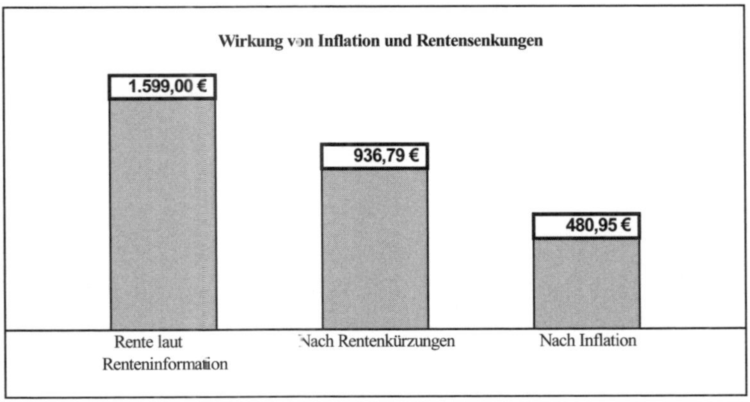

Hinweis: Keine Haftung für die Richtigkeit der Angaben!

Quelle: 2004 Matthias Beenken, Bochum

Abbildung 41: Wirkung von Inflation und Rentensenkung

„Machen wir einmal ein Beispiel: Sie erhalten von der BfA Post und man teilt Ihnen eine Rentenprognose mit 65 Jahren von 1.599 € mit. Entwerfen wir doch einmal ein Zukunftsszenario: Angenommen, die soziale Rente

wird jährlich weiterhin gekürzt, sagen wir um 2 Prozent, und unterstellen wir eine Inflationsrate bis zu Ihrem Renteneintritt von jährlich 2,5 Prozent, dann wird aus den ursprünglich angekündigten 1.599 € Rente nach heutiger Kaufkraft im Laufe der Zeit ein monatlicher Betrag von 480 €! Und diesen Betrag dürfen Sie dann nach dem Alterseinkünftegesetz auch noch versteuern. Nun stellt sich die Frage: Wie genau werden Sie die 480 € monatlich aufteilen?"

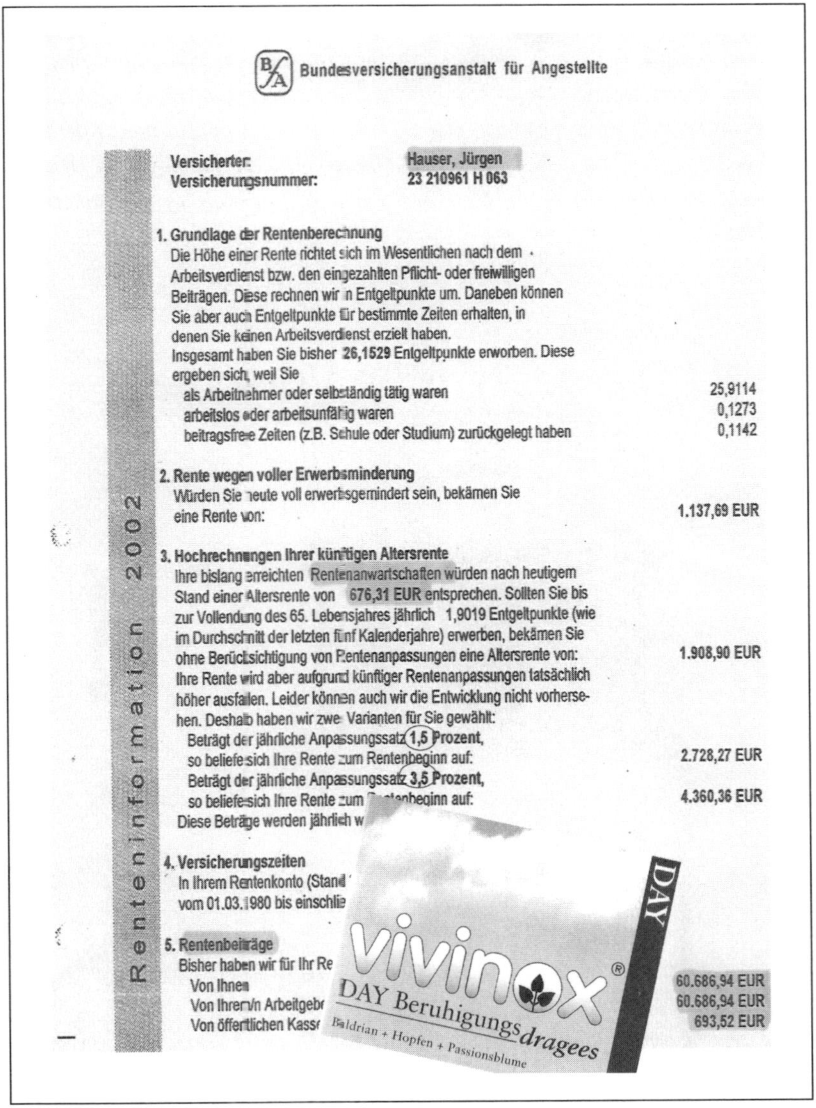

Bundesversicherungsanstalt für Angestellte

Versicherter: Hauser, Jürgen
Versicherungsnummer: 23 210961 H 063

1. Grundlage der Rentenberechnung
Die Höhe einer Rente richtet sich im Wesentlichen nach dem Arbeitsverdienst bzw. den eingezahlten Pflicht- oder freiwilligen Beiträgen. Diese rechnen wir in Entgeltpunkte um. Daneben können Sie aber auch Entgeltpunkte für bestimmte Zeiten erhalten, in denen Sie keinen Arbeitsverdienst erzielt haben.
Insgesamt haben Sie bisher **26,1529** Entgeltpunkte erworben. Diese ergeben sich, weil Sie

als Arbeitnehmer oder selbständig tätig waren	25,9114
arbeitslos oder arbeitsunfähig waren	0,1273
beitragsfreie Zeiten (z.B. Schule oder Studium) zurückgelegt haben	0,1142

2. Rente wegen voller Erwerbsminderung
Würden Sie heute voll erwerbsgemindert sein, bekämen Sie eine Rente von: **1.137,69 EUR**

3. Hochrechnungen Ihrer künftigen Altersrente
Ihre bislang erreichten Rentenanwartschaften würden nach heutigem Stand einer Altersrente von **676,31 EUR** entsprechen. Sollten Sie bis zur Vollendung des 65. Lebensjahres jährlich 1,9019 Entgeltpunkte (wie im Durchschnitt der letzten fünf Kalenderjahre) erwerben, bekämen Sie ohne Berücksichtigung von Rentenanpassungen eine Altersrente von: **1.908,90 EUR**
Ihre Rente wird aber aufgrund künftiger Rentenanpassungen tatsächlich höher ausfallen. Leider können auch wir die Entwicklung nicht vorhersehen. Deshalb haben wir zwei Varianten für Sie gewählt:
Beträgt der jährliche Anpassungssatz **1,5 Prozent**, so beliefe sich Ihre Rente zum Rentenbeginn auf: **2.728,27 EUR**
Beträgt der jährliche Anpassungssatz **3,5 Prozent**, so beliefe sich Ihre Rente zum Rentenbeginn auf: **4.360,36 EUR**
Diese Beträge werden jährlich w

4. Versicherungszeiten
In Ihrem Rentenkonto (Stand
vom 01.03.1980 bis einschli

5. Rentenbeiträge
Bisher haben wir für Ihr Re
Von Ihnen **60.686,94 EUR**
Von Ihrem/n Arbeitgeb **60.686,94 EUR**
Von öffentlichen Kass **693,52 EUR**

Quelle: Eigene Darstellung

Abbildung 42: BfA-Bescheid II des Autors

„Was die Deutsche Rentenversicherung hier mit uns macht, ist nichts anderes als die Gabe von Beruhigungsmitteln. Die wirken allerdings nur bis zum Renteneintritt. Dann kommt das böse Erwachen! Deswegen zitiert der Finanz- und Rentenexperte Bernd Klöckner in seinem Buch ‚Die Rentenlüge – Entkommen Sie der Armutsfalle' Aldous Huxley, der einmal sagte: ‚Tatsachen hören nicht auf zu bestehen, nur weil sie unbeobachtet bleiben.'“

Quelle: Eigene Darstellung

Abbildung 43: Die gesetzliche Vorsorge ist weiter auf dem Rückzug

„Die Bundesregierung sagt deshalb: „Bürger, stelle deine Altersversorgung auf drei Säulen: Sorge privat für das Alter vor – vielleicht mit einer Lebensversicherung oder einer Immobilie – und sorge über die betriebliche Altersversorgung vor. Norbert Blüm sagte immer: „Die Rente ist sicher!“ Das stimmt – nur über die Höhe hat er nichts gesagt!“

Rentner, 74 Jahre, wen kann ich entlasten oder vertreten? Arbeite gerne, stunden- oder tageweise, flexibel. Wo werde ich noch gebraucht? War 40 Jahre selbstständig, kleine Rente, eigener VW Kombi, zuverl., diskret. Übernehme gerne verantwortungsvollen Job.

Quelle: Stellengesuch im Mannheimer Morgen, 05.02.2005

Abbildung 44: Rentner auf Arbeitssuche

„Und deswegen werden wir künftig leider häufiger solch traurige Zeitungsannoncen lesen können…“

Quelle: Focus, Nr. 12/ 2004

Abbildung 45: Leben ohne Rente

„Deswegen titelt FOCUS „Leben ohne Rente – Der Schock: Sie werden kaum Geld bekommen. Was Sie jetzt unternehmen müssen...“

DAS MODERNE NACHRICHTENMAGAZIN www.focus.de

FOCUS

KLEINE SICHERHEITSNADELN FÜRS ALTER

Erste Wahl: betriebliche Vorsorge

Arbeitgeber sind seit 2002 verpflichtet, eine betriebliche Altersversorgung anzubieten. Dabei werden Beträge vom Einkommen steuer- und sozialabgabenfrei angespart. Die fünf Grundmodelle: Direkt-/Pensionszusagen, Pensionskassen, Unterstützungskassen, Pensionsfonds und Direktversicherungen.

Quelle: Focus, 12/2004

Abbildung 46: Erste Wahl – Betriebliche Altersvorsorge

„...und empfiehlt als erste Wahl die betriebliche Altersversorgung: Ich zitiere: Arbeitgeber sind seit 2002 verpflichtet eine solche anzubieten und Sie sparen Steuern und Sozialabgaben.“

Fazit

Rentenreform -
noch größere Versorgungslücke

Eine eigene Vorsorge ist unerlässlich...

und über die betriebliche Lösung besonders attraktiv!

Quelle: Eigene Darstellung

Abbildung 47: Versorgungslücken als Fazit

Zwei Wahlmöglichkeiten für AN

Quelle: Allianz Versicherungs-AG

Abbildung 48: Riester oder Eichel?

„Sie haben die Möglichkeit zwei geförderte Wege zu wählen, um etwas für Ihre Rente zu tun. Heute geht es allerdings nicht um die Riester-Förderung, sondern um die nach Hans Eichel.“

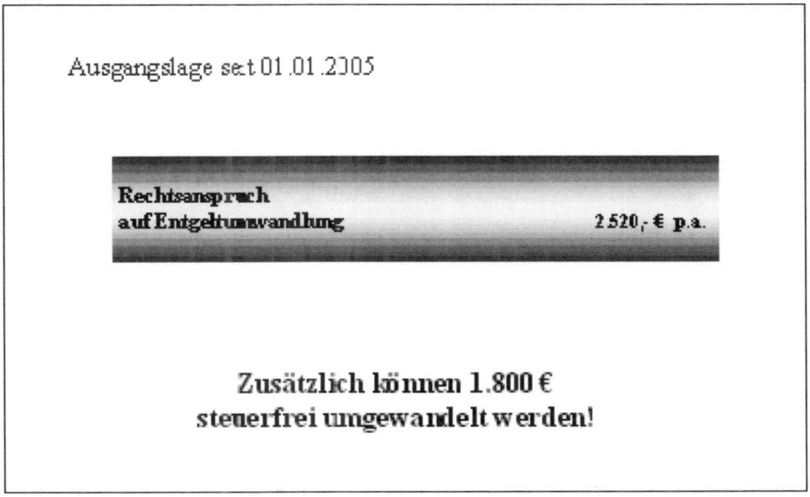

Quelle: Eigene Darstellung

Abbildung 49: Rechtsanspruch auf Entgeltumwandlung

„Sie haben die Möglichkeit jährlich 2.520 € steuerfrei von Ihrem Bruttogehalt in eine Pensionskasse fließen zu lassen. Dieser Betrag wurde zum 1. Januar 2005 noch einmal um 1.800 € aufgestockt. Zusätzlich müssen Sie bis Silvester 2008 auf diese 2.520 € auch keine Sozialabgaben, also keine Renten-, Kranken-, Pflege- und Arbeitslosenversicherungsbeiträge, bezahlen."

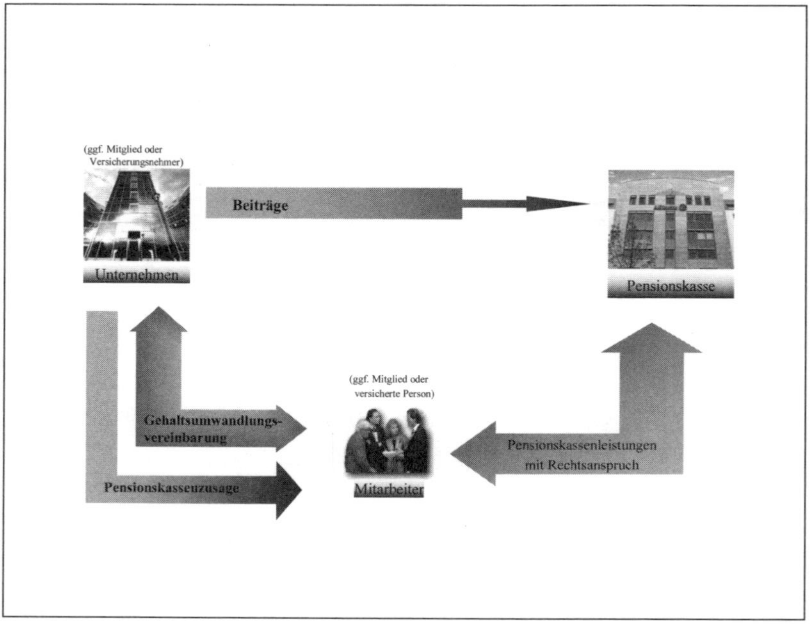

Quelle: Eigene Darstellung

Abbildung 50: So funktioniert die Pensionskasse

„Und so funktioniert das Ganze: Sie beauftragen mittels einer Gehaltsumwandlungsvereinbarung Ihren Arbeitgeber Beiträge von Ihrem Bruttogehalt an die Pensionskasse zu überweisen. Dafür erhalten Sie eine Versorgungszusage. Die Beiträge führt der Arbeitgeber an die Pensionskasse ab und Sie haben einen Rechtsanspruch auf die Leistungen."

Die „Eichel-Förderung“ - Steuerersparnis

§ 3,63 EStG

- Arbeitnehmer können bis zu 4% der Beitragsbemessungsgrenze in der Rentenversicherung **steuerfrei** ansparen. (2006: 2.520 Euro + 1.800 Euro)
- Bis einschließlich 2008 sind bis zu 4% der BBG, ebenfallls **sozialversicherungsfrei.**
- nachgelagerte Besteuerung zu im Alter ermäßigten Steuersätzen
- Kapital- und Rentenzahlung möglich

Quelle: Allianz Versicherungs-AG

Abbildung 51: Die „Eichel-Förderung“- Steuerersparnis

„Sie können also pro Jahr rund 4.300 € steuerfrei ansparen. Zusätzlich bezahlen Sie bis Silvester 2008 auch keine Sozialabgaben auf die 2.520 €. Im Rentenalter müssen Sie die Rente aus der Pensionskasse zwar versteuern, haben aber dann aufgrund der niedrigeren Steuerprogression ermäßigte Steuersätze. Und im Alter haben sie die Wahl zwischen einer lebenslangen Rente oder einer einmaligen Kapitalzahlung.“

Flexibiltät ist wichtig für Sie:

1. Bei Ausscheiden aus dem Betrieb Weiterführung des Vertrags möglich
2. Beitragszahlung flexibel gestaltbar

Quelle: Allianz Versicherungs-AG

Abbildung 52: Flexibilität ist wichtig

„Heutzutage ist es ja eher unwahrscheinlich, dass ein Arbeitnehmer ein ganzes Berufsleben bei einem Arbeitgeber arbeitet. Deswegen sieht das Gesetz vor, dass Sie Ihren Vertrag selbstverständlich zu einem neuen Arbeitgeber mitnehmen können. Außerdem ist für Sie wichtig, dass Sie die Beitragszahlung jederzeit flexibel gestalten können – ohne Angaben von Gründen."

Quelle: Greser & Lenz, Der Aufschwung ist da, Kunstmann Verlag, 2004

Abbildung 53: Hartz-IV-Pflicht

„Ich persönlich wusste gar nicht, dass der Erlös aus dem Bankraub Hartz-IV-pflichtig ist, die Leistungen aus der betrieblichen Altersversorgung hingegen werden Ihnen bei Arbeitslosigkeit nicht auf das Arbeitslosengeld angerechnet."

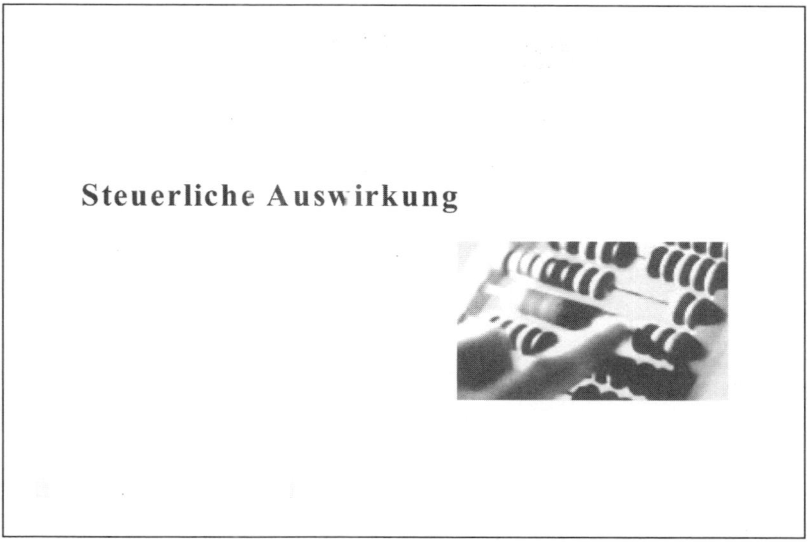

Quelle: Eigene Darstellung

Abbildung 54: Steuerliche Auswirkung

„Nun möchte ich aber gerne konkret werden und Ihnen erzählen, wie es sich mit den Geschenken des Finanzministers genau verhält:"

Wirtschaftlichkeitsberechnung
Bsp.1: ledig / 35 Jahre alt

	Nettogehalt mit Pensionskasse	Nettogehalt ohne Pensionskasse
Bruttogehalt	2500,00 €	2500,00 €
Umwandlungsbetrag	**210,00 €**	
Bruttogehalt neu	2290,00 €	2500,00 €
mtl. Steuer	389,67 €	459,67 €
mtl. Sozialversicherungsbeiträge (21,5%)	492,35 €	537,50 €
Nettogehalt neu	1407,98 €	1502,83 €
Tatsächlicher Aufwand unter Berücksichtigung der Grenzsteuer 34,6%	**94,85 €**	

Quelle: Eigene Darstellung

Abbildung 55: Beispiel für Wirtschaftlichkeitsberechnung

„Schauen wir uns einmal die rechte Tabelle an: Angenommen Sie haben ein Bruttoeinkommen von 2.500 €, dann zahlen Sie darauf Steuern und Sozialabgaben. Preisfrage: Woraus konnten Arbeitnehmer bislang privat für das Alter vorsorgen?“ In der Regel antwortet jemand: „Aus dem Nettoeinkommen.“ „Ganz genau. Nun haben Sie die Möglichkeit direkt von Ihrem Bruttoeinkommen 210 € in die Pensionskasse fließen zu lassen. Ihr Personalchef zieht Ihnen deshalb dauerhaft keine Steuern auf diesen Betrag ab – bis Sie in Rente gehen. Und zusätzlich bis Silvester 2008 auch keine Sozialabgaben. Sie merken die 210 € also lediglich mit rund 95 €. Wenn Sie rechts 95 € anlegen, arbeiten auch nur 95 € für Sie. Bei mir sind es 210 €. Da Ihr Arbeitgeber hart mit mir verhandelt hat, erhalten Sie bei mir rund 8 Prozent mehr Rente als wenn Sie privat 210 € anlegen. Das ist der Gruppenrabatt.“

FINANZtest
IHR GELD UND IHR RECHT

Nr. 12
Dezember 2003
3,80 Euro
7,50 sfr
www.finanztest.de

Marktplatz: Krankenkassen, Sparanlagen, Versicherungen → S. 81

Steuern sparen

Die besten Tipps zum Jahresende → S. 46

Steuern sparen mit dem Chef

Monika zahlt außerdem in eine betriebliche Altersvorsorge ein. Sie lässt von ihrem Gehalt vor dem Jahresende 2448 Euro steuerfrei in eine Pensionskasse einzahlen. Dadurch zahlt sie 804 Euro weniger Lohnsteuern und spart 514 Euro Sozialausgaben.

Tipp: Arbeitnehmer sollten alles nutzen, was ihr Arbeitgeber bietet. Sie haben einen Rechtsanspruch auf betriebliche Altersvorsorge (siehe S. 78).

Quelle: Finanztest, Nr. 12 / 2003

Abbildung 56: Steuern sparen mit dem Chef

„Deswegen empfiehlt Finanztest den Abschluss einer betrieblichen Altersversorgung. Aber lesen Sie doch bitte selbst."

Ihr Vorteil:

RENTE

über die Pensionskasse

anstatt

vermögenswirksamer Leistungen (VWL)

Quelle: Allianz Versicherungs-AG

Abbildung 57: Pensionskasse versus VL

„Ich habe Ihnen eine weitere Idee mitgebracht wie Sie Geld sparen können. Ihr Personalchef sagte mir, Sie erhalten vermögenswirksame Leistungen in Höhe von 26 € monatlich."

Vergleich : Bsp. Ledige/r

	Vermögenswirksame Leistung	Pensionskasse
	26 €	26 €
Steuer (34,6%)	9,00 €	0 €
Sozialversicherungs-beiträge (21%)	5,46 €	0 €
Gesamtbelastung	14,46 €	0 €
Netto	11,54 €	26 €
abgezogen wird	- 26 €	

Quelle: Eigene Darstellung

Abbildung 58: Beispielrechnung 1: Pensionskasse versus VL

„Wenn Sie sich bitte einmal die linke Spalte ansehen, stellen Sie fest, dass Ihnen von den 26 € Steuern und Sozialabgaben abgezogen werden. Nur sehen Sie das auf Ihrer Gehaltsabrechnung nicht. Nur 11 € bleiben Ihnen übrig, aber 26 € werden vom gesamten Nettolohn abgezogen. Vermögenswirksam sind die 26 € also nur für Vater Staat, denn die öffentliche Hand befindet sich ja meist in unserer Tasche. Wenn Sie die 26 € allerdings in die Pensionskasse laufen lassen, zahlen Sie dauerhaft weder Steuern noch Sozialabgaben.“

Vorschlag vom 30.12.2005 für: Herr Hans Mustermann	geboren	01.01.1971
Modellberechnung [1]	Bisherige Abrechnung	Mit betrieblicher Altersversorgung
	Steuerkl. 1/0	Steuerkl. 1/0
Bruttoeinkommen	2.900,00 €	2.900,00 €
38,41 EUR meines Gehalts werden monatlich umgewandelt		38,41 €
Arbeitgeberzuschuss vermögenswirksame Leistungen	26,59 €	26,59 €
Eigener Anteil an den vermögenswirksamen Leistungen		0,00 €
In meine Altersversorgung fließen, monatlich		65,00 €
Das steuerpflichtiges Bruttoeinkommen beträgt	2.926,59 €	2.861,59 €
Mein Lohnsteuerabzug	-609,77 €	-586,12 €
Sozialversicherungsanteil 21,50%	-629,22 €	-615,24 €
Nettogehalt heute	1.687,60 €	1.660,23 €
Nettogehalt ab dem Jahr 2009	1.687,60 €	1.646,25 €
Überweisung vermögenswirksame Leistungen	-26,59 €	
Auszahlung heute	1.661,01 €	1.660,23 €
Auszahlung ab dem Jahr 2009	1.661,01 €	1.646,25 €
Mein Aufwand - beim Einsatz von monatlich 65,00 EUR in die BAV - beträgt		0,79 €

Quelle: Eigene Darstellung

Abbildung 59: monatlicher Bruttoaufwand für 65 € in bAV

„Nehmen wir an, Sie sagen: „Schön und gut, aber ich habe kein Geld.“, dann sehen Sie an diesem Beispiel, dass Sie sogar eine Betriebsrente erhalten, wenn Sie lediglich Ihre vermögenswirksamen Leistungen einbringen und selbst noch 38,41 € umwandeln: Das kostet Sie im Monat gerade ′mal 95 Cent! Dafür erhalten Sie im Alter immerhin zusätzlich 208 € an Rente.“

Steuerliche Betrachtung bei Rentenzahlung [1]

Gesetzliche Altersrente pro Jahr	**14.281,37 €**	
Jährliche Rente aus der Pensionskasse	**7.957,32 €**	
Gesamtrente pro Jahr	**22.238,69 €**	
Versteuerung der gesetzlichen Rente zum 65. Lebensjahr		
Jährliche GRV-Renteneinkünfte (Ertragsanteil 95%)	**13.567,30 €**	
Jährliche Rentenzahlung aus der Pensionskasse *	**7.957,32 €**	
Altersentlastungsbetrag	**-300,00 €**	
Sonderausgaben-Pauschbetrag	**-36,00 €**	
Werbungskosten-Freibetrag	**-102,00 €**	
zu versteuern nach Steuerklasse: 1	**21.086,62 €**	
Jährliche Gesamtsteuer aus Leistungen der Pensionskasse und gesetzlicher Rente	von 2005	**2.151,46 €**

Quelle: Eigene Darstellung

Abbildung 60: Pensionskasse wird im Alter versteuert

„Wie eingangs erwähnt, müssen Sie alle Rentenleistungen im Alter versteuern. In diesem Beispiel sehen Sie aber, dass die Steuerbelastung gering ist: Selbst wenn Sie Gesamteinkünfte aus der BfA und der Pensionskasse von über 22.000 € hätten, zahlen Sie jährlich nur gut 2.000 € Steuern, also keine zehn Prozent.“

Sicherheit steht hoch im Kurs

DSGV-Umfrage: Renditeüberlegungen bei Geldanlagen zweitrangig

BERLIN, 29. Oktober (AFP). Die Deutschen machen sich Sorgen um ihre finanzielle Zukunft und sind deswegen zunehmend bereit, privat vorzusorgen. Rund 29 Prozent der Bundesbürger erwarteten eine Verschlechterung ihrer finanziellen Lage, heißt es in einer Emnid-Studie zur Vermögensbildung, die der Deutsche Sparkassen- und Giroverband (DSGV) am Mittwoch in Berlin vorstellte. Noch vor zwei Jahren waren es nur 18 Prozent der Bürger, die eine Verschlechterung ihrer Finanzsituation befürchteten. Nur jeder fünfte rechnet noch mit einer Verbesserung – das sagte vor zwei Jahren noch jeder dritte.

Zunehmender Beliebtheit erfreut sich laut der Umfrage die betriebliche Altersversorgung: Mittlerweile haben rund 45 Prozent der Bundesbürger einen Vertrag für die betriebliche Altersversorgung (BAV) abgeschlossen, fünf Prozentpunkte mehr als vor zwei Jahren. Rund 12 Prozent der Befragten planen den Abschluß einer betrieblichen Altersversorgung.

Unter den geplanten Anlageformen liegt das Sparbuch an der Spitze: 22 Prozent wollen ihr Geld auf die Bank oder Sparkasse bringen und nehmen damit bewußt niedrige Zinsen zu Gunsten von Sicherheit und rascher Verfügbarkeit in Kauf. Etwa 18 Prozent planen den Kauf einer Immobilie für die eigene Nutzung, 16 Prozent beabsichtigen den Abschluß einer Rentenversicherung. Nur sieben Prozent wollen demnächst eine Riester-Rente abschließen.

Das wohl wichtigste Kriterium bei der Geldanlage ist nach der Umfrage für fast alle Anleger (96 Prozent) die Sicherheit. Nur 77 Prozent schauen zuerst auf die Rendite. Die selbstgenutzte Immobilie (43 Prozent) und die Lebensversicherung (42 Prozent) werden folglich als die am besten geeigneten Anlageformen für die Vermögensbildung genannt. Nur neun Prozent sagen dies von der Riester-Rente.

Zwei von drei Bundesbürgern (68 Prozent) haben bereits eine Lebensversicherung abgeschlossen, 58 Prozent der Umfrageteilnehmer haben einen Bausparvertrag. Ebenfalls 58 Prozent der Befragten setzen auch auf das während des Börsenbooms in den neunziger Jahren bereits totgesagte Sparbuch, das in den vergangenen Jahren eine Renaissance erlebte. Stark an Bedeutung haben auch die betriebliche Altersversorgung und das eigene Haus oder die Wohnung gewonnen, in die jeweils 45 Prozent investieren. Der Anteil der Aktienbesitzer ist allerdings auch wieder leicht auf 29 Prozent gestiegen.

Die Bereitschaft der 30- bis 39-jährigen, mit zusätzlichen Maßnahmen finanziell für das Alter vorzusorgen, ist so groß wie bei keiner anderen Generation. Laut Vermögensbarometer haben bereits 87 Prozent dieser Altersgruppe Maßnahmen zur Vorsorge getroffen, 65 Prozent planen weitere Vorsorgeanstrengungen.

Quelle: FAZ, 20. 10. 2003

Abbildung 61: Sicherheit steht hoch im Kurs

„Deswegen schreibt die Frankfurter Allgemeine Zeitung: ……Die Deutschen machen sich Sorgen um ihre finanzielle Zukunft und sind deswegen zunehmend bereit, privat vorzusorgen………Zunehmender Beliebtheit erfreut sich laut der Umfrage die betriebliche Altersversorgung: Mittlerweile haben rund 45 Prozent der Bundesbürger einen Vertrag für die betriebliche Altersversorgung (BAV) abgeschlossen, fünf Prozentpunkte mehr als vor zwei Jahren. Rund 12 Prozent der Befragten planen den Abschluss einer betrieblichen Altersversorgung.“

Quelle: Stern 08/2004

Abbildung 62: Wovon sollen wir später leben?

Vor einiger Zeit war auf der Titelseite des „Stern" folgende Überschrift zu lesen: „Wovon sollen wir später leben?" „Wenn Sie sich jetzt also fragen, wovon Sie im Alter leben sollen (Anm.: Laserpointer auf „Wovon sollen wir später leben?" richten), weil Sie nur eine Rente in homöopathischer Dosis erhalten (Anm.: Laserpointer auf „Homöopathie" richten), dann können Sie sich entweder in fernöstlichen Entspannungstechniken üben (Anm.: Laserpointer auf „Buddhismus" richten) oder sich nun bei mir zur Einzelberatung anmelden. Vielen Dank für Ihre Aufmerksamkeit!"

Nach der Präsentation ist nun Ihr Ziel, dass sich möglichst viele Mitarbeiter bei Ihnen zu einer Einzelberatung anmelden. Sprechen Sie nach der Präsentation zuerst die Mitarbeiter auf die Einzelberatung an, mit denen Sie gegebenenfalls bereits im Vorfeld einen positiven Kontakt hatten, wie beispielsweise die Chefsekretärin oder Mitglieder des Betriebsrates. Andere Mitarbeiter werden folgen!

Sehr wichtig ist, dass Sie nach Ihrer Präsentation eine vorbereitete Excel-Tabelle dabei haben, damit Sie die Namen der Mitarbeiter in den „Stundenplan" eintragen können. Diese kann so aussehen:

Termine Einzelberatung Pensionskasse

Raum: Kantine

	Montag	Dienstag	Mittwoch	Donnerstag	Freitag
	25.7	26.7	27.7	28.7	29.7
09:30-10:00					
10:00-10:30	Präsentation				
10:30-11:00					
11:00-11:30					
11:30-12:00					
12:00-12:30					
12:30-13:00					
13:00-13:30					
13:30-14:00					
14:00-14:30					
14:30-15:00					
15:00-15:30					
15:30-16:00					
16:00-16:30					
16:30-17:00					

Quelle: Eigene Darstellung

Abbildung 63: Stundenplan für Einzelberatungen

Nachdem nun Ihr Stundenplan gut gefüllt ist, werden wir uns im nächsten Kapitel anschauen wie Sie die Einzelberatungen so durchführen, dass Sie eine möglichst hohe Abschlussquote generieren.

9. Einzelberatungen der Arbeitnehmer

„Man muss einfach reden und kompliziert denken – und nicht umgekehrt."

Franz Joseph Strauß, bayerischer Ministerpräsident (1915-1988)

Für Sie ist es überaus wichtig ist, Ihre gesamte Vorgehensweise bei der Einzelberatung der Mitarbeiter dem Personalverantwortlichen exakt und in allen Einzelheiten darzustellen und mit ihm abzustimmen, damit später keine Irritationen zwischen den Arbeitnehmern, dem Arbeitgeber und Ihnen entstehen. Ich empfehle Ihnen daher, dem Arbeitgeber Ihre Vorgehensweise bei der Einzelberatung vorzutragen. Warum ich diese Empfehlung ausspreche, wird in diesem Kapitel deutlich werden.

9.1 Die „Vereinbarung über die Umwandlung von Arbeitsentgelt in Versicherungsschutz"

Versuchen Sie dem Arbeitgeber klarzumachen, wie viel Arbeit Sie ihm abnehmen, wenn Sie sich von jedem Arbeitnehmer die „Vereinbarung über die Umwandlung von Arbeitsentgelt in Versicherungsschutz" unterschreiben lassen. Der Arbeitgeber wird Ihnen in aller Regel dankbar dafür sein und gute Argumente sprechen schließlich dafür. Diese Argumente nenne ich Ihnen in Abschnitt 9.11. Sie können dies folgendermaßen kommunizieren: *„Herr Personalleiter, ich möchte Ihnen nicht zumuten, drei Wochen durch den Betrieb zu laufen und sich die Unterschriften bei den Mitarbeitern selbst einzuholen. Diese könnten krank oder in Urlaub sein, sich auf einer Fortbildung befinden oder gerade in einer Besprechung sein. Deshalb nehme ich Ihnen diesen arbeitsrechtlichen Verwaltungsakt gerne ab."*

Nach meiner Erfahrung waren bislang alle Arbeitgeber für diese Dienstleistung dankbar. Der Vorteil bei dieser Vorgehensweise ist, dass Sie so bereits eine gewisse Verbindlichkeit im Gespräch hergestellt haben und die Abschlusswahrscheinlichkeit deutlich steigt.

9.2 Behandeln Sie Informationen vertraulich!

Der Mitarbeiter, den Sie beraten, erwartet von Ihnen selbstverständlich zu Recht absolute Diskretion hinsichtlich der Ihnen übermittelten sensiblen Informationen wie der Höhe seines Gehaltes, der bestehenden Versorgung, der familiären Situation, seinem Gesundheitszustand etc. Mit dem Arbeitgeber müssen Sie deshalb vereinbaren, dass Sie einen Raum zur Verfügung gestellt bekommen, in dem ein Tisch und drei Stühle stehen. Mehr als diese Möblierung sowie eine Steckdose für den Anschluss Ihres Laptops benötigen Sie nicht.

9.3 Präsentation vor den Mitarbeitern: Ja oder nein?

Ihre Vorgehensweise bei der Einzelberatung hängt selbstverständlich davon ab, ob Sie vom Arbeitgeber die Möglichkeit eingeräumt bekommen haben, eine Präsentation vor den Mitarbeitern durchzuführen. War dies der Fall, ist dies die ideale Ausgangslage für eine effiziente 30-minütige Einzelberatung. Konnten Sie keine Präsentation vor der Belegschaft durchführen, müssen Sie die Mitarbeiter jeweils einzeln mittels Tischflipchart-Vortrag oder Laptop-Präsentation zum Thema der Entgeltumwandlung informieren. Ich selbst führe Einzelberatungen immer zusammen mit einem meiner Mitarbeiter durch: Mein Mitarbeiter hat die Aufgabe, sich möglichst viele Notizen zum Gespräch zu machen, relevante Daten aufzuschreiben, die Steuer- und Sozialversicherungsersparnis für den Arbeitnehmer zu berechnen sowie die Höhe der Altersrente aus der betrieblichen Altersversorgung zu ermitteln. Ich selbst informiere den Arbeitnehmer zur bAV, berate ihn hinsichtlich seiner bereits bestehenden Versorgung und beantworte währenddessen auch seine Fragen. Betritt der Arbeitnehmer nun zur vereinbarten Zeit das Beratungszimmer, begrüße ich diesen, stelle meinen Mitarbeiter vor und steige folgendermaßen in das Gespräch ein: *„Es ist mir zwar peinlich, aber darf ich Ihnen in Ihrer eigenen Firma einen Platz anbieten? Ist es mir denn gelungen, den Sachverhalt bei der Präsentation so darzustellen, dass man die Thematik verstehen konnte?"* Die Arbeitnehmer bejahen dies in aller Regel und stellen unter Umständen bereits vorbereitete Fragen.

9.4 Händigen Sie dem Mitarbeiter ein Handout aus

Hatte ich jedoch nicht die Möglichkeit einer Präsentation im Unternehmen, händige ich dem Mitarbeiter zunächst eine Informationsbroschüre aus, welche u. a. das folgende Anschreiben enthält:

Nutzen Sie Ihre Vorteile als Arbeitnehmer!

Würden Sie DEN einsetzen... **...um DIESEN zu bekommen?**

So funktioniert es:

Sehr geehrte Damen und Herren,

die Lösung ist einfach, denn:

„Vater Staat“ zahlt Ihnen erhebliche Zuschüsse zu Ihrer betrieblichen Altersversorgung!

Das sind Ihre Vorteile:

Sie wandeln einen Teil Ihres Bruttogehaltes - max. EUR 210 monatlich – um und bringen diesen in die Pensionskasse des Presseversorgungswerkes ein. Da Ihre Beiträge vom Bruttogehalt bezahlt werden, zahlen Sie hierauf keine Steuern und – bis einschließlich 2008 – auch keine Sozialabgaben! Im Ergebnis sind Ihre Renten-Leistungen im Alter erheblich höher als wenn Sie die Beiträge privat aus Ihrem versteuerten Entgelt finanziert hätten (Beispiel auf der nächsten Seite).

Nachfolgend ersehen Sie anhand einer simulierten Gehaltsabrechnung exemplarisch die Zuschüsse: Die linke Spalte stellt die jetzige Gehaltsabrechnung dar (ohne betriebliche Altersversorgung), die rechte Spalte daneben eine Gehaltsabrechnung unter Umwandlung eines Teils Ihres Bruttoeinkommens. Die EUR 210 merken Sie also hier nur mit EUR 96,-!

- **Wie Sie also sehen, sind die staatlichen Zuschüsse doch enorm hoch!**

Aus diesem Grunde:

Verschenken Sie kein Geld und lassen Sie sich Ihre persönlichen Zuschüsse von uns berechnen:

Bitte wenden Sie sich an:

Jürgen Hauser
Allianz-Presseversorgung
Schwetzinger Str. 18A
68766 Hockenheim
Tel.: 06205 / 284230
Fax: 06205 / 284232
e-mail: hauser@presseversorgung-hauser.de
www.presseversorgung-hauser.de

Beste Grüße

Jürgen Hauser

Quelle: Eigene Darstellung

Abbildung 64: Auszug aus Mitarbeiteranschreiben

Die Informationsbroschüre enthält die folgenden weiteren Unterlagen, die natürlich individuell auf Ihre Person ausgerichtet sein müssen:

- eine Imagebroschüre,
- eine Visitenkarte,
- einen Prospekt zum angebotenen Durchführungsweg,
- Zitate aus Referenzschreiben.

9.5 Sammeln Sie alle relevanten Daten

Bevor ich die Fragen des Arbeitnehmers zum Thema beantworte, bitte ich ihn, mir seine Gehaltsabrechnung auszuhändigen und reiche diese an meinen Kollegen weiter, damit er die staatlichen Zuschüsse berechnen kann. Mein Kollege notiert danach alle für uns relevanten Daten wie Name und Adresse, das Geburtsdatum und alle weiteren Informationen, die wir im Gespräch erhalten, auf dem folgenden Beratungsblatt. Auf der Rückseite schreibt er die Daten aus der Gehaltsabrechnung ab und notiert die Einzelheiten unseres Angebotes.

Name:	Geburtsdatum:
Vorname:	
Herkunft des Kontaktes:	
Beruf:	
Privatadresse:	
private Tel. Nr.:	
Adresse der Firma:	
Familienangehörige:	Geb.-Datum:
	Geb.-Datum:
	Geb.-Datum:
	Geb.-Datum:
	Geb.-Datum:
Hund / Katze:	Rasse:
Hobbies:	
Urlaubsziele:	
Mitgliedschaften:	
Ordner eingerichtet am:	
Ordner verschenkt am:	
Rentenberechnung durchgeführt am:	
Auf Empfehlung angesprochen am:	
Empfehlungen erhalten:	
Besonderheiten:	
gemachte Geschenke:	am:
	am:
	am:
Bislang verdiente Provision:	

Quelle: Eigene Darstellung

Abbildung 65: Erfassungsbogen für persönliche Daten

Herr/Frau
Gehalt fest / variabel, weil
mtl. Freibetrag
Anzahl der Gehälter Weihnachtsgeld % Urlaubsgeld %
Besonderheiten
verheiratet ja/nein St.kl. Anzahl Kinderfreibetrag
KiSt ja/nein %Satz
GKV Beitragssatz
pflichtig/freiwillig versichert
PKV-Gesellschaft
Pflege-Beitragssatz
Höhe VWL angelegt ja / nein in
VWL künftig in bAV ja / nein
Empfehlung zu VWL
Bestehende Altersversorgung:

bAV:

Angebote:		Monatsbeitrag		Monatsbeitrag		Monatsbeitrag	
gar. Rente	mit Ü.						
Kapital	mit Ü.						
Nettoaufwand							
Angebot erstellen:							

Entgeltumw. unterschrieben ja / nein
Ausgehändigt:

Rücktritt am: telefonisch / schriftlich / E-mail / Fax
Neues Angebot angefordert am: über: versandt am:
Police versandt / übergeben am:

Noch ansprechen auf:

Quelle: Eigene Darstellung (mit Ü. = mit Überschüssen)

Abbildung 66: Erfassungsbogen für Finanzdaten

9.6 Nehmen Sie dem Arbeitnehmer Angst und Unsicherheit: Zeigen Sie Unterlagen wie Referenzen, eine Versorgungszusage und ein Musterangebot

Sind alle offenen Punkte abgearbeitet, frage ich den Arbeitnehmer: „*Sind Sie damit einverstanden, wenn wir Ihnen den maximalen staatlichen Zuschuss berechnen?*". Dies wird in aller Regel bejaht und mein Kollege berechnet eine Versorgung mit einem Beitrag in Höhe von vier Prozent der Beitragsbemessungsgrenze. Dann gehe ich folgendermaßen vor: In einem Pultordner habe ich die Unterlagen vorbereitet, die ich dem Arbeitnehmer zeigen werde. Diese sind im Einzelnen:

- Referenzschreiben anderer Unternehmen: „*Herr Arbeitnehmer, in diesen Unternehmen habe ich bereits die betriebliche Altersversorgung eingerichtet: dies sind die schriftlichen Referenzen.*"
- Vereinbarung über die Umwandlung von Arbeitsentgelt in Versicherungsschutz: „*Frau Mitarbeiterin, wenn Sie steuerlich gefördert für das Alter vorsorgen möchten, müssen Sie Ihren Arbeitgeber mittels dieser Vereinbarung beauftragen, Gehaltsbestandteile an die Pensionskasse abzuführen.*"
- Muster-Versorgungszusage: „*Sollten Sie der betrieblichen Versorgung beitreten wollen, so erhalten Sie eine solche Versorgungszusage. Erst wenn Sie und Ihr Arbeitgeber diese unterschreiben, käme ein Vertrag zustande. Heute können Sie bei mir keinen Vertrag abschließen.*"
- Ein Musterangebot: Wie ich dieses einsetze, erfahren Sie gleich.

9.7 Berechnen Sie die Ersparnis für den Arbeitnehmer

Auf dem nun folgenden Blatt bildet mein Kollege in der linken Spalte die jetzige Gehaltsabrechnung ab. In der mittleren Spalte bildet er die Gehaltsabrechnung ab unter der Annahme, dass der Arbeitnehmer vier Prozent der Beitragsbemessungsgrenze, also derzeit 210 €, umwandelt. In der rechten Spalte werden die berechneten staatlichen Zuschüsse eingetragen. Im unteren Feld trägt mein Mitarbeiter die Rentenwerte ein, die der Arbeitnehmer im Gegenzug erhält. Dieses ausgefüllte Blatt zeige ich nun dem Arbeitnehmer und erläutere es ihm. In aller Regel sind meine Kunden von der Höhe der staatlichen Zuschüsse begeistert.

Wirtschaftlichkeitsberechnung für Herrn/Frau Mustermann

Ihre Gehaltsabrechnung:	**1. Gehaltsabrechnung** <u>*ohne*</u> **betr. Altersversorgung**	**2. Gehaltsabrechnung** <u>*mit*</u> **betr. Altersversorgung**	**3. Berechnung der staatlichen Zuschüsse** (= Differenz aus 1. und 2.)
Gehalt (inkl. AG-Zuschuss VWL)	€ 3.026,59	€ 3.026,59	
Umwandlung in bAV	**entfällt**	–€ 210,-	€ 210,-
steuer/soz.vers.Brutto	= € 3.026,59	= € 2.816,59	
abzüglich Steuern	–€ 642,02	–€ 565,87	> –€* 76,05
abzüglich Sozialversicherung	–€ 655,26	–€ 608,79	> –€** 45,47
abzüglich VWL	–€ 26,59	–€ –	> –€ 26,59
Nettoeinkommen **Zuschussberechnung:**	€ 1.702,72	–€ 1.640,83	= € 61,89 **Nettoaufwand**

Leistungen Ihrer betrieblichen Altersversorgung zum:			
mtl. Garantierente: € (steigend)	416,05	oder Garantiekapital: €	100.104,-
mtl. Gesamtrente*:** € (steigend)	628,90	oder Gesamtkapital***: €	151.317,-
Mit Beitragsbefreiung bei Berufsunfähigkeit:	☒ Ja	☐ Nein	

*dauerhaft
**bis 31.12.2008
***inkl. Überschüsse, die jährlich neu festgelegt werden und somit nicht garantiert werden können.

Quelle: Eigene Darstellung

Abbildung 67: Muster für Wirtschaftlichkeitsberechung

9.8 Machen Sie die Versorgungslücke „begreifbar"!

Manchmal sind Arbeitnehmer durchaus gut für das Alter versorgt. Vielleicht haben Sie ein Vermögen geerbt, haben die Aussicht auf ein entsprechendes Erbe oder eben bereits ausreichend Vorsorge betrieben. Dann rate ich vom Abschluss der bAV ab. Dies ist aber nicht die Regel, sondern die Ausnahme!

Professor Raffelhüschen, prominenter Finanzwissenschaftler aus Freiburg, antwortet in der F.A.Z. vom 1. Oktober 2005 auf die Frage, wie viel private Vorsorge man betreiben müsse um seine Versorgungslücke im Alter zu schließen wie folgt: "Das hängt natürlich von einer ganzen Reihe Faktoren ab: von Ihrem Alter, Familienstand, Beruf, Einkommen, Vermögen. Als grobe Richtschnur kann man festhalten: Wer heute zwischen 20 und 30 Jahre alt ist, der sollte rund 6 Prozent seines Bruttoeinkommens sparen. Mit 40 sollten es 7 bis 8 Prozent sein. Je älter Sie werden, umso geringer schmerzen Sie die aktuellen Rentenkürzungen, aber umso weniger Zeit hat der Zinseszinseffekt, für Sie zu arbeiten." Auf die Frage, ob denn überhaupt jeder Bürger soviel sparen kann, antwortet Raffelhüschen: „Ein Problem ist das vor allem für Familien mit unterdurchschnittlichem Einkommen; für die breite Masse der Bürger aber gilt ..., dass sie bereits jetzt mehr Geld für ihr Handy und ihre Mobilität ausgeben. Das Problem ist, dass diese elementaren Zusammenhänge noch nicht bei der Bevölkerung angekommen sind. Die haben noch nicht verstanden, dass der Staat zwar kein Rentenproblem mehr hat, der Bürger aber nun ein Vorsorgeproblem."
Und wie sieht die Wirklichkeit aus? Laut map-Report vom 01.11.2005 zahlen die Bundesbürger jährlich rund 68 Mrd. € in ihre Lebensversicherungen ein – und haben das Gefühl, gut vorgesorgt zu haben. Aber: Das sind ganze 69 € pro Monat und Versichertem! Zum Vergleich: Das Auto verschlingt rund 580 € monatlich. Mit 69 € im Monat sind die Löcher der gesetzlichen Versorgung nicht zu stopfen. Sagen wir den Arbeitnehmern also diese bittere Wahrheit und berechnen wir ihnen die staatlichen Zuschüsse für ein umgewandeltes Entgelt, welches auch tatsächlich die Versorgungslücke schließt!

Will Ihr Gesprächspartner aus finanziellen Gründen dennoch keine betriebliche Altersversorgung abschließen, können Sie mit ihm das folgende „Spiel" spielen: *„Herr Arbeitnehmer, nehmen wir einmal an, Sie erhalten im Rentenalter von der BfA eine Rente in Höhe von 1.400 €. Nehmen wir weiterhin an, dass nach Abzug von Steuern, Kranken- und Pflegeversicherungsbeiträgen noch 1.000 € übrig bleiben. Sie sagten, bislang noch nicht für das Alter vorgesorgt zu haben. Auf den folgenden Karten sind Ihre verschiedenen Lebensbereiche abgebildet: Wie genau werden Sie als Rentner die 1.000 € monatlich aufteilen?".* Nun geben Sie dem Arbeitnehmer Spielgeld in Höhe von 1.000 € und bitten ihn: *„Herr Arbeitnehmer, bitte verteilen Sie doch Ihre Rente auf Ihre verschiedenen Lebensbereiche!"* Nun ist es wichtig, dass Sie schweigen. Der potenzielle Kunde wird sehr schnell feststellen, dass er im Alter zusätzlichen Geldbedarf hat. Nun muss er sich entscheiden entweder heute Konsumverzicht zu leisten oder der Altersarmut zum Opfer zu fallen.

Quelle: B&S, Haptische Verkaufshilfen GmbH

Abbildung 68: Muster-Geldscheine

Quelle: B&S, Haptische Verkaufshilfen GmbH

Abbildung 69: Die verschiedenen Lebensbereiche im Alter

9.9 Länger leben macht Spaß. Vorausgesetzt, der Arbeitnehmer hat finanziell vorgesorgt!

Wenn ein Arbeitnehmer zu mir sagt: *„Ach, ich weiß nicht, ob ich noch etwas für die Rente tun soll. In meiner Familie wird man für gewöhnlich nicht sehr alt."*, dann antworte ich: „Herr Kunde, soll ich Ihnen verraten, wie alt Sie werden?". Der Kunde schaut mich aufgrund dieser Aussage natürlich verblüfft an. Ich zeige meinem Gesprächspartner dann eine Statistik, die die aktuellen Sterbetafeln wiedergibt: *„Herr Kunde, Sie sind männlich und heute 39 Jahre alt. Somit werden Sie 86,2 Jahre alt werden. Angenommen, Sie haben Pech und werden tatsächlich 86,2 Jahre alt, bedeutet das: wenn Sie heute nichts für Ihre Rente tun, haben Sie vom 65. bis zum 87. Lebensjahr täglich ein Problem: nämlich Hunger!"*

9.10 Wenden Sie das „Hündchen-Prinzip" an

Das *„Hündchen-Prinzip"* funktioniert folgendermaßen: Wenn Sie zehn jungen Frauen jeweils einen Hundewelpen in die Arme legen, wollen ihn acht der Damen behalten. Lediglich zwei geben den jungen Hund zurück. Meine Vorgehensweise bei der Einzelberatung in der betrieblichen Altersversorgung folgt dem gleichen Prinzip: Bin ich mit dem potenziellen Kunden vom Grundsatz her einig, dass er diese zusätzliche Versorgung benötigt, sage ich: *„Herr Kunde, nur mit dieser Wirtschaftlichkeitsberechnung möchte ich Sie nicht nach Hause gehen lassen, um auf dieser Grundlage eine Entscheidung zu treffen. Dieses Blatt soll lediglich eine erste Information für Sie sein. Wenn Sie möchten, kann ich Ihnen gerne solch ein Angebot kalkulieren."* Und dann gehe ich mit ihm ein komplettes Musterangebot zur betrieblichen Altersversorgung durch und frage: *„Herr Kunde, möchten Sie solch ein Angebot haben?"* Der Kunde bejaht dies in aller Regel. Dann klappe ich das Angebot zu und zeige ihm ein Musteranschreiben, das obenauf liegt: *„Gerne erstelle ich Ihnen ein solches individuelles Angebot aufgrund Ihrer persönlichen Daten. Ich schreibe Ihnen dazu Folgendes:*

Beispiel

Herrn
Max Mustermann
Musterstraße 1
Mutterstadt

Datum

Einführung der betrieblichen Altersversorgung

Sehr geehrter Herr Mustermann,

schön, dass Sie die Möglichkeit genutzt haben und sich

- den Steuerzuschuss und

- den Sozialversicherungszuschuss

zur betrieblichen Altersversorgung individuell berechnen haben lassen.

In der Wirtschaftlichkeitsberechnung, die ich für Sie erstellt habe, können Sie genau nachvollziehen, wie sich ***Ihre*** einzelnen ***Zuschüsse*** zusammensetzen.

Sollte ich innerhalb der nächsten acht Tage nichts von Ihnen hören, lasse ich vereinbarungsgemäß die Versorgungszusage erstellen: Da Sie sicherlich interessiert, wie diese im Einzelnen aussieht, haben Sie somit die Möglichkeit sich diese nach Ausfertigung in ca. 14 Tagen durchzulesen. ***Erst wenn Sie und Ihr Arbeitgeber diese unterschreiben, käme der Vertrag zustande.*** (Danach haben Sie noch einmal ein 14-tägiges Rücktrittsrecht.) Zögern Sie bei Rückfragen nicht mich anzurufen!

Beste Grüße

Jürgen Hauser

Herr Kunde, sind Sie mit dieser Vorgehensweise einverstanden?" Nach meiner Erfahrung akzeptieren 99 Prozent der beratenen Arbeitnehmer diese Vorgehensweise. Wenn der Arbeitnehmer im Ausnahmefall doch einmal sagt: „Nein, rufen Sie mich bitte in acht Tagen an und fragen, ob ich das in dieser Form abschließen will!", antworte ich wahrheitsgemäß: *„Schauen Sie, ich bin die nächsten drei Wochen wieder auf Dienstreise in anderen Städten unterwegs und kann mich deswegen nicht bei Ihnen melden. Da ich in dieser Zeit 300 Arbeitnehmer berate, kann jeder einzelne dieser Arbeitnehmer mein Büro anrufen, aber ich nicht umgekehrt jeden der 300 Arbeitnehmer."* Diese Vorgehensweise wird verstanden und akzeptiert. Neulich entgegnete ein Redakteur, dem ich mein Anschreiben vorlas: *„Aha, die Negativoption. Das geht in Ordnung."* Ich fragte ihn, was er denn mit der „Negativoption" meine und er entgegnete: *„Das funktioniert doch bei uns im Verlag genauso: Wenn wir ein Schnupperabonnement anbieten und der Kunde meldet sich nach Ablauf von vier Wochen nicht, ist das Jahresabonnement zustande gekommen."*

Die Mitarbeiter, die nicht innerhalb der nächsten acht Tage storniert haben – und das sind die wenigsten –, erhalten über ihre Personalabteilung absprachegemäß ihre Versorgungszusage, die sie dann auch in aller Regel unterschreiben. Erinnern Sie sich an das „Hündchen-Prinzpip"? Wie die meisten der jungen Damen den Welpen behalten möchten, möchten auch die allermeisten Arbeitnehmer ihre Versorgungszusage vom Arbeitgeber unterschrieben entgegen nehmen.

9.11 Schaffen Sie arbeitsrechtliche Sicherheit!

Bevor die Beratung nun beendet wird, sage ich zu dem Arbeitnehmer: *„Ich hatte Ihnen vorher die „Vereinbarung über die Umwandlung von Arbeitsentgelt in Versicherungsschutz" gezeigt. Ihr Personalchef bat mich – sollte der Vertrag zwischen Ihrem Arbeitgeber und Ihnen zustande kommen – diese gleich von Ihnen abzeichnen zu lassen, da er eine solche Vereinbarung dann für Ihre Personalakte benötigt. Sollten Sie keinen Vertrag wünschen, so garantiert der Personalchef Ihnen, dass er diese Vereinbarung dem Aktenvernichter zuführt".* Dann händige ich dem Arbeitnehmer eine zweite Vereinbarung mit den Worten aus: *„Damit Sie wissen, was Sie unterschreiben, erhalten Sie selbstverständlich vorab eine identische Vereinbarung."*, und lasse mir das erste Exemplar unterschreiben.

Wie gesagt: Wichtig ist, dass Sie diese Vorgehensweise unbedingt mit dem Personalverantwortlichen durchsprechen.

Beispiel

> Als ich eine überaus intelligente Lektorin eines Verlages, nennen wir die Schwäbin Frau Dr. Schlau, im Jahre 2004 zur Entgeltumwandlung beriet, sagte diese: „Super, des mach i sofort. Aber was isch mit moiner Steuerersparnis seit dem erschten Januar 2002? Wer zahlt mir die?" Meine Verblüffung dauerte nur einen Moment und ich erwiderte: „Liebe Frau Dr. Schlau, Sie sind heute 30 Jahre alt und sparen ja so noch rund 35 Jahre Steuern, da fallen die zwei Jahre doch kaum ins Gewicht..." Die Kundin blieb jedoch hartnäckig und ich konnte Sie nur an die Personalabteilung verweisen.

Dieses Beispiel erzähle ich gerne Arbeitgebern, um sie zu motivieren die Entgeltumwandlung anzubieten.

9.12 Übertreffen Sie Ihre Versprechen!

Es würde sich nun anbieten, dem Arbeitnehmer zu sagen: „Ich schicke Ihnen das Angebot morgen zu." Was erwartet nun Ihr Kunde? Natürlich genau das, was Sie ihm versprochen haben. Und was passiert dann in der Praxis häufig? Bestenfalls nichts besonderes, weil der Kunde genau das erhält, was Sie ihm versprochen haben. Schlechtestenfalls kann allerdings viel passieren, weil der Kunde enttäuscht wird. Eine Enttäuschung ist das Ende einer Täuschung, dann folgt die Ernüchterung, die Klarheit. Und warum? Meistens sind es nur Kleinigkeiten, für die Sie nicht einmal etwas können. Vielleicht wird nur die Post zu spät aufgegeben oder ausgetragen. Oder es kommt tatsächlich etwas anderes mit höherer Priorität dazwischen und es wird zu spät, um die Erwartung zu erfüllen. Übertreffen Sie deshalb Ihre Versprechungen: Formulieren Sie professionell: „Sie erhalten bis Ende nächster Woche Ihr Angebot." Und jetzt kommt der Clou: Natürlich setzen Sie oder Ihr Mitarbeiter alles daran, den Vorgang schnellstmöglich zu erledigen. Wenn der Kunde erwartet, dass er sein Angebot bis Ende nächster Woche bekommt und er hat es bereits nach zwei Tagen in der Post, dann sind Sie ein Held, weil Sie mehr halten als Sie versprechen. Das bewertet der Kunde als Qualität und guten Service und er hält einen Berater, der zurückhaltende Zusagen macht, für kompetent und seriös. Übrigens: Es tut auch Ihnen gut, wenn Sie sich nicht andauernd „zu weit aus dem Fenster lehnen“ und dann viel zu oft als gehetzter Knecht Ihrer eigenen leichtfertigen, aus Höflichkeit und falschem Servicegedanken eingegangenen Versprechungen fühlen.

Beispiel

Angenommen, einer der Arbeitnehmer, den Sie versorgt haben, macht sich selbstständig, hat Ihnen dies aber noch nicht mitgeteilt. Was erwartet er nun von Ihnen? Natürlich nichts. Und was erwartet er von Ihnen, sobald Sie seine entsprechende Mitteilung erhielten? Eine kompetente Beratung, wie es mit seinem Vertrag weitergehen kann und sollte.

Kürzlich las ich in der F.A.Z., dass die Leiterin eines Verlages, der mein Kunde ist, gekündigt hat und sich selbstständig macht.

Daraufhin rief ich meine Kundin an – statt umgekehrt –, teilte ihr mit, dass ich die Neuigkeit aus der Zeitung erfahren hätte und gratulierte herzlich. Normaler Service hätte wohl dann geendet, wenn noch die obligatorische Beratung hinsichtlich der Zukunft des Pensionskassenvertrages durchgeführt worden wäre. Ich wollte meiner Kundin mehr bieten und berichtete ihr von einem guten Bekannten, der als Unternehmensberater Existenzgründer berät, wie diese öffentliche Fördermittel erhalten und stellte einen Kontakt her. Danach gratulierte ich nochmals schriftlich und legte ein Exemplar eines meiner Bücher bei sowie eine Ausgabe der Zeitschrift salesBUSINESS, in welcher ich als Verkäufer des Jahres 2005 porträtiert wurde. Die Reaktion per E-Mail kam prompt:

Lieber Herr Hauser,

kein Wunder, dass Sie „Verkäufer des Jahres“ geworden sind! Ihr Service ist EXZELLENT! Und dann gibt es plötzlich auch noch Buchgeschenke. WOW! Ich danke Ihnen sehr herzlich, genauso wie für die Kontaktadresse, die Sie mir gegeben haben. Sollte ich je etwas für Sie tun können, lassen Sie es mich wissen. Und sobald sich meine Situation wieder verändert, werde ich mich melden.

Ganz herzliche Grüße

Anna K. Müller

Geschrieben hatte dies nicht die Leiterin eines Kinder-, Schulbuch- oder Kriminalroman-Verlages, sondern eines der angesehensten deutschen Wirtschaftsverlage. Umso mehr habe ich mich über das Lob aus diesem berufenen Munde gefreut!

Im nächsten Kapitel sprechen wir nun über die Verwaltung Ihrer Verträge, wie Sie optimalen Service sicherstellen und die Gruppenverträge im Laufe der Zeit weiter mit neuen Risiken befüllen können.

10. Die notwendigen Verwaltungsarbeiten

Sollten Sie nun mit dem bAV-Vertrieb erst beginnen, werden Sie so schnell in Ihrem Büro kein großes logistisches Problem hinsichtlich der Verwaltung Ihrer Gruppenverträge bekommen. Ich habe bereits in der Einleitung geschrieben, dass ich in den letzten vier Jahren rund 80 Gruppenverträge geschlossen und ca. 1.300 Arbeitnehmer versorgt habe – und hatte dann doch ein massives Problem.

Dieses Problem entwickelte sich peu a peu und hinderte mich schließlich Mitte des Jahres 2004 fast vollständig daran weiter zu akquirieren. Das Problem hieß: Die Verwaltung!

- Anfänglich legte ich je Arbeitnehmer ein Hängeregister an, jedoch hat sich das im bAV-Bereich aufgrund der Vielzahl der versorgten Arbeitnehmer als zu aufwendig erwiesen. Mittlerweile lege ich je Firma – je nach Größe – mindestens einen Ordner an, in den ich die Kundendatenblätter mit einer Trennlasche ablege.
- Meine Agentur erhält die Gruppenverträge und die Policen zugeschickt, die ich auf deren Richtigkeit hin prüfe.
- Danach muss je Firma ein Ordner angelegt werden, in den beide Versorgungszusagen sowie die vom Arbeitnehmer bereits unterschriebene Entgeltumwandlungsvereinbarung im Original sowie in Kopie – jeweils für Arbeitgeber wie für Arbeitnehmer – abgelegt werden. Der Arbeitgeber erhält als „Bedienungsanleitung“ folgendes Deckblatt im Ordner abgelegt:

Beispiel

Information für den Arbeitgeber zum Verteilen der Versorgungszusagen:

1. Für den *Mitarbeiter:* Versorgungszusage (mit Versicherungsbedingungen, daher dicker).
2. Für den *Mitarbeiter:* Entgeltumwandlungsvereinbarung, bitte unterschreiben!
3. Für den *Arbeitgeber:* Entgeltumwandlungsvereinbarung, bitte unterschreiben und Ablage in Personalakte
4. Für den *Arbeitgeber:* Versorgungszusage (ohne Versicherungsbedingungen), Ablage in Personalakte

Viele Grüße

Jürgen Hauser

- Je Arbeitnehmer trenne ich die Vorgänge durch eine mit PC beschriebene Trennlasche.
- Dann müssen diese Unterlagen dem Arbeitgeber überbracht werden. Bis zu einer Entfernung von 150 Kilometern bringe ich die Unterlagen persönlich vorbei, ist der Kunde weiter entfernt, schicke ich diese als Wertpaket.
- Täglich rufen etliche Arbeitnehmer an, die ich soeben beraten hatte, um noch Fragen zu klären bzw. bitten um ein modifiziertes Angebot.
- Schließlich nehme ich Multiplikatoren unter den Arbeitnehmern, wie Betriebsräte, leitende Mitarbeiter, aber selbstverständlich auch Geschäftsführer und Personalleiter, in eine Geburtstagsliste auf und schreibe diese jeweils zu ihrem Ehrentag an. Damit der Text der Briefe sich im Laufe der Jahre nicht wiederholt, modifiziere ich diesen jeweils zum Jahreswechsel. Im Jahre 2006 lautete der Text:

Beispiel

> Lieber Kunde,
>
> „Die Zeit verwandelt uns nicht, sie entfaltet uns nur", schrieb Max Frisch einst in sein Tagebuch.
>
> Ich hoffe und wünsche, dass Sie in Ihrem heute beginnenden neuen Lebensjahr viele gute Möglichkeiten der persönlichen und beruflichen Entfaltung finden werden.
>
> Ich gratuliere Ihnen recht herzlich zum Geburtstag und wünsche Ihnen Gesundheit, Erfolg und viele glückliche Stunden im neuen Lebensjahr!
>
> Mit den besten Geburtstagsgrüßen
>
> Ihr Jürgen Hauser

Wenn ich all diese Arbeiten weiterhin selbst verrichtet hätte, könnte ich nicht mehr in den Außendienst und Geld verdienen. Deswegen habe ich nach dem Motto *„Wer selbst arbeitet, verliert die Übersicht!"* unser Team im Oktober 2004 durch einen Büroleiter verstärkt, der früher als Versicherungskaufmann Lebens- und bAV-Spezialist im Außendienst war. Dieser Mitarbeiter hält mir hinsichtlich der Verwaltungsarbeiten komplett den Rücken frei – und ich kann weiter akquirieren. Die Lohnkosten nehme ich gerne in Kauf, da meine Wert schöpfende Tätigkeit im Außendienst erheblich mehr an Umsatz einbringt als ich investieren muss

Abschließend möchte ich Ihnen im nun folgenden, letzten Kapitel zeigen, wie Ihnen künftig bAV-Geschäft quasi direkt „hinterherlaufen" wird, wenn Sie so vorgehen, wie bislang ausgeführt.

11. Entgeltumwandlung: die Erfindung des Perpetuum mobiles!

11.1 Optimieren Sie die Beitrittsquote der Arbeitnehmer im Laufe der Zeit!

„Zusammenkommen ist ein Anfang,
zusammenbleiben ist ein Fortschritt,
zusammenarbeiten ist ein Erfolg.“

Unbekannt

Die Welt sähe anders aus, gäbe es eine Maschine, die niemals zum Stillstand käme; die sich, einmal in Gang gesetzt, immerfort von selbst bewegt und so unerschöpfliche Energien liefern würde. Doch die Erfindung des Perpetuum mobile ist seit Jahrhunderten ein Traum geblieben. Die vollkommene Maschine ist ein Hirngespinst – urteilt die orthodoxe Physik. Mitnichten, widersprechen unverzagte Tüftler und machen die Suche nach ihr zum Lebensinhalt. Das tat ich auch. Und habe das Perpetuum mobile in der bAV entdeckt:

Sollten Sie beispielsweise in einer ersten Beratungsaktion 20 Prozent der Belegschaft versorgt haben, ist dies in einem Unternehmen mit vielleicht 1.000 Mitarbeitern ein schöner Erfolg. Allerdings haben Sie andererseits bei Ihrem Kunden noch ein Potenzial von 800 unversorgten Arbeitnehmern! Folgendes bietet sich an:

- Händigen Sie dem Personalsachbearbeiter eine ausreichende Anzahl an Arbeitnehmer-Informationsbroschüren aus, die bei jeder Neueinstellung an neue Mitarbeiter ausgegeben wird.

- Rufen Sie vom Vertrag zurückgetretene Arbeitnehmer ein Jahr nach der Beratung an und versuchen wieder ins Gespräch zu kommen.
- Sprechen Sie bei der Einzelberatung auch die wichtige ergänzende Berufsunfähigkeitsversicherung an.
- Da in unserer Branche bei hoch rabattierten bAV-Gruppenverträgen in der Regel jährlich lediglich zwei Beitrittstermine für die Arbeitnehmer zugelassen sind, müssen Sie sich Gedanken machen wie Sie rechtzeitig das noch vorhandene Potenzial akquirieren können. Folgendermaßen können Sie vorgehen: Nehmen Sie acht Wochen vor dem nächsten Beitrittstermin Kontakt mit der Firma auf und bitten den Arbeitgeber den in Abbildung 70 dargestellten Flyer der nächsten Gehaltsabrechnung der Mitarbeiter beizulegen oder zumindest am schwarzen Brett auszuhängen.

Die Erfahrung hat gezeigt, dass aufgrund der hier genannten Aktivitäten Arbeitnehmer, zu denen ich bislang noch keinen Kontakt hatte, bei uns im Büro anrufen und um eine Beratung bitten. Es lohnt sich also, am Ball zu bleiben!

Nutzen Sie Ihre Vorteile als Arbeitnehmer!

Würden Sie DEN einsetzen... **...um DIESEN zu bekommen?**

So funktioniert es:

Sehr geehrte Damen und Herren,

die Lösung ist einfach, denn:

„Vater Staat" zahlt Ihnen erhebliche Zuschüsse zu Ihrer betrieblichen Altersversorgung!

Das sind Ihre Vorteile:

Sie wandeln einen Teil Ihres Bruttogehaltes - max. EUR 210 monatlich – um und bringen diesen in die Pensionskasse des Presseversorgungswerkes ein. Da Ihre Beiträge vom Bruttogehalt bezahlt werden, zahlen Sie hierauf keine Steuern und – bis einschließlich 2008 – auch keine Sozialabgaben! Im Ergebnis sind Ihre Renten-Leistungen im Alter erheblich höher als wenn Sie die Beiträge privat aus Ihrem versteuerten Entgelt finanziert hätten (Beispiel auf der nächsten Seite).

Nachfolgend ersehen Sie anhand einer simulierten Gehaltsabrechnung exemplarisch die Zuschüsse: Die linke Spalte stellt die jetzige Gehaltsabrechnung dar (ohne betriebliche Altersversorgung), die rechte Spalte daneben eine Gehaltsabrechnung unter Umwandlung eines Teils Ihres Bruttoeinkommens. Die EUR 210 merken Sie also hier nur mit EUR 61,92!

- **Wie Sie also sehen, sind die staatlichen Zuschüsse doch enorm hoch!**

Aus diesem Grunde:

Verschenken Sie kein Geld und lassen Sie sich Ihre persönlichen Zuschüsse von uns berechnen:

Bitte wenden Sie sich an:

Jürgen Hauser
Allianz-Presseversorgung
Schwetzinger Str. 18A
68766 Hockenheim
Tel.: 06205 / 284230
Fax: 06205 / 284232
e-mail: hauser@presseversorgung-hauser.de
www.presseversorgung-hauser.de

Beste Grüße

Jürgen Hauser

Quelle: Eigene Darstellung

Abbildung 70: Beratungsangebot Jürgen Hauser

11.2 Helfen Sie dem Arbeitgeber aus der „Haftungsfalle“

In der Versicherungswirtschaft las ich den folgenden Artikel:

Versicherungswirtschaft

60. Jahrgang
15. September 2005

Arbeitgeber müssen System zur Entgeltumwandlung bereitstellen

Berliner versicherungswissenschaftliches Fachgespräch mit Professor Dr. Hans-Peter Schwintowski – Verein entwickelt sich zum Publikumsmagneten

Immer dann, wenn der Verein zur Förderung der Versicherungswissenschaft an den Berliner Universitäten gemeinsam mit dem Versicherungswissenschaftlichen Netzwerk Berlin zu einem Fachgespräch einlädt, ist das Interesse riesengroß. Vor über 100 Teilnehmern konnte jetzt Professor Dr. Hans-Peter Schwintowski (Lehrstuhl für Bürgerliches Recht, Handels-, Wirtschafts- und Europarecht der Humboldt-Universität) über „Grundfragen der betrieblichen Altersversorgung – Vorhaltepflichten der Arbeitgeber/Opt-out-Modell und Grenzen der Zillmerung“ referieren. Seine Grundthese: Es bestünde eine „Pflicht des Arbeitgebers zur Bereitstellung eines Systems zur Entgeltumwandlung“. Die Durchführung des Anspruchs „wird“ durch Vereinbarung geregelt (§ 1 a BetrAVG). Der Gesetzgeber, so Schwintowski, ginge nämlich davon aus, dass der „Anspruch auf Durchführung der Entgeltumwandlung mit Inkrafttreten des Gesetzes (1. Januar 2002) durchgeführt wird“.

Als Durchführungsweg könne der Arbeitnehmer nach Angaben von Schwintowski den „Abschluss einer Direktversicherung verlangen, wenn der Arbeitgeber nicht zur Durchführung über einen Pensionsfonds oder eine Pensionskasse“ bereit sei. Arbeitgeber, die bis heute kein System zur Entgeltumwandlung für ihre Arbeitnehmer vorhielten, hätten damit ihre „Pflichten aus § 1 a BetrAVG und ihre arbeitsrechtliche Fürsorgepflicht verletzt“. Dies könne zu Schadenersatzansprüchen führen. Die „Rechtspflicht des Arbeitgebers“ bestehe Schwintowski zufolge zu einer angemessenen und entscheidungsrelevanten Information über die bestehenden Zusatzversorgungsmöglichkeiten und die Mittel zu ihrer Ausschöpfung (BAG seit 22. Januar 1963, bestätigt am 17. Dezember 1991, BB 1992, 2081).

Quelle: Versicherungswirtschaft

Abbildung 71: Der Arbeitgeber ist in der Pflicht

Dieser Artikel inspirierte mich zu einer neuen Idee, wie ich die Beitrittsquoten der Arbeitnehmer maximieren könnte. Um diese Idee zu testen, vereinbarte ich einen Termin bei meinem kritischsten Kunden. Folgendermaßen ging ich vor: Ich überreichte meinem Kunden, Herrn Kern, einen Musterscheck und sagte: „Herr Kern, diese 249.728 € haben Sie bis zum heutigen Tage durch die Einführung der Entgeltumwandlung an Sozialabgaben eingespart." Ich zog einen zweiten Scheck aus meiner Tasche, legte ihn Herrn Kern auf den Schreibtisch und sagte: „Und diese 147.521 € sparen Sie zusätzlich noch bis zum 31.12.2008 ein." Herr Kern war verdutzt: „Ich hatte nicht mit solch hohen Beträgen gerechnet, Herr Hauser." Ich erwiderte: „Herr Kern, 41 Prozent Ihrer Belegschaft sind der betrieblichen Altersversorgung bislang beigetreten. In den Verlagen A, B und C beträgt die Beitrittsquote allerdings zwischen 74 und 82 Prozent." Ich zog einen weiteren Scheck über 278.954 € aus der Tasche und überreichte diesen mit den Worten: „Wenn wir die Beitrittsquote in Ihrem Hause auf nur 70 Prozent steigern können, sparen Sie diesen Betrag zusätzlich an Lohnnebenkosten ein. Außerdem sollten Sie jedem Arbeitnehmer gegenüber nachweisen können, dass Sie aktiv die bAV angeboten haben. Lesen Sie sich doch bitte einmal diesen Artikel (s. oben) durch. Stellen Sie sich nun einmal die Situation vor, dass Sie in zehn Jahren einen Arbeitsgerichtsprozess führen müssen und Ihr Arbeitnehmer durch einen cleveren Anwalt vertreten wird, der seinen Mandanten fragt, ob diesem nachweislich die Entgeltumwandlung angeboten wurde, was dieser verneint. Die entgangene Steuer- und Sozialversicherungsersparnis könnte durchaus in den Umfang der Verhandlungsmasse einfließen." Herr Kern runzelte skeptisch die Stirn: „Na ja, Herr Hauser, das ist vielleicht ein bisschen weit hergeholt." „Okay" erwiderte ich: „Treffen sich zwei Richter. Fragt der eine den anderen wie es ihm geht. Dieser antwortet: „Nicht besonders gut, ich habe gerade 1.000 € Bußgeld bezahlt, weil mein Hund einen Passanten gebissen hat." Darauf entgegnet der erste Richter: „Aber Du hast doch gar keinen Hund!" „Das stimmt, aber ich habe bezahlt. Weißt Du, wie die Gerichte entscheiden?" Herr Kern lachte herzlich: „Okay, Sie haben mich überzeugt. Setzen Sie mir doch bitte einen Brief an alle Mitarbeiter auf und laden diese zu einer Präsentationsveranstaltung ein. Termine stimmen wir gleich ab. Und bitte verfassen Sie noch eine Erklärung, in welcher die

Mitarbeiter bekunden, auf ihr Recht auf Entgeltumwandlung zu verzichten." Gesagt, getan. Den nachstehenden Brief und das folgende Formular mailte ich Herrn Kern zu. ´

> An alle
> Mitarbeiterinnen und Mitarbeiter
>
> **Rechtsanspruch auf betriebliche Altersversorgung**
>
> Sehr geehrte Damen und Herren,
>
> im Jahre 2003 haben wir über *die Pfefferminzia-Pensionskasse* die betriebliche Altersversorgung über Entgeltumwandlung eingeführt. 41 Prozent der Belegschaft haben sich damals entschieden der Pensionskasse beizutreten, da die staatlichen Zuschüsse in Form von Steuer- und Sozialversicherungsersparnissen enorm hoch sind. Jedoch liegt die Beitrittsquote der Mitarbeiter in anderen Verlagen bei 80 Prozent und mehr.
>
> Da Sie als Arbeitnehmerin bzw. Arbeitnehmer jedoch einen *Rechtsanspruch* auf diese attraktive Versorgung haben und die Leistungen der gesetzlichen Rentenversicherung seit dem Jahr 2003 drastisch gekürzt werden, laden wie Sie hiermit zu einer 30-minütigen Informationsveranstaltung zum Thema der betrieblichen Altersversorgung ein. Bitte bringen Sie Ihre letzte Gehaltsabrechnung und – soweit vorhanden – bereits bestehende Policen zur Altersversorgung sowie Ihren letzten Bescheid der Deutschen Rentenversicherung mit, damit Sie sich im Anschluss, während Ihrer Arbeitszeit, direkt von unserem Partner, Herrn Hauser, die staatlichen Zuschüsse berechnen lassen können.
>
> *Die Veranstaltung findet am ... um ... Uhr in ... statt*
>
> **Wichtig:**
>
> *Sollten Sie*
>
> a) bereits der Pensionskasse beigetreten sein oder
> b) kein Interesse an der Informationsveranstaltung haben,

so ist es *zwingend erforderlich*, dass Sie die anhängende Erklärung bis zum ... Frau Kleinert faxen (Fax-Nr.: 06201 / 703 – 249).

Mit besten Grüßen

Die Geschäftsleitung

Und hier nun die „Opting Out-Erkläung“:

zurück an Frau Meyer zur Ablage in der Personalakte

Verbindliche Erklärung von

____

Vorname **Name**

____

Anschrift

____

Arbeitgeber

O Ich mache bereits von meinem Recht auf Entgeltumwandlung in der betrieblichen Altersversorgung Gebrauch und habe deswegen kein Interesse an der Informationsveranstaltung teilzunehmen.

O Ich bin bei der Veranstaltung verhindert, habe aber an einer Beratung Interesse. Herr Hauser soll bitte mit mir Kontakt aufnehmen unter der Telefonnummer ________

O Ich nehme an der Veranstaltung teil.

O Ich verzichte ausdrücklich auf mein Recht auf Entgeltumwandlung in die betriebliche Altersversorgung.

____

Ort, Datum **Unterschrift**

Das Ergebnis: Innerhalb von nur drei Wochen konnten wir die Beitrittsquote auf 71 Prozent der Belegschaft steigern.

11.3 Laufend neue Gruppenverträge – ohne Akquise!

Wenn diese Überschrift genau das halten würde, was sie verspricht, wäre dies nicht die Erfindung des Perpetuum mobile im bAV-Vertrieb und somit die Lösung vieler Ihrer Probleme im Vertrieb? Exakt das, was die Überschrift verspricht, wird im Laufe der Jahre eintreten, wenn Sie erst einmal eine stattliche Anzahl von Gruppenverträgen installiert haben, denn die Formel für die Erfindung des Perpetuum mobile heißt: Fluktuation!

Die Mitarbeiter in bundesdeutschen Unternehmen haben bekanntermaßen die Neigung nicht ihr gesamtes Berufsleben in einem Unternehmen verbringen zu wollen oder zu können. Und so wird Sie der Mitarbeiter, der den Arbeitgeber wechselt, kontaktieren und Sie bitten, ihm zu helfen, damit seine bAV weiterläuft. Dies bedeutet für Sie, dass der Mitarbeiter aus ureigenstem Interesse seinem neuen Arbeitgeber plausibel machen wird, warum die Entgeltumwandlung für alle Beteiligten eine win-win-Situation darstellt und so zu Ihrem nebenberuflichen Mitarbeiter werden, der Sie nichts kostet und Ihnen neue Potenziale erschließt.

In meinen bAV-Verkaufsseminaren frage ich die Teilnehmer jeweils, welche Eigenschaften der bAV-Berater benötigt, um sehr erfolgreich zu sein. Die Antworten auf diese Frage sind also die Voraussetzungen, die Sie mitbringen müssen:

Checkliste

✓ Ausdauer

✓ Begeisterungsfähigkeit

✓ Beratungskompetenz

- ✓ Fachwissen
- ✓ Fleiß
- ✓ Geduld
- ✓ gute Produkte
- ✓ Kommunikationsfähigkeit
- ✓ Kreativität
- ✓ Leidensfähigkeit
- ✓ Mut
- ✓ Persönlichkeit
- ✓ verkäuferisches Know-how
- ✓ Versagensängste überwinden können
- ✓ Zeit

Sollte es Ihnen noch an der ein oder anderen Eigenschaft mangeln, so lassen Sie mich darauf hinweisen, dass die Chinesen das Wort „Krise“ mit „weiji“, das eigentlich aus zwei Wörtern besteht, übersetzen: „wei“ heißt „Gefahr“ und „ji“ bedeutet „Chance“. In jeder Krise steckt also auch eine Chance, die Sie nutzen sollten, denn Ihre Zukunft wird so aussehen wie Sie diese gestalten!

Quelle: Stern 12/2003

Abbildung 72: bAV: Das Land, wo Milch und Honig fließen?

Epilog

Vergessen Sie bitte keinesfalls, wie wichtig Ihre Tätigkeit für die bundesdeutsche Bevölkerung ist und welch dramatische Folgen Altersarmut mit sich bringt: Hunger, Durst, Verlust der Würde und schließlich Abrutschen in die Kriminalität! Die Frankfurter Allgemeine Sonntagszeitung berichtet am 5. Juni 2005 unter der Überschrift „Die Methusalem-Komplizen – In Hagen steht das älteste Bankräubertrio Deutschlands vor Gericht. Ein Trend: Die Ziel der Kriminellen über 60 steigt“ Folgendes: Was im Saale gesprochen wird, bekommt Rudolf R., 74, nur „bruchstückweise“ mit, wie er selbst sagt: Sein Gehör ist nicht mehr das beste, auch seine Stimme hat im Alter an Kraft verloren. Gebückt sitzt er am Tisch, die wenigen weißen Haare sind sorgfältig gekämmt, die Lider haben sich schwer auf die blassen Augen gesenkt. Ein harmloser Senior. Drollig, putzig. Ungefährlich. Rudolf R. soll mit seinen zwei Komplizen Lothar A., 64, und Wilfried A., 73, mehr als ein Dutzend Banken ausgeraubt haben. Ihm wird zur Last gelegt, ganze Schalterhallen voll von Bankangestellten und Kunden mit Schusswaffen und selbst gebastelten Handgranaten-Attrappen bedroht zu haben. Lothar, Wilfried und Rudolf – das wohl älteste Bankräubertrio Deutschlands. Sie sitzen in Hagen vor Gericht, bei 14 Beutezügen im Märkischen Kreis und im Kreis Ostwestfalen/Lippe sollen sie 1,3 Millionen Euro eingesackt haben.

Dies ist natürlich ein extremes Beispiel, aber Tatsache ist, dass die Zahl straffälliger Männer über 60 Jahre in der vergangenen Dekade um mehr als ein Viertel gestiegen ist. Fünf Prozent aller Tatverdächtigen sind über 60 Jahre alt. Die Zahlen hören sich alarmierend an. Vorstellbar, dass beim Altennachmittag in der Pfarrei nicht nur harmlose Rentner, sondern auch Bankräuber, Totschläger und Mörder den Sandkuchen in den Kaffee tunken? Immerhin raubte kürzlich eine immer noch unbekannte Seniorin, die anhand der Überwachungskameras auf 70 Jahre geschätzt wird, drei Düsseldorfer Banken aus. Danach tauchte sie nicht mehr auf. Die Polizei vermutet, sie sei inzwischen verstorben.

Dies ist eine traurige Geschichte. Eine Geschichte von Menschen, welche die Konsumgesellschaft ausgespuckt hat. Die Versuchung, straffällig zu werden, ist nicht wählerisch. Sie nistet sich ein bei Alten, die nur über eine niedrige Rente verfügen. Ältere, die im Kaufhaus Badezusätze oder Lebensmittel einstecken, befinden sich nach Ansicht von Detektiv Frank Witt in einer finanziellen Notlage und hätten nur eine schmale Altersrente.

Ihre Aufgabe ist es zu verhindern, dass alte Menschen so handeln müssen wie oben beschrieben!

„Ein Mensch findet seine Bestimmung wie der Wind seinen Weg durch die Bäume."

Unbekannt

Es ist allerdings die ureigenste Aufgabe der Politik die Weichen richtig zu stellen, um Altersarmut zu verhindern. Denn mit Geld ist es wie mit Toilettenpapier: Wenn man es braucht, braucht man es dringend! Deshalb fordere ich Sie, liebe Kolleginnen und Kollegen, auf: Folgen Sie meinem Beispiel und schreiben Sie Franz Müntefering an:

Bundesministerium für Arbeit und Soziales
Dienststelle Berlin
Herrn Vizekanzler Franz Müntefering
Bundesminister für Arbeit
Wilhelmstraße 49
10117 Berlin

Sozialabgabenfreiheit in der betrieblichen Altersversorgung über Entgeltumwandlung

Sehr geehrter Herr Minister Müntefering,

als Fachbuchautor, Journalist, Trainer und vor allen Dingen als Vermittler von betrieblicher Altersversorgung über Entgeltumwandlung ist es mir ein großes Bedürfnis, an Sie als verantwortlichen Minister zu appellieren, die Sozialabgabenbefreiung in der betrieblichen Altersversorgung über Entgeltumwandlung über den 31.12.2008 hinaus weiterhin bestehen zu lassen. Sollte dies nicht der Fall sein, wäre dieses Geschäftsmodell für die Zukunft tot, was fatale Konsequenzen für die Absicherung der deutschen Bevölkerung im Alter nach sich ziehen würde.

Das ZDF dreht zurzeit einen Dreiteiler mit dem Titel „2030 - Der demografische Wandel“, der im Jahre 2030 spielt. In dem Film leben Millionen von Rentnern aufgrund einer verfehlten Rentenpolitik in Ghettos. Da ich mich im Rahmen meines neuen Buchprojektes – einen Auszug lege ich Ihnen bei – sehr intensiv mit der demografischen Entwicklung beschäftige, halte ich diese Fiktion leider für mehr als realistisch.

Bertolt Brecht schreibt:

In den finsteren Zeiten
Wird da auch gesungen werden?
Da wird auch gesungen werden.
Von den finsteren Zeiten.

Ich bitte Sie sehr herzlich: Schützen Sie die deutsche Bevölkerung vor den beiden größten Problemen im Alter: Hunger und Durst. Bitte sorgen Sie durch die unbefristete Weiterführung der Befreiung von der Sozialversicherungspflicht bei der Entgeltumwandlung dafür, dass die fehlerhaften politischen Weichenstellungen Ihres Vorgängers Norbert Blüm korrigiert werden!

Über eine Antwort auf mein Schreiben freue ich mich.

Mit den besten Grüßen

Jürgen Hauser

Es stellt sich abschließend die Frage, ob der Vertrieb betrieblicher Versorgung für uns Spezialisten sprichwörtlich das Land darstellt, in dem Milch und Honig fließen. Lassen Sie mich Ihnen meine ganz persönliche Antwort auf diese Frage anhand einer wahren Geschichte erzählen:

Der Vertriebschef einer großen deutschen Lebensversicherungsgesellschaft fragte einmal einen Vertreter, der unglaublich hohe bAV-Umsätze generierte, nach seiner Vorgehensweise. Der Kollege antwortete:

„Stellen Sie sich vor, Sie sind in New York und schauen vom Empire State Building hinunter. Alle Menschen, die Sie sehen, laufen in eine Richtung. Nur ein Mann läuft in die entgegen gesetzte Richtung – das bin ich."

Nutzen Sie also das riesige Marktpotenzial das wie ein Schatz darauf wartet von Ihnen gehoben zu werden!

Eine letzte Geschichte erzählt Ihnen welche Einstellung Sie hierzu benötigen:

Ein Mann überquerte eines Tages eine Straße, als ihn ein Frosch rief: „Wenn Du mich küsst, werde ich zu einer wunderschönen Prinzessin." Kurz entschlossen beugte sich der Mann hinunter, hob den Frosch auf und steckte ihn in seine Anzugtasche. Da fing der Frosch wieder an zu sprechen und sagte: „Wenn Du mich küsst und mich so in eine wunderschöne Prinzessin zurückverwandelst, werde ich jedem erzählen, wie klug und tapfer und was für ein Held Du für mich bist!" Der Mann nahm den Frosch aus seiner Tasche, lächelte ihn an und steckte ihn wieder zurück. Da fing der Frosch wieder an zu sprechen und sagte: „Wenn Du mich küsst und mich in eine wunderschöne Prinzessin zurückverwandelst, werde ich Dich eine ganze Woche lang lieben und Dich überallhin begleiten!" Der Mann nahm den Frosch aus seiner Tasche, lächelte ihn an und steckte ihn wieder zurück. Da rief der Frosch aus der Tiefe der Tasche: „Wenn Du mich küsst und mich in eine wunderschöne Prinzessin zurückverwandelst, werde ich ein Jahr lang bei Dir bleiben und alles tun, was du willst!" Wieder nahm der Mann den Frosch aus seiner Tasche, lächelte ihn an und steckte ihn zurück. Da fragte der Frosch: „Was ist los mit Dir? Ich habe Dir gesagt, dass ich eine wunderschöne Prinzessin bin, dass ich ein Jahr lang bei Dir bleiben werde und alles tun werde, was Du willst. Warum küsst Du mich nicht?" Der Mann antwortete: „Sieh 'mal, ich bin Berater zu betrieblicher Versorgung und habe die nächsten Jahre wahnsinnig viel zu tun. Deswegen habe ich keine Zeit für eine Freundin – aber ein sprechender Frosch ist cool!"[42]

Anhang

Auf den folgen Internetseiten finden Sie die Dinge, die ich im Buch beschrieben habe:

- Unter der Internetadresse www.versicherungsjournal.de können Sie einen kostenlosen Newsletter abonnieren, der viele gute Tipps enthält und den Sie arbeitstäglich per E-Mail erhalten.
- Wollen Sie einen Kurs für Kommunikation und Menschenführung besuchen, erhalten Sie weitere Informationen unter www.dale-carnegie.de.
- Die Website www.fonomix.de ist ein virtuelles Tonstudio: Hier können Sie für lediglich ca. 110 € Ihren Anrufbeantworter von einer Schauspielerin oder einem Schauspieler professionell besprechen lassen und sich passende Hintergrundmusik aussuchen ohne eine Verpflichtung an die GEMA Gebühren bezahlen zu müssen.
- Unter www.zuckerladen.de können Sie nachgemachte Geldscheine aus Plastik bestellen, die mit einem Likör gefüllt sind.
- Der Einzelhändler „What's new?“ bietet eine Fülle an lustigen und auch skurrilen Dingen, die Sie dem Arbeitgeber zur Kontaktaufnahme mitschicken können. Die Website lautet: www.whats-new-shop.de
- Die Tischflipchart für Ihren Vortrag bei den Einzelberatungen erhalten Sie unter www.office-discount.de.
- Unter www.haptische-verkaufshilfen.de können Sie die Karten, welche die einzelnen Lebensbereiche symbolisieren, und das dazugehörige Spielgeld bestellen, um den Kunden aufzufordern, dieses im Rentenalter zu verteilen.
- Wenn Sie sich mit dem Verkauf betrieblicher Altersversorgung in Kranken- und Pflegeeinrichtungen beschäftigen möchten, erfahren Sie mehr unter www.klinikrente.de.

- Mein Kollege Gerhard Winter, EDV- und bAV-Spezialist, bietet Ihnen ein hervorragendes Berechnungsprogramm an, mit dessen Hilfe Sie die staatlichen Zuschüsse zur bAV kalkulieren können. Sollten Sie Interesse an diesem Berechnungstool haben, nehmen Sie Kontakt mit mir auf.

Abbildungsverzeichnis

Quellenverzeichnis

1. MILLER, ARTHUR, **Tod eines Handlungsreisenden**, Fischer, Frankfurt a.M., Januar 2000.
2. ZIEGLER, HELMUT (Hrsg.), **Die schönsten Filmweisheiten**, Humboldt, Baden-Baden, 2004.
3. AD LEXIKON, definition, erklärung, bedeutung.
4. LASKO, WOLF/ SEIM, IRIS, **Die WOW Präsentation**, Gabler, Wiesbaden, 2002.
5. NUBER, URSULA, **Der lange Schatten der Kindheit**, Psychologie heute, Januar 2005.
6. CHRISTIANI, ALEXANDER, **111 Motivationstipps für persönliche Höchstleistungen**, mvg, Landsberg, 2002.
7. WIRTH, BERNHARD P., **30 Minuten für bessere Menschenkenntnis**, short books, 2001.
8. PSYCHOLOGIE HEUTE, **Händeschütteln: Bloß nicht zu lasch!**, Dezember 2000.
9. ASGODOM, SABINE, **Eigenlob stimmt – Erfolg durch Selbst-PR**, Econ, 2003.
10. FRANKFURTER ALLGEMEINE ZEITUNG, **Unternehmen achten immer mehr auf ihr Image**, 20.10.2004.
11. PSYCHOLOGIE HEUTE COMPACT, **Sekunden der Entscheidung**, 2001.
12. ZUNIN, LEONARD, **Kontakt finden: Die ersten vier Minuten – die Brücke zum andern**, Scherz, München, 1995.

13. FRANKFURTER ALLGEMEINE ZEITUNG, **Anzug und Manieren statt Tennissocken und Panzerkettchen**, 22.10.2004.

14. ETCOFF, NANCY/MEYWALD, ELLEN, **Schönheit und ihre Konsequenzen**, in: Psychologie heute, April 2001.

15. FRANKFURTER ALLGEMEINE ZEITUNG, **Im Bewusstsein der Menschen verankern,** 12.02.2003.

16. FOCUS, **Reden Überzeugen Gewinnen**, 44/1996.

17. MANAGERSEMINARE, **Glauben, reden und wirken**, 1/2003.

18. HAUSER, JÜRGEN, **Networking für Verkäufer – Mehr Umsatz durch neue und wertvolle Kontakte, 2. Aufl.**, Gabler, Wiesbaden 2002.

19. MISNER, IVAN R., **Marketing zum Nulltarif – Mit Networking und Empfehlungsmarketing zu neuen Kunden**, Moderne Industrie, Landsberg/Lech, 1999.

20. MEWES, WOLFGANG, **Mehr Erfolg mit weniger Anstrengung und Risiko mit der EKS-Strategie**, Wiesbaden, Vortrag vom 25.10.2002.

21. SCHIRRMACHER, FRANK, **Das Methusalem-Komplott**, Blessing, München, 2004.

22. BIRG, HERWIG, **Grundkurs Demographie**, Frankfurter Allgemeine Zeitung, 25. und 28. 02. 2005.

23. RIPPIN, RALF, **Würde ist machbar**, Allianz Magazin, März 2005.

24. BROCKMANN, CORD, **Neue bAV-Zielgruppen und ihre Tücken**, VersicherungsJournal, 20.01.2005.

25. Gastbeitrag von FRIEDHELM GIESELER, Geschäftsführer KlinikRente Beratungs- und Vermittlungsgesellschaft mbH.

26. FRANKFURTER ALLGEMEINE ZEITUNG, **Brief von Paul Celan an Ernst Jünger**, 8.1.2005.

27. RHEIN NECKAR ZEITUNG, **Psychologen: Kreativität macht glücklich**, 26.10.2004.

28. CSIKSENTMIHALYI, MIHALY, **Flow – Das Geheimnis des Glücks,** Klett Cotta, Stuttgart, 2002.

29. BITTELMEYER, ANDREA, **Das große Tabu – Angst im Job**, managerSeminare, Februar 2003.

30. SCHMITT-KILIAN, JÖRG, **Vom Junkie zum Ironman**, Kreuz, Stuttgart, Juni 2000.

31. BABER, RAINER, **Die Besonderheiten des Mediums Telefon**, Deutscher Vertriebs- und Verkaufsanzeiger, 175/03.

32. GANZ, PATRICK, **Schwer auf Draht**, Men`s Health, August 1996.

33. STICKLER, WOLFGANG, **Richtig Austauschen**, managerSeminare, 11/2001.

34. STOLZ, RAINER, Frankfurter Allgemeine Zeitung, **Den Kunden aus der Reserve locken**, 30.07.2001.

35. WOLF, AXEL, **Menschenkenntnis – Wie wir lernen andere richtig zu beurteilen**, Psychologie heute, November 1998.

36. BRAUN, WOLFGANG, **Die hohe Kunst Verkaufsgespräche interessant zu beginnen**, Deutscher Vertriebs- und Verkaufsanzeiger, 149/00.

37. ECKARDT, THOMAS, **Richtig kommunizieren und mit Erfolg verkaufen**, versicherungsmagazin, 10/2000.

38. ADELBERG, BERNHARD, **Für jeden das richtige Wort**, managerSeminare, Februar 2003.

39. B & S HAPTISCHE VERKAUFSHILFEN GMBH, Newsletter vom 26.08.2005

40. VERSICHERUNGSJOURNAL, Ausgabe vom 11.11.2005

41. B & S HAPTISCHE VERKAUFSHILFEN GMBH, Newsletter vom 15.12.2005

42. B & S HAPTISCHE VERKAUFSHILFEN GMBH, Newsletter vom 16.11.2005

43. KARL VALENTIN, **Mein komisches Wörterbuch**, Karl Valentins Komisches Wörterbuch, Pieper, München 1986

Der Autor

Jürgen Hauser ist Versicherungskaufmann. Bis zum Jahre 2002 leitete er zehn Jahre lang zwei Filialdirektionen namhafter Versicherungsgesellschaften. Danach machte er sich selbstständig und konzentrierte sich ganz auf den Vertrieb von betrieblicher Altersversorgung mittels Kaltakquise.

Die Zeitschrift Sales Business verlieh ihm 2006 den „Sales Business Award“ für die beste Verkaufsleistung 2005.

Gleichzeitig ist er als Verkaufstrainer – auch im bAV-Bereich –, Unternehmensberater sowie als Buchautor tätig.

Wenn Sie mehr zu dem bAV-Seminar „In zwölf Schritten zwölf Mio. bAV in zwölf Monaten verkaufen“ erfahren möchten, erhalten Sie weitere Informationen auf der u.g. Website.

Sein Buch „Kontrakte durch Kontakte – Networking für Verkäufer“ erschien im Jahre 2002 beim Gabler Verlag. Die zweite, erweiterte Auflage ist 2005 erschienen unter dem Titel „Networking für Verkäufer – Mehr Umsatz durch neue und wertvolle Kontakte“.

Wenn Sie Kontakt mit dem Autor aufnehmen möchten, wenden Sie sich bitte an:

*train*coach*consult*:hauser

Schwetzinger Straße 18 a

68766 Hockenheim

Fon (06205) 28 42 31

Fax (06205) 28 42 32

E-Mail: hauser@tcc-hauser.de

www.tcc-hauser.de

Der Erfolg hat viele Mütter und Väter: Herzlichen Dank!

Josef Kuligovszky ist bei der Allianz Versicherungs-AG Leiter Financial Services für das Vertriebsgebiet Südwest sowie Vorstand der Allianz Pensionsfonds AG: Mein erster Dank gilt Ihnen für Ihr wunderbares Vorwort, welches Sie trotz erheblicher beruflicher Belastung sofort zusagten zu schreiben.

Ein herzliches Dankeschön geht an meine Frau Pia und meinen Sohn Marius, die großzügig darüber hinwegsahen, dass ich einen großen Teil der eigentlich für die Familie reservierten Zeit in dieses Buch investierte. Liebe Pia, ich danke Dir auch dafür, dass Du immer die erste gewesen bist, die ein jeweils fertiges Kapitel kritisch gelesen hat.

Hätten mir meine wunderbaren Mitarbeiter in meinem Büro nicht etliche meiner Arbeiten abgenommen und mir so den Rücken freigehalten, wäre dieses Buch nicht entstanden: Ein herzliches Dankeschön geht deswegen an meinen Büroleiter Klaus Magersuppe und meine Assistentin Sandra Wehrle sowie an Jasmin Rauchholz und Dirk Hemmerich. Teilweise unterstützen mich auch meine Kundenbetreuer im Außendienst im Vertrieb betrieblicher Altersversorgung: Danke sage ich deswegen an Steffen Laudat und Michael Loch.

Danken möchte ich auch zwei der wunderbarsten Karikaturisten in unserem Lande: Danke, lieber Achim Greser, dass Du mir großzügig gestattet hast, zwei Karikaturen in meinem Buch abzudrucken. Dankeschön sage ich auch Deinem Partner Heribert Lenz. Greser & Lenz, Ihr seid die Größten!

Bedanken möchte ich mich bei Friedhelm Gieseler, dem Geschäftsführer von „KlinikRente“, dem Branchenstandard in der bAV im Bereich von

Krankenhäusern und Pflegeeinrichtungen, für seinen Beitrag in diesem Buch. Ein Dankeschön auch an Friedhelm Gieseler und Hubertus Mund, Vorstand des Fachverbandes für betriebliche Versorgungswerke e. V., für die netten Worte auf der Rückseite des Covers.

Herzlich danken möchte ich meinen rotarischen Freundinnen Professor Nicole Graf für Ihren Beitrag zum DISC-Modell sowie Dr. Claudia Offermann und Dr. Hildegard Rimmler für die kritische Begutachtung der ersten Kapitel und die wertvollen Anregungen.

Herzlichen Dank, liebe Jasmin Sidki, für das Recherchieren der Quellen und die Niederschrift der Stoffsammlung und Danke, liebe Gerlind Polzin, für das Schreiben des Textes.

Danken möchte ich auch meinem wunderbaren Patensohn Leonhard Leihkamm für die Entwicklung der „Wirtschaftlichkeitsberechnung" für die Einzelberatung der Arbeitnehmer.

Ein glücklicher Zufall entschied, dass Karin Ruland, Lektorin beim Gabler Verlag, mein Buch redigierte: Sie, liebe Frau Ruland, waren an Schnelligkeit und Zuverlässigkeit nicht zu übertreffen. Herzlichen Dank! Ein Dankeschön geht auch an Guido Notthoff, Lektor beim Gabler Verlag, der die dritte Auflage redigierte.

Die Spezialisten der Allianz haben mir „das Laufen" im bAV-Bereich beigebracht und sind die Väter meines Erfolges im Außendienst: Robert Baric, Horst Herweh, Werner Stadler und Udo Stolz sind zudem in den letzten fünf Jahren zig Tausende von Kilometern mit mir durch die Republik zu Präsentationen und Einzelberatungen gereist. Habt ganz herzlichen Dank, liebe Kollegen!

Zu Dank verpflichtet bin ich auch den Mitarbeitern des Leitungsbereiches Financial Services der Allianz Zweigniederlassung für Baden-Württemberg. Hier haben mich jederzeit Josef Kuligovszky, Joachim Schabacker und Matthias Raisch vorbildlich unterstützt.

Ein großes Dankeschön geht auch an alle Mitarbeiter der Allianz, die meine Gruppenverträge eingerichtet haben, Versorgungszusagen schnell policierten und mir immer freundlich mit Rat und Tat zur Seite standen. Alle

Kollegen hier aufzuzählen würde den Rahmen sprengen, deswegen sage ich stellvertretend für alle Kollegen im Innendienst Dankeschön an Eberhard Braun, Steffen Petzold, Anja Khelifa und Petra Schuster.

Vielen Dank, Dr. habil. Reinhard Breuer, Klaus Ertel, Jan Formann, Klaus Franck, Prof. Nicole Graf, Karin Janssen, Dr. Carsten Könneker, Elmar Möller, Sabine Schönleber und Judith Seib für die Unterstützung bei meiner neuesten Geschäftsidee.

Zudem gilt mein Dank Herrn Dieter Herzberg, Signal Iduna Gruppe, für die freundliche Überlassung des Titelmotives.

Bedienungsanleitung „SV-Countdown“

1. Einleitung

Spätestens seit Frank Schirrmachers Buch „Das Methusalemkomplott“ und der darin beschriebenen Veränderung der Alterspyramide dürfte jedem klar sein, dass die Sicherstellung der Altersversorgung der deutschen Bevölkerung die zentrale Aufgabe der nächste Jahrzehnte ist. Selbst die Politik hat dies erkannt und versucht mit gesetzlichen Mitteln (Riester-Rente, Betriebsrentengesetz, Alterseinkünftegesetz, Rürup-Rente) dieser Herkulesaufgabe gerecht zu werden. Der Gesetzgeber hat in den letzten Jahren durch seine Entscheidungen der betrieblichen Altersversorgung zur Lösung der Versorgungsprobleme den klaren Vorrang gegeben. Jedoch hat er dies nur halbherzig getan. Man denke hierbei nur an die Begrenzung der Sozialversicherungsbefreiung bis zum 31.12.2008.

Und hier ist eines der Kernprobleme in diesem Versorgungsweg. Sowohl Arbeitnehmer und Arbeitgeber erzielen bis zum oben genannten Datum erhebliche Einsparungen und erreichen dadurch eine Rentabilität in der Altersversorgung, die ihresgleichen in der deutschen Finanzwelt sucht. Betrachtet man diese Vorteile, und schaut sich gleichzeitig die Durchdringungsquoten bei der betrieblichen Altersversorgung an, dann wundert sich der Laie und der Fachmann fragt, warum nicht mehr Arbeitnehmer und Firmen auf diesen Versorgungsweg setzen.

Betriebliche Altersversorgung ist deshalb in der Assekuranz in aller Munde. Die Akquisition von Firmen, die Einzel- bzw. Gruppenverträge zur betrieblichen Altersversorgung abschließen, wird in der Versicherungswirtschaft auch häufig als Königsdisziplin bezeichnet.

Verkauf, auch von bAV, hat unabhängig vom Produkt immer mit Nutzen für den Käufer zu tun. Die Aufgabe des Verkäufers ist es, dem Käufer genau diesen Nutzen zu erklären und mit Hilfe von haptischen und technischen Verkaufshilfen zu verdeutlichen. Hierauf weist auch Herr Jürgen Hauser, dem ich recht herzlich für seine Anregung zu diesem Tool danke, in seinem Buch „bAV erfolgreich verkaufen – So überwinden Sie alle Hürden der Entgeltumwandlung“ zu recht hin.

Und genau an dieser Stelle ist das Programm SV-Countdown hilfreich. Es stellt einem Unternehmen, das die Einrichtung einer betrieblichen Versorgungseinrichtung in Erwägung zieht, den monetären Nutzen bei Einführung bzw. den finanziellen Verlust bei später Einführung oder Ablehnung der betrieblichen Altersversorgung dar.

Auf den folgenden Seiten finden Sie eine kurze Programmbeschreibung.

2. Programmbeschreibung

SV-Countdown berechnet die Sozialversicherungsersparnisse eines Unternehmens absteigend vom 1.9.2006 bis zum 31.12.2008 je nach Beginnmonat des Gruppenvertrages zur bAV. Die Berechnungen können alternativ bis 210 € Monatsbeitrag je Mitarbeiter, für Unternehmen mit bis zu 5.000 Mitarbeitern und für Umsetzungsquoten bis 100 % durchgeführt werden. Das Programm erzeugt Arbeitgeber- und Arbeitnehmerergebnisse. Der Anwender kann für den Arbeitgeber Renditeberechnungen durchführen. Die Ergebnisse haben kurzfristigen (bis zum 31.12.2008) und langfristigen (je nach Wahl in Jahren nach Einführung der bAV) Charakter.

SV-Countdown enthält Speicher- und Druckdialoge.

Die Startmaske hat das folgende Aussehen:

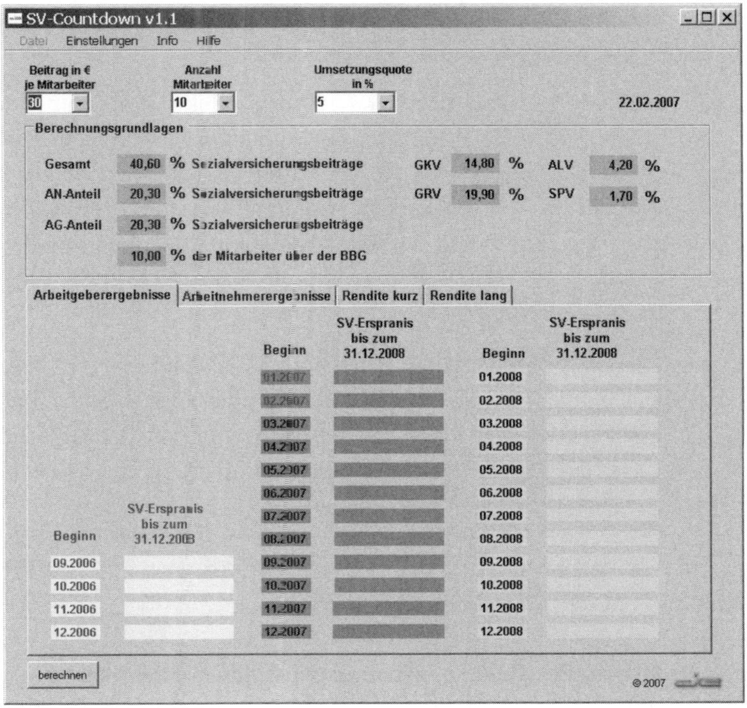

Abbildung 1: Startmaske

2.1 Einstellungen

Über den Menupunkt **Einstellungen** können Sie eine Veränderung der Sozialversicherungsbeiträge und des Anteils der Mitarbeiter, die über der BBG verdienen, vornehmen. Es erscheint die folgende Maske.

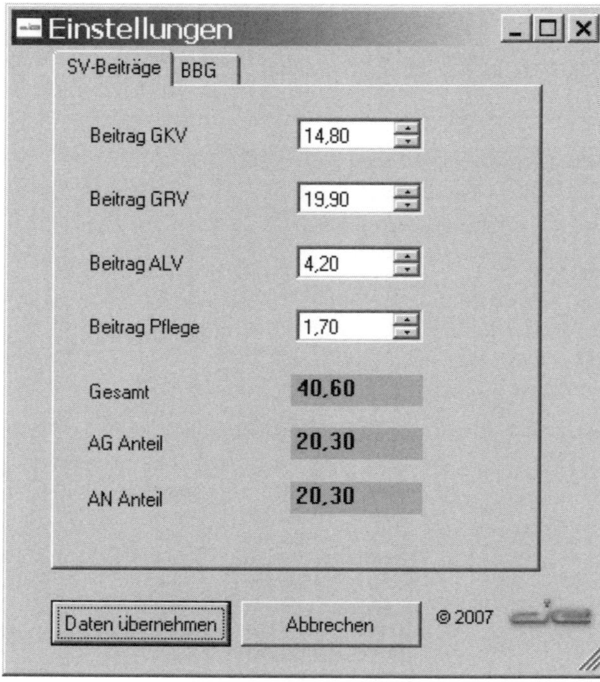

Abbildung 2: Maske Einstellungen

Durch Betätigung des Buttons **Daten übernehmen** werden diese Einstellungen gespeichert. Beim nächsten Programmstart werden die gesicherten Daten automatisch geladen.

2.2 Berechnungsgrundlagen

Auf dieser Programmmaske stellen Sie die Berechnungsgrundlagen ein.

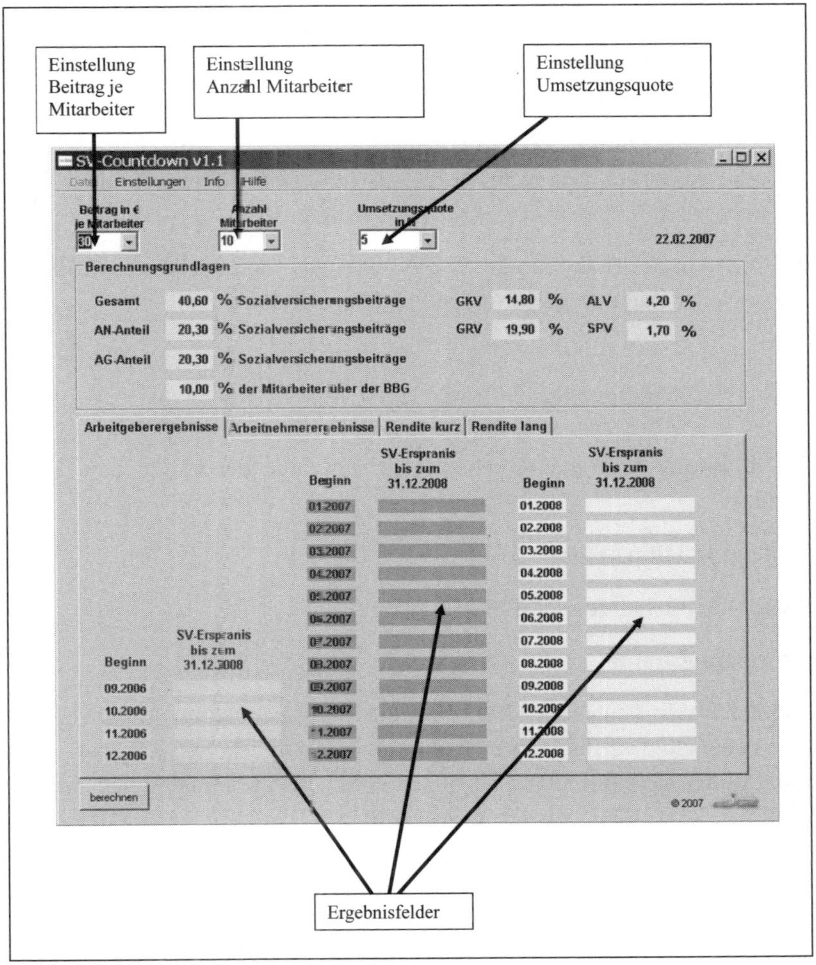

Abbildung 3: Programmmaske

Die Parameter zur Berechnung werden mit den folgenden Auswahlfeldern definiert:

1. **Beitrag in € je Mitarbeiter:** In diesem Feld wird der Beitrag zum Gruppenvertrag zur bAV den jeder Mitarbeiter leistet, eingestellt.
2. **Anzahl Mitarbeiter:** In diesem Feld wird die Gesamtmitarbeiterzahl des Unternehmens eingestellt.
3. **Umsetzungsquote in %:** Hier stellen Sie Ihre individuelle Umsetzungsquote ein. Das heißt, Sie schätzen ab, wie viel Prozent der Mitarbeiter dem Gruppenvertrag zur bAV beitreten.

Die Ergebnisse erhält man durch die Betätigung des **Berechnen-Buttons**. Neben jeder Datumsangabe finden Sie dann eine Euro-Zahl.

2.3 Arbeitgeberergebnisse

In **Abbildung 4** ist eine Berechnung mit den folgenden Parametern durchgeführt:

Beitrag je Mitarbeiter: 210 €

Anzahl Mitarbeiter 300

Umsetzungsquote 60 %

Bei der Datumsangabe **03.2007** finden Sie den Eurobetrag **151.933,32 €**. Das bedeutet, dass Ihr Kunde, wenn die oben dargestellten Angaben stimmen, durch die Einrichtung einer betrieblichen Altersversorgung mit Beginn 1.3.2007, Sozialversicherungsbeiträge in der berechneten Höhe bis zum 31.12.2008 einspart. Links unten erkennen Sie die Einsparungen, die bei früherer Installation der betrieblichen Altersversorgung hätten erzielt werden können.

Analoges gilt für die Arbeitnehmer.

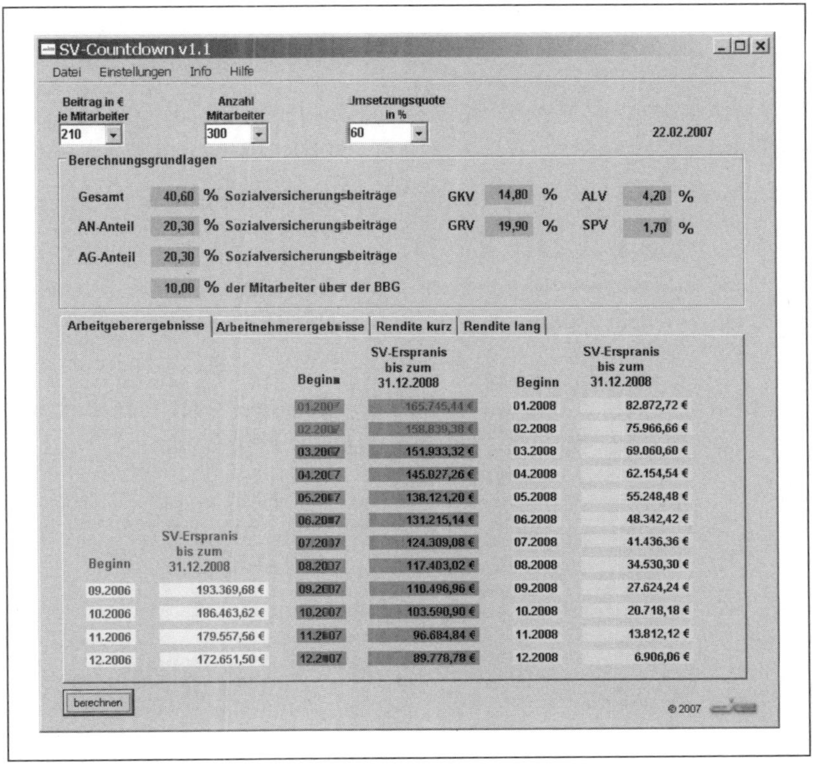

Abbildung 4: Beispielhafte Berechnung für Arbeitgeber

Sie haben nun die Möglichkeit, die Ergebnisse weiter zu analysieren. Hierzu stehen die Programmteile **Arbeitnehmerergebnisse, Rendite kurz** und **Rendite lang** zur Verfügung.

2.4 Arbeitnehmerergebnisse

Wählen Sie Arbeitnehmerergebnisse, dann sehen Sie die folgende Maske. Hier finden Sie die Ersparnisse pro Arbeitnehmer, jeweils ab Beginn des Gruppenvertrages bis zum 31.12.2008. Die Felder links unten in der Maske bezeichnen auch hier die Ersparnis bei früherer Teilnahme an der bAV.

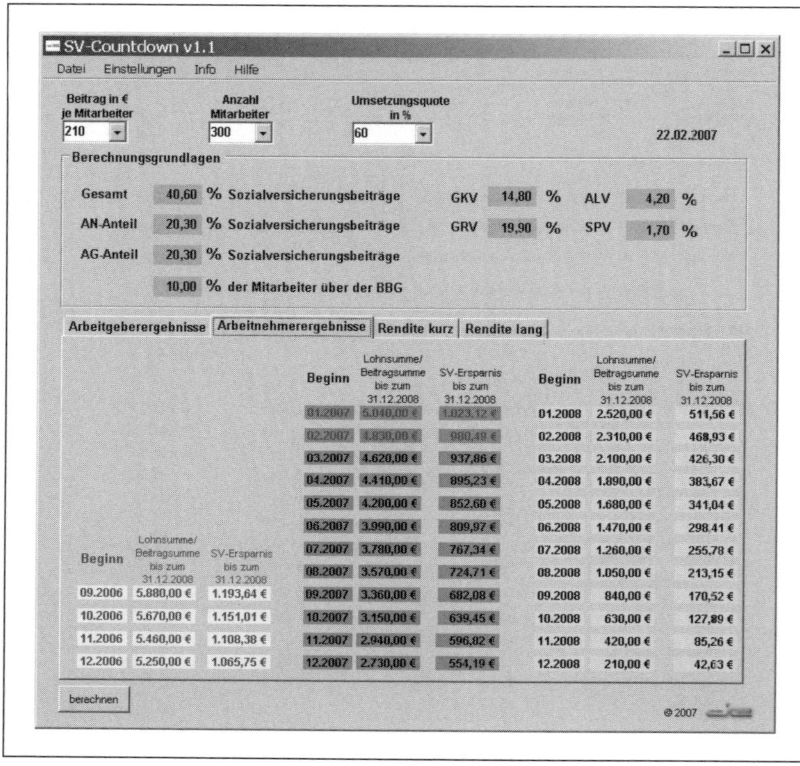

Abbildung 5: Beispielhafte Berechnung für Arbeitnehmer

2.5 Rendite kurz

Mit diesem Tool können Sie dem Arbeitgeber einen zusätzlichen Ertrag darstellen. Er legt seine monatliche Ersparnis bis zum 31.12.2008 zu seiner innerbetrieblichen Eigenkapitalrendite an. Es werde dadurch zusätzliche Zinserträge erzeugt. Die Berechnung wird durch Betätigung des Buttons **Rendite berechnen** ausgeführt.

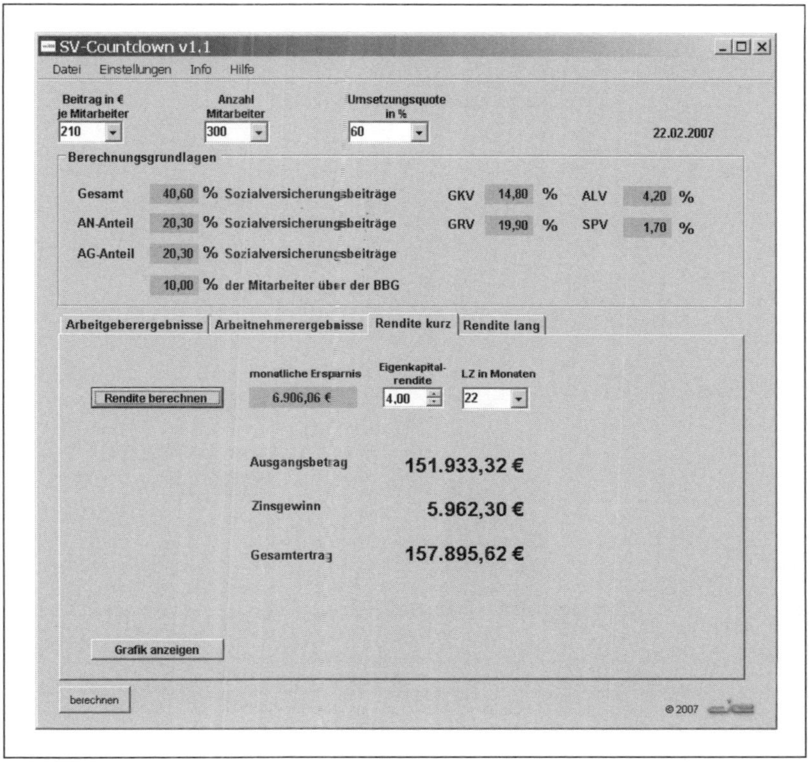

Abbildung 6: Berechnung „Rendite kurz"

Wie Sie in Abbildung 6 sehen, erzeugt die Firma durch die Einführung der bAV eine monatliche Ersparnis von 6.906,06 €. Verzinst mit 4 % ergibt sich ein zusätzlicher Ertrag von 5.962,30 €. Diese Ergebnisse können Sie als Grafik anzeigen lassen. Hierzu betätigen Sie den Button **Grafik anzeigen**.

Sie sehen dann die Grafik in Abbildung 7.

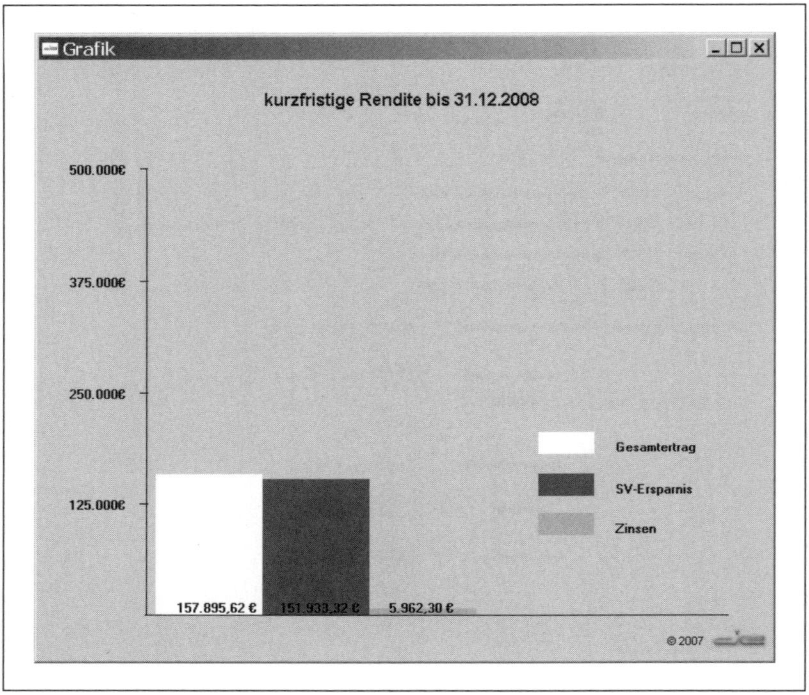

Abbildung 7: Grafik der Berechnung „Rendite kurz“

2.6 Rendite lang

Mit diesem Tool können Sie dem Arbeitgeber einen weiteren zusätzlichen Ertrag darstellen. Die Idee hierbei ist, dass die Gesamtersparnis nach dem 31.12.2008 weitere Jahre angelegt wird. Als Zinssatz gilt wieder die Eigenkapitalrendite des Unternehmens. Als Anlagezeitraum wähle ich hier 12 Jahre. Die Berechnung wird durch Betätigung des Buttons **Rendite berechnen** ausgeführt.

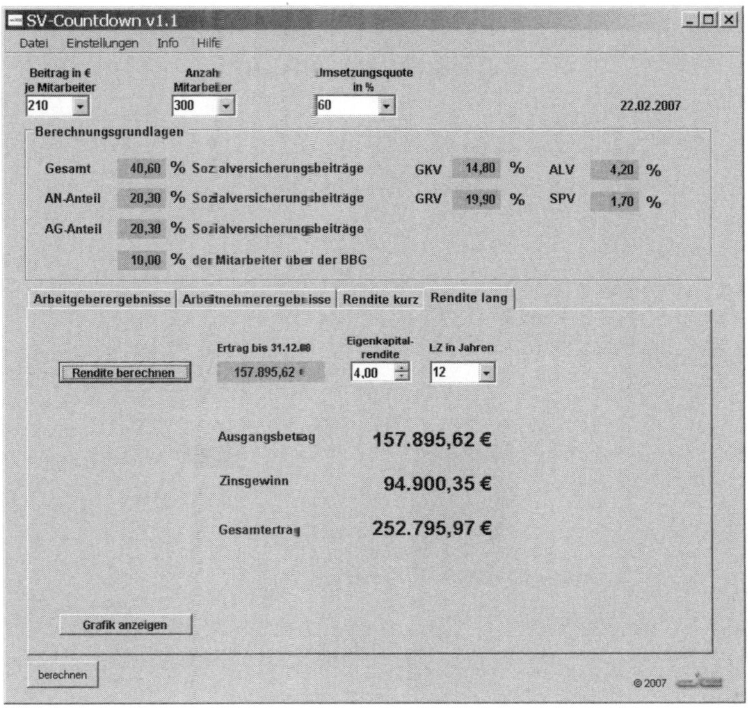

Abbildung 8: Berechnung „Rendite lang"

Wie Sie in Abbildung 8 sehen, erzielt das Unternehmen durch die weitere Anlage der Sozialversicherungsersparnis aus der bAV, hier 157.895,62 €, nach einer weiteren Laufzeit von 12 Jahren einen weiteren Zinsertrag von 94.900,35 €. Die unterstellte Eigenkapitalrendite beträgt 4 %. Diese Ergebnisse können Sie als Grafik anzeigen lassen. Hierzu betätigen Sie den Button **Grafik anzeigen**.

Sie sehen dann die Grafik in Abbildung 9.

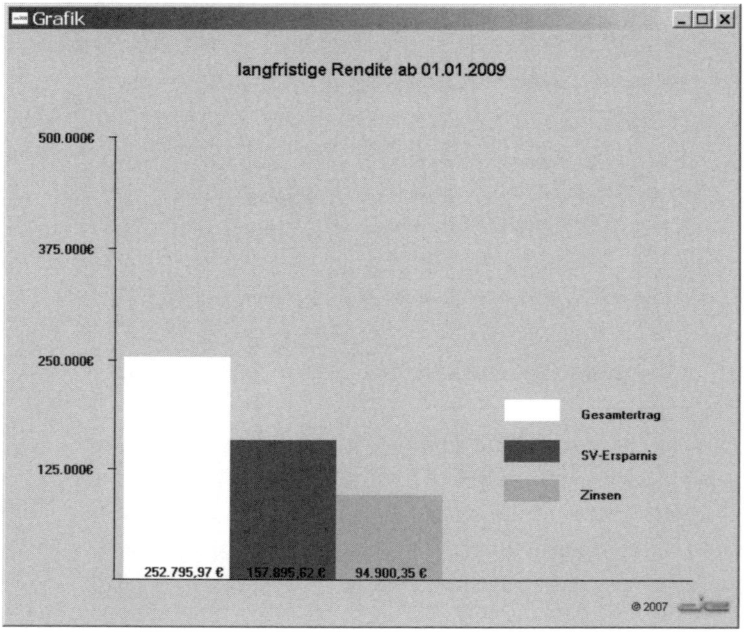

Abbildung 9: Grafik der Berechnung „Rendite lang"

2.7 Speichern

In diesem Dialog haben Sie Möglichkeit, die Arbeitgeberergebnisse als Textdatei zu speichern. Hierzu betätigen Sie in der Menuleiste den Button **Datei** und wählen **speichern**. Es erscheint die Maske in Abbildung 10.

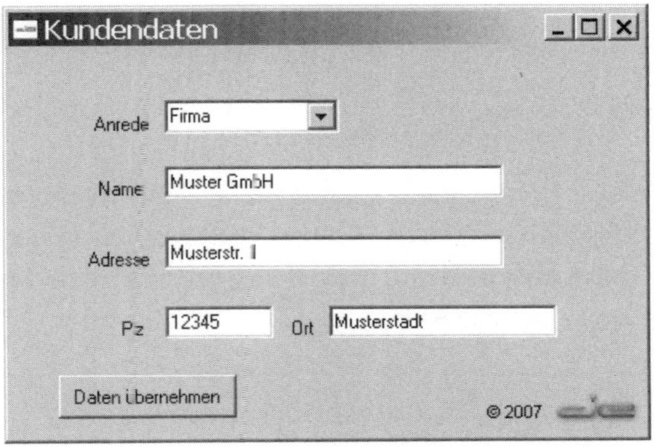

Abbildung 10: Maske Speicherung Arbeitsergebnisse

Hier können Sie nun die Kundendaten eingeben. Betätigen Sie nun den Button **Daten übernehmen,** wird der Windows Standardspeicherdialog aufgerufen. Sie sehen folgende Maske.

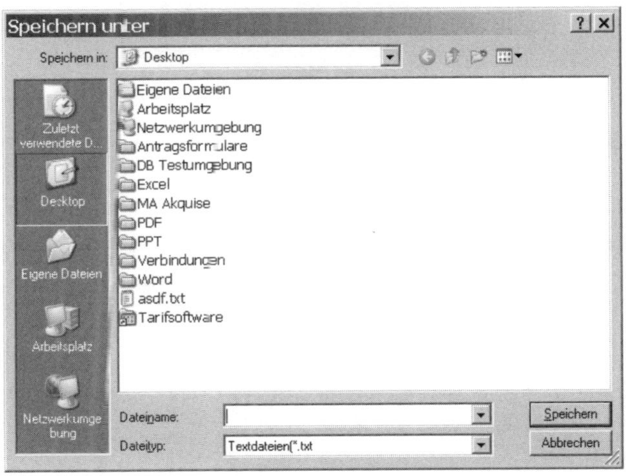

Abbildung 11: Wahl des Speicherortes

Sie können nun die Datei nach Ihren individuellen Bedürfnissen ablegen.

2.8 Drucken

Wählen Sie diese Option, dann können Sie sowohl Arbeitgeber- als auch Arbeitnehmerergebnisse drucken. Hierzu betätigen Sie in der Menuleiste den Button **Datei** und wählen **drucken**. Es erscheint eine Maske analog wie in Abbildung 10 (siehe Abbildung 12).

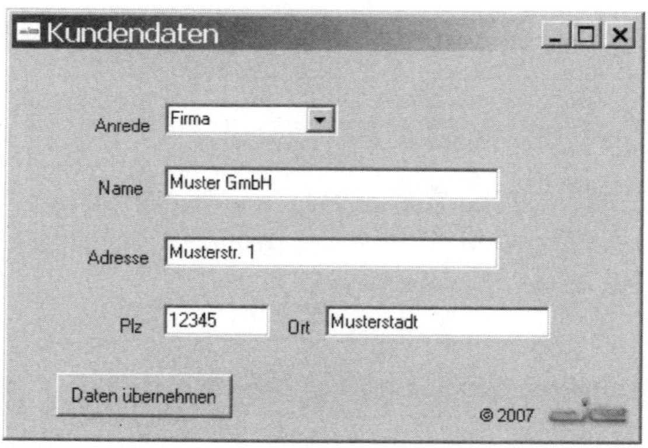

Abbildung 12: Maske Drucken Arbeitsergebnisse

Hier können Sie nun die Kundendaten eingeben. Betätigen Sie nun den Button **Daten übernehmen,** wird Druckdialog aufgerufen. Sie sehen folgende Maske (hier sehen Sie den Ausdruck als Vorschau).

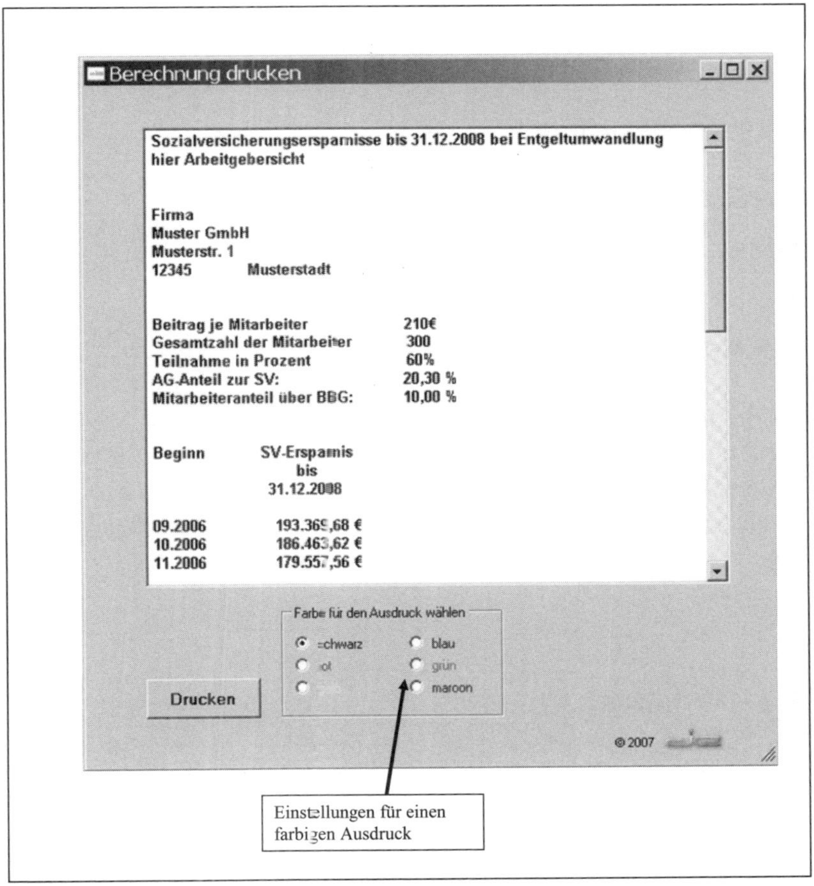

Abbildung 13: Druckvorschau

Mit den Optionsbutton schwarz, rot, gelb, blau, grün und maroon bestimmen Sie die Farbe des Ausdrucks. Mit der Betätigung des **Druckenbuttons** wird dann der Windows Standarddruckdialog gestartet.

3. Systemvoraussetzungen

3.1 Betriebssystem:

Windows XP Service Pack 2

Windows 2000 Service Pack 4

3.2 .Net Framework 2.0

Vor der Installation von SV-Countdown 1.1 müssen Sie das .Net Framework 2.0, falls noch nicht geschehen, auf Ihrem Computer installieren. Weitere Informationen über .NET Framework 2.0 und über dessen Installation finden Sie direkt auf der Microsoft-Webseite unter http://www.microsoft.com/germany/msdn/netframework.

4. Download

Als Käufer dieses Buches haben Sie nun die Möglichkeit SV-Countdown 1.1 aus dem Internet herunter zuladen. Hierzu geben Sie in Ihren Browser die folgende URL ein: **http://www.vertriebstools.de/download.shtml.** Folgen Sie dann den Anweisungen.

Für den Download benötigen Sie einen Benutzernamen und ein Passwort.

Benutzername: Erfolg

Passwort: SVC-bAV

5. Installation auf Ihrem Rechner

Nach erfolgreichem Download kopieren Sie die Datei **SV-Countdown 1.1.exe** in das Arbeitsverzeichnis in dem Sie mit diesem Programm arbeiten wollen. Gestartet wird das Programm durch Doppelklick auf den Dateinamen.

Tipp: Legen Sie sich eine Verknüpfung zur Programmdatei auf den Desktop. Sie können dann das Programm vom Desktop aus starten.

6. Kommunikationsdaten

de vertriebstools
Dirk Eisfeld
Vorhelmer Weg 65
59227 Ahlen

E-Mail.:	kontakt@vertriebstools.de
Web:	http://www.vertriebstools.de

Stichwortverzeichnis

H

I

K

M

N

O

P

R

S

T

U

V

W

Z